増補三版

朝鮮の土となった日本人

浅川巧の生涯

高崎宗司

草風館

壺を手にする浅川巧とデスマスク（伯教画）

浅川巧旧蔵「李朝青花窓絵草花面取壺」（大阪市立東洋陶磁美術館蔵）写真撮影＝松藤庄兵/芸術新潮

1910年頃の京城（現ソウル）の鍾路通と甕の行商姿

目次

序　朝鮮人を愛し、朝鮮人に愛された人　5
柳宗悦と安倍能成の哀悼／慟哭した朝鮮人たち
一　巧を生んだ土地と家系　13
文人の家系／よいお爺さん／男まさりの母親／兄と姉
二　朝鮮古陶磁の神様・伯教　36
伯教、朝鮮に渡る／白磁との出会い／多芸多才のひと／友人たち／戦後
三　山を緑にするために　69
山野や木や草や水や虫やを友として／巧、朝鮮に渡る／造林の哲学
四　朝鮮の民芸品に魅せられて　98
柳宗悦との出会い／朝鮮民族美術館の設立／再婚

五　一九二二～二三年の日記から　131
日記発掘の経緯／朝鮮人虐殺への批判／略奪的林業への批判／
朝鮮の美術工芸のために／朝鮮および朝鮮人へのまなざし

六　朝鮮民芸の美論　150
愛と智慧の書―『朝鮮の膳』／正しき名称と用途―『朝鮮陶磁名考』／
民芸の美―『小品集』／やり残した仕事

七　巧をめぐる人びと　184
朝鮮人同僚たち／市井の朝鮮人たち／日本人の友人たち／朝鮮工芸会

八　朝鮮の土となる　210
突然の死／葬式と朝鮮人／「人間の価値」／『工芸』浅川巧追悼号

九　蘇る浅川巧　247
浅川巧功徳之墓／魅せられた人びと／セミナーと墓域整備

終りに　植民者の影と光　279
付記　増補・改訂に際して
十　浅川巧・一九九七～二〇〇二　284
日韓の架け橋として／七〇回忌と七〇周忌／浅川伯教・巧兄弟資料館の開館
第三版に際して
索引を兼ねた略年譜　295
参考文献　302

凡例

一、（　）内の人名は、注＝参考文献の著者名であり、年はその発行年である。そして、その後の1、2などは略号である。発行年は省略したものもある。
一、注＝参考文献は、巻末に列記した。
一、論文名は「　」、雑誌名・単行本名は『　』で示した。
一、引用文中、変体仮名は現代仮名に改め、難読の漢字にはルビを施した。また、明らかな誤字・誤植・誤りは改めた。一部に句読点を補った。
一、引用文中の〔　〕は筆者による注である。
一、「鮮人」「渡鮮」などの差別語は、歴史的な文献であることを考慮して、そのまま引用した。
一、朝鮮語文献は、特に断らない限り著者の翻訳による。
一、一八七二年（明治五年）以前は、旧暦を使用した。
一、談話は、筆者の責任で文章化した。
一、敬称は省略した。
一、初版にあったいくつかの間違いは訂正したが、重要な一部を除いて、いちいち断っていない。
一、（追記）は、初校ゲラの段階で書き足したものである。

序　朝鮮人を愛し、朝鮮人に愛された人

柳宗悦と安倍能成の追悼

浅川巧が四十年の生涯を棺で蓋ったとき（一九三一年四月二日）、宗教哲学者で民芸運動の祖でもあった柳宗悦は次のように書いた。

浅川が死んだ。取り返しのつかない損失である。あんなに朝鮮の事を内から分つてゐた人を私は他に知らない。ほんとうに朝鮮を愛し朝鮮人を愛した。そうしてほんとうに朝鮮人からも愛されたのである。死が伝へられた時、朝鮮人から献げられた熱情は無類のものであつた。棺は進んで申出た鮮人達によつてかつがれ、朝鮮の共同墓地に埋葬された。

私とは長い間の交友である。彼がゐなかつたら朝鮮に対する私の仕事は其半をも成し得なかつたであらう。朝鮮民族美術館は彼の努力に負ふ所が甚大である。そこに蔵される幾多の品物は彼の蒐集にかゝる。（中略）

柳　宗悦

私はわけても彼を人間として尊敬した。私は彼位ゐ道徳的誠実さを有つた人を他に知らない。彼は明確な頭脳と、温い眼との所有者ではあつた。併しそれ等を越えて私を引きつけたのは、その誠実な魂であつた。彼位ゐ私の無い人は珍らしい。彼程自分を棄てる事の出来る人は世に多くはない。彼の補助で勉強した朝鮮人は些少でない。私は彼の行為からどんなに多くを教はつた事か。私は私の友達の一人に彼を有つた事を名誉に感じる。（中略）私はあと何年活きるかを知らない。併し残る生涯で彼の志を少しでも承ぐ仕事を果したい。彼は死んでも、私の心に活きる彼は尚も死なない。（一九八一年、六二七～六二八頁）。

柳宗悦は、「朝鮮の事を内から分つてゐた人」「私の無い人」として、浅川巧が自分よりも優っていた点を認めていた。

柳は、巧に対するこのような思いを終生持ちつづけた。柳宗悦の長男・柳宗理は、「巧に対し、父はその人間性にほれこみ、無二の親友として交際した。惜しくも若くして亡くなったが、父は終生、書斎に巧の写真を飾り、その人柄をしのんでいた」（一九八二年1）、「人間的にすぐれた人だった。巧さんは韓国人風にひげをはやしていたが、父もマネをしたりしていた」（一九八二年2）と証言している。また、「父には友人が多かったけれど、一番信用していたのは巧さんだったと思うのです。（中略）巧さんが父にとって唯一の心の友だったのは事実ですね」（一九八八年、一三頁）と話している。

そして、陶芸家の鈴木繁男も、次のように証言している。

縁あって私が柳先生の膝下に在った頃、余人をあまり近づけない先生の書斎に度々伺う折り、円い金色の額が壁にかけてあった。何人なのかと心に懸り、或る時伺って見た。「この人はね、僕の若い頃、一番尊敬し一番信頼していた人なんだよ。浅川巧さんと言ってね・・」感慨深げな柳先生のまなざしを今に覚えている。先生をしてかくも畏敬させた人とは、一体どういう人なのかといつも私は考えていた（鈴木、二九頁）。

哲学者で随筆家の安倍能成も、巧の死を次のように惜しんだ。

巧さんは私の最も尊敬する、さうして最も好愛する友人であつた。（中略）

巧さんのやうな正しい、義務を重んずる、人を畏れずして神のみを畏れた、独立自由な、しかも頭脳の勝れて鑑賞力に富んだ人は、実に有難き人である。巧さんは官位にも学歴にも権勢にも富貴にもよることなく、その人間の力だけで露堂堂と生きぬいて行つた。かういふ人はよい人といふばかりでなくえらい人である。かういふ人の存在は人間の生活を頼もしくする。殊に朝鮮の様な人間生活の希薄な所では一層さうである。かういふ人の喪失が朝鮮の大なる損失であることは無論であるが、私は更に大きくこれを人類の損失だといふに躊躇しない。人類にとつて人間の道を正しく

安倍　能成

勇敢に踏んだ人の損失ぐらゐ、本当の損失はないからである。（中略）

骨董を愛玩する者は多い、しかし真に芸術を愛する者は少い。けれども芸術を愛するよりも更に六ケしいのは実に人間を愛することである。人間は芸術よりも生々しくあくどく、動《やや》もすればいやな面を見せる。その関係は芸術とのそれの如く自由ではない。いやであつても離れられぬ、好きであつても一緒になれない。多くの芸術愛好者若《も》しくは愛好者と称する者は、神経質な気まぐれな人間愛好者もしくは嫌悪者であり、我儘なエゴイストである。殊に内地人が朝鮮人を愛することは、内地人を愛するよりは一層困難である。感傷的な人道主義者も抽象的な自由主義者も、この実際問題の前には直ぐ落第してしまふ。

芸術の愛好者であり、独立不羈の性格者であり、自分唯一人の境涯を楽むすべをかほどまでも解して居た我が巧さんは、実に類稀な感情の暖かい同情の豊かな人であつた。さうしてそれは実に朝鮮人に対して殊に深く現はれたのであつた。（中略）

巧さんの生涯はカントのいつた様に、人間の価値が実に人間にあり、それより多くでも少くでもない事を実証した。私は心から人間浅川巧の前に頭を下げる。（一九三二年、二七九頁、二八〇〜二八一頁、二九二〜二九三頁、二九五頁）。

安倍は、自分も京城帝国大学教授として朝鮮に十数年住んだにもかかわらず、「この実際問題の前には」「落第」生だと自任していた。だから、柳が死んだときにも、「柳宗悦君を惜しむ」で、「私が私自身に対しても又在鮮の日本人に対しても、一番に物足らず思ったことは日本人が朝鮮人の長所、美点を認めなかったことである。凡《およ》そ教育ということは、相手の美点長所を発見せずにはできることでなく、日本の朝鮮統治に、殊にこの教育的精神の欠けて居たことは争われない。私が途中で朝鮮を去ったのも、自分のこの精神の欠如が、私の朝鮮生活を不安にしたからでもあった」、柳にとって「朝鮮の工芸を通じて朝鮮と朝鮮人とを愛し得たのは、幸福だったといえるかも知れない」とも書いている（蝦名、三九頁）。

安倍は、自分になかったものを巧や柳が持っていたことに対して、素直に敬意を表していたのである。

慟哭した朝鮮人たち

浅川巧の葬式は一九三一年四月四日に行われた。出棺のときの朝鮮人たちのようすを柳宗悦はこう回想している。

彼の死が近くの村々に知らされた時、人々は、群をなして別れを告げに集つた。横たはる彼の亡躯を見て、慟哭した鮮人がどんなに多かつた事か。日鮮の反目が暗く流れてゐる朝鮮の現状では見られない場面であつた。棺は申し出によつて悉《ことごと》く鮮人に担がれて、清涼里から里門里の丘へと運ばれた。余り申し出の人が多く応じきれない程であつた。その日は激しい雨であつた。途中村人から棺を止めて祭をしたいとせがまれたのもその時である。彼は彼の愛した朝鮮服を着たまゝ、鮮人の共同墓地に葬られた（一九八一年、六二三六頁）。

それからほぼ半年がたった十月十九日、朝鮮民族の新聞『東亜日報』は、四分の一頁を割いて、洪淳赫の書評「浅川巧著『朝鮮の膳』を読んで」を掲載した。それは事実上の追悼文であった。

わたしが浜口〔良光〕氏とともに清涼里に氏を訪ねたのは、もはや四年前のある寝つけない夜だった。（中略）氏のわが国の芸術工芸に対する多くの愛・理解・知識・経験は、わたしをして言わしめれば、敬服せざるをえない。（中略）

外国人ではあるが、彼の残した業績、特にわが学徒に与えた教えを考えるとき、彼の代表作としてこの一巻をまだ読んでいない、志しを同じくする人に紹介するのも意味のないことではないと思う。

『東亜日報』が日本人の死を悼んでこれほど大きな紙面を割いたのは、後にも先にもこのときだけであった。

里門里に埋葬された浅川巧の遺体はその後、忘憂里に移葬されて、一九四五年八月十五日を迎えた。敗戦によって、日本人は朝鮮から引き揚げ、巧の墓は荒れるにまかされることになった。一九六四年六月に画家の加藤松林人が巧の墓を訪ねたとき、「芝草がはげ、低くなった土饅頭の周りには、大きな榛《はん》の木や松の木が三本、壺形の石碑も、うしろに倒れて半ば土に埋ま」っていた（一九七三年、一七九頁）。

しかし、それから二年後の一九六六年六月、韓国林業試験場職員一同の名によって、「浅川巧功徳之墓」が建立された。巧の死から三十五年、巧を直接には知らない人々が大部分を占める林業試験場職員の募金によって建てられたのである。

元韓国林業試験場長の金甲成によると、設立事情は次のようなものであった。

> 故浅川氏の功徳之墓建立を提案した人は金二万氏で、当時の場長李承潤博士主管下に趙在明科長・鄭印九研究官らが協力しました。
> 韓国林業試験場職員一同で建立するようになったのは、故浅川氏が、林業試験場在職中に、試験研究の分野に残した業績が多大であっただけでなく、韓国を理解しようとし、いつも韓国人の側に立って、不運な韓国人を助けてくれるなどした、当時、韓国人から多くの称賛と尊敬を受けた人物として、故人の遺徳を永久に記念するためです。
> 故浅川氏は人格的に韓国人を理解した最もすばらしい日本人だと理解しており、たいがいの幹部職員は彼の名を知っています。

韓国の林業試験場の有志によって
1984年に建立された記念碑

後にくわしく見るように、一九八四年には、「韓国が好きで韓国人を愛し、韓国の山と民芸に身を捧げた日本人、ここ韓国の土となる」と刻まれた記念碑が新たに建てられた。この碑文は一九八六年に、「韓国の山と民芸を愛し、韓国人の心の中に生きた日本人、ここ韓国の土となる」と刻まれた記念碑と取り替えられたが、今も巧の墓の一角に立っていている。

そして、一九九六年、韓国では、巧の著書『朝鮮の膳・朝鮮陶磁名考』や、拙著『朝鮮の土となった日本人——浅川巧の生涯』が翻訳出版され、民学会（民芸など民衆文化についての研究会）の主催で「一九二〇年代に韓国民芸を研究した浅川巧について」というセミナーが開かれた。また、一九九七年には、韓国林業試験場の後身である韓国林業研究院とそのＯＢ会である洪林会が巧の故郷・山梨県高根町と共同で巧の墓地を整備し、韓国の『月刊美術』九月号が浅川兄弟を特集した。巧の墓地を訪れる韓国人も多いという。

浅川巧は、柳が表したように「ほんとうに朝鮮人からも愛され」、今も愛されているのである。

本書は、柳宗悦や安倍能成をして先のように言わしめ、朝鮮人をして今も追慕の念を起こさせる類ない日本人・浅川巧の生涯をたどったものである。

一　巧を生んだ土地と家系

文人の家系

浅川巧は、一八九一年（明治二十四年）一月十五日、山梨県北巨摩郡甲村（現在の北杜市高根町）五町田二九四番戸に、浅川如作・けいの次男として生まれた。兄と姉がいて、それぞれ伯教《のりたか》・栄（「さかゑ」とも書いた）といった。家業は農業兼紺屋であった。

巧の生年月日については異説がある。巧の一九二二年十月二十八日の日記には、「今日僕の不在中に金性洙君が葡萄酒を二本贈つて呉れた。多分お誕生の祝だらう」（一九九六年、一八八頁）という記述がある。また、伯教や安倍能成は一八九〇年十一月としている（浅川伯教、一九三四年1、六〇頁。安倍、一九三一年、二八三頁）。しかし、巧の実姉・小宮山栄の談話筆記（小宮山八千代、一九七九年）と、その義理の子・小宮山辰也が戸籍を調べてくれたところ（一九七九年3）によると、一八九一年一月十五日生まれである。生まれてもすぐには届けでなかった、のんびりした時代のことである。十月に生まれ、一月に届け出たのかもしれない。しかし、巧に限らず、ここでの登場人物の生年などは便宜上、戸籍にもとづいて記述する。

浅川巧を生んだ山梨県高根町（八が岳遠望）清水九規氏提供

また、父の名についても異説がある。五町田に残る如作の墓には「浅川序策」とあるが、浅川伯教の戸籍謄本には「如作」とあり、小宮山栄もまた、「如作」が正しいとしている（小宮山八千代、一九七九年）。

巧の生まれ故郷・高根町五町田は、東に金峰山、南東はるかに富士山、南に甲斐駒が岳、北に八が岳を望む美しい農村である。そこに行くには、新宿から中央本線に乗り、特急で一時間半、甲府で普通電車に乗り換えて三十分のところにある長坂で降りる。そこから三十分も歩くと、五町田の中心地・交差点である。中央高速道を利用して、長坂インターチェンジで下り、東に一キロ進んでも五町田の交差点に達する。

今では、東西に走るバス通りにそって商家などが続いているが、ちょっと裏通りに入れば昔ながらの畑が広がり、ところどころに小さな雑木林と農家が散在している。

生家跡は交差点の東北東約二〇〇メートルほどのところにある。交差点から東に進み、甲川にかかる橋を渡ったところで左の路地に入り、三叉路を左に曲がったその左側の今は空き地になっているところである。昔の土台石と築山、そして井戸の跡（数個の石）が昔、家があったことを物語っている。高根町教育委員会が建てた「浅川伯教・巧兄弟生誕の地」と刻まれた石碑は生家の北々東約一〇〇メートル、農業公園に立っている。

巧が生まれたころには、バスはまだ通っていなかったし、商家の数は今よりずっと少なく、大半は農家であった。土地は肥沃で、よい米がとれ、一〇〇戸ばかりの甲村の人々は質朴・勤勉であった。

甲村をはじめとする近隣の村々には、江戸時代から、村民が学問や和歌・俳句に親しむという伝統があった。甲村の俳諧の伝統については、浅川伯教がこう書いている。

芭蕉、支考、葛里、蟹守、守彦、彦貫《ひこつら》、田彦《たひこ》、四友《しゆう》、こうした伝統が流れくて八ケ岳の麓のこんな田舎に落ちついた。

高根町教育委員会が建てた浅川兄弟の記念碑

祖父の俳号を蕪《かぶら》庵四友と云ふた。四友は守彦の末子であつた。守彦は少しは知られた学者で、自分の著書を江戸で出版して居る。本の名を人道俗説弁義と云ふた。

祖父の兄田彦は隣の西の割と云ふ村に居つた。子供心に憶へて居る事は、氏神の祭りには必らず行つたり来たりしたが、一緒に成ると直ぐ連歌だ。村の親しい弟子が二三人間に入る事もある。楽々と詩の対話が展開して行つて、表六句から裏の四句五句迄を三通り位やり、翌日又これを続ける。
弟の「巧」と云ふ名前もこの田彦爺さんが付けてくれたのだ。古い韻鏡などを引張り出して、何々の
反　巧　何年何月何日。田彦と書いて印を捺した紙があつた（一九三四年1、六〇頁）。

伯教の実妹・故小宮山栄のところで見せてもらった物に、「正風俳諧道統」という書き物があった。田彦が書いた物を伯教が朝鮮紙に筆写した物である。それには次のようになっている。

芭蕉庵桃青翁
翠台　北枝
呉柳舎　希因
芭蕉堂　蘭更
雪亭　葛里
蕪庵　蟹守
四望亭　守彦
蕪庵　彦貫
蕪庵　田彦

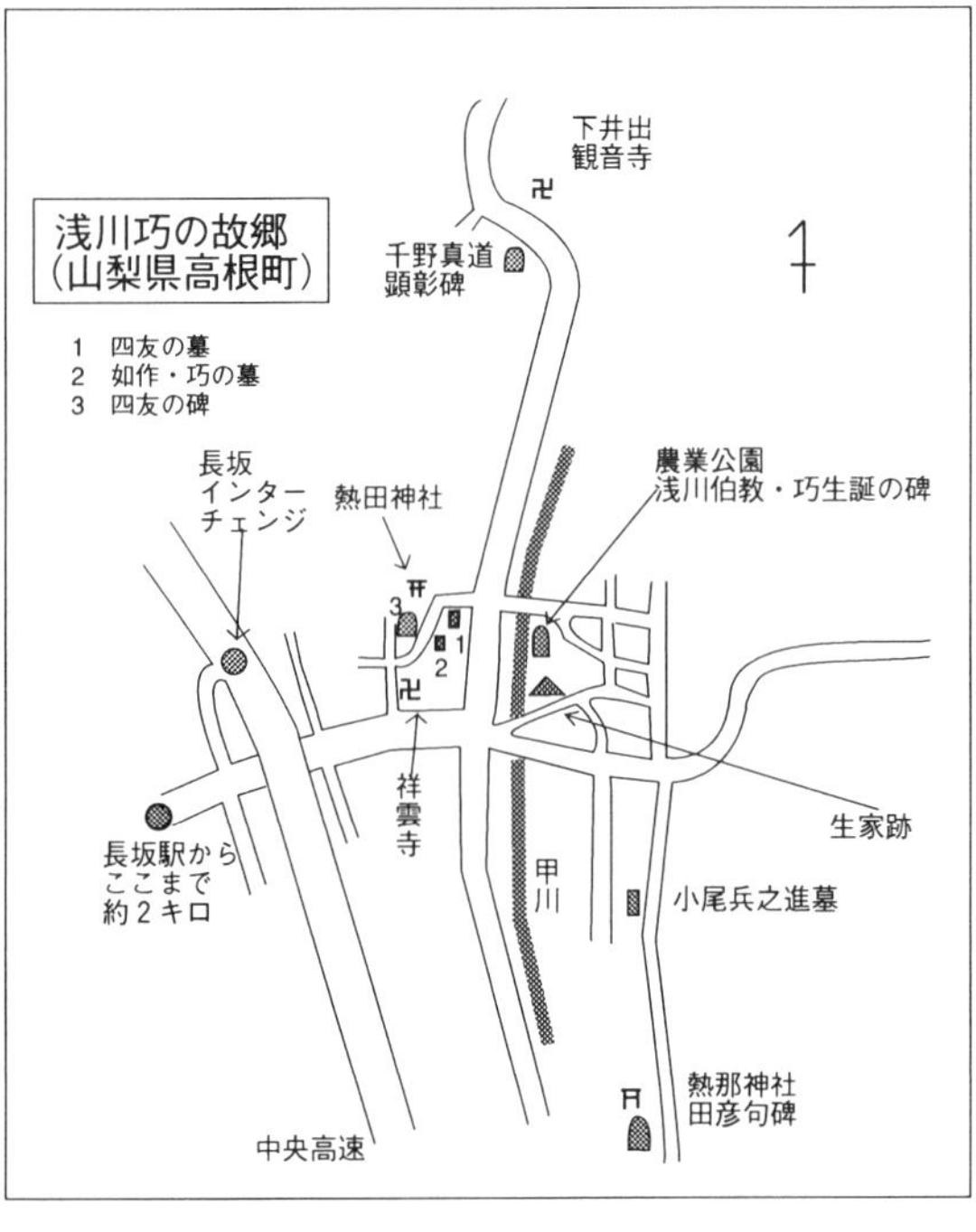

蕪庵　　四友

明治十有七年

第一月甲子

松蔭植松田彦監記

そして、伯教がその後に次の二人を付け加えている。

蕪庵　無畏

蕪庵　荊州

ふつう、蕪庵の系譜は、文化年間から昭和のはじめまで、葛里または可都里・五味宗蔵を一世とし、二世蟹守・五味五郎左衛門、三世守彦・小尾兵之進、四世彦貫・清水源五郎、五世田彦・植松俊右衛門、六世四友・小尾伝右衛門、七世無畏・雨山朴順、八世荊州・浅川暦蔵と続いたとされている（五味清逸、一～五頁。ほか）

蕪庵は全国的にも名の通った流派であったらしい。葛里と蟹守は甲州藤田村（現在の山梨県中巨摩郡若草町）の人で、守彦以下は五町田村あるいは西割村（ともに現在の山梨県北巨摩郡高根町）の人である。特に三世守彦（一七九二～一八四四年）は漢学・書道にも優れていたので有名だった。山梨教育会北巨摩支会編発行の『北巨摩郡誌』は、彼についてこう書いている。

巧の曽祖父小尾兵之進の墓。立っているのは甥・小宮山辰也氏

寛政四年壬子五町田に生る、家世々里正たり、諱《いみな》は保教、字は子孝、鳳山と号す、兵之進は通称なり。幼にして谷戸の祀官某に学び、其後は独学独修、学一家を成す、程朱を宗とし、詩は元白に依る、書を能くし、又二世蕪庵蟹守に学び、俳諧歌を能《よく》す、遂に蕪庵三世を継ぎ、守彦と称す、私塾を開きて子弟を教養すること千余人に達す。弘化六年〔天保十五年の誤り〕九月四日病没す、年五十三、編著人道弁義一冊、人道俗説弁義二冊、鳳山詩文稿二冊、新編俳諧文集一冊、土鳩《つちはと》集等あり（一二三頁）。

彼の十七回忌の追善集に『旭露集』（一八六一年）がある。この本の刊行の経済的背景について調査した中川武秀は、収録句数三五一句のうち一一三句は甲斐の国（現在の山梨県）以外の国の人々のもので、それらの人々の分布は「北は北海道の松前から南は九州薩摩に至る五五国に及んでいる」（一三八頁）と書いている。その広がりぐあいは相当のものだった。

この三世守彦・小尾兵之進が浅川兄弟の曽祖父である。郷土史家・手塚洋一によれば、「五町田村の名主としても名里正であった。農事に励み村民をよく教導し、純朴の風他と大いに異なるところがあったという。特に年貢のとりたては公平で無理がなかったので、村民の信頼厚く三十余年訴訟事は全くなかったという」(四三頁)。

弟子の彦貫や息子の保守・田彦らと歌仙の興行中に死んだ彼の墓は、今も高根町五町田の交差点の南東一キロ弱の所にあり、山梨県の文化財に指定されている。正面に「教運院別外祖伝居士」、右側面に「鳳山小尾保教字子孝道称兵之進　天保十有五年甲辰秋九月初四日　行年五十有三歳没」、左側面に「辞世　名月の余波ばかりとなる夜かな」という字が刻まれていたが、今は磨滅して読みとるのが難しくなっている。その左側に立っている墓は彼の妻のものである。

兵之進には三人の息子があり、長男・五兵衛は俳号を保守といい、家を継いだ。浅川兄弟の大伯父にあたる。墓は兵之進の墓の向かいにある。そして、その子孫は、墓の数十メートル北方にある大きな門構えの家に今も住んでいる。

次男・俊右衛門は俳号を田彦といい、蕪庵五世である。隣村の植松俊右衛門家を継いだ。巧の名付け親である。五町田交差点の南々東三キロほどの所にある熱那神社の境内に、門人一同が一九〇三年に建てた田彦の句碑が立っている。そこにはこう刻まれている。

田彦の句碑

晴れにとふ雲にみかけて月の顔

三男・伝右衛門は、実家の西隣にあった小尾の本家・伝右衛門(同姓同名)家を継いだ。この家の子孫は引っ越したため、今は空き地になっている。俳号を四友とい

浅川巧家系

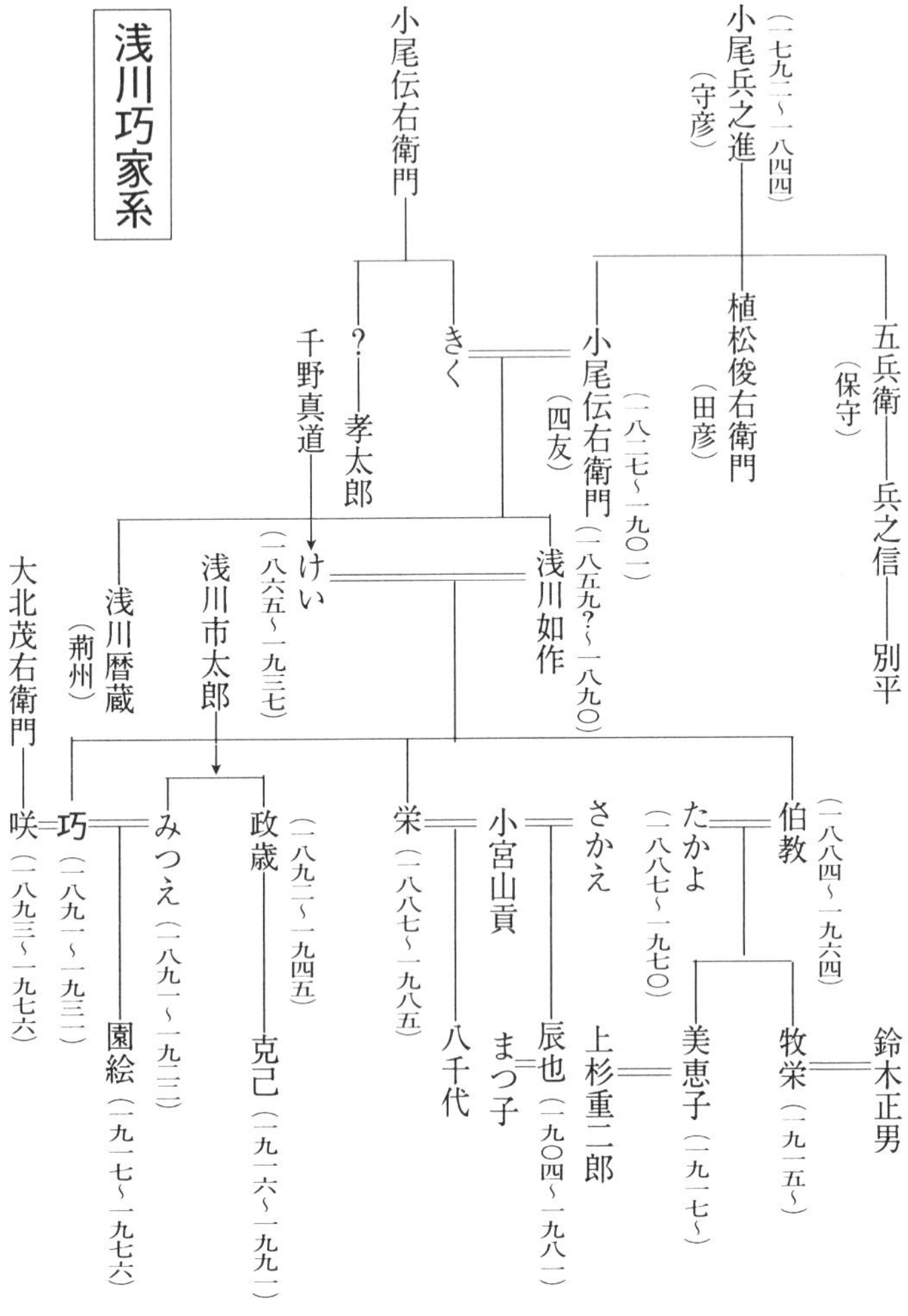
小尾兵之進（守彦）（一七九二〜一八四四）
五兵衛（保守）
兵之信
別平
植松俊右衛門（田彦）
小尾伝右衛門（四友）（一八二七〜一九〇二）
小尾伝右衛門
きく
?
孝太郎
千野真道
浅川如作（一八五九?〜一八九〇）
けい（一八六五〜一九三七）
浅川市太郎
浅川暦蔵（荊州）
大北茂右衛門
伯教（一八八四〜一九六四）
たかよ（一八八七〜一九七〇）
さかえ
小宮山貢
栄（一八八七〜一九八五）
政歳（一八九二〜一九四五）
みつえ（一八九一〜一九二三）
巧（一八九一〜一九三一）
咲（一八九三〜一九七六）
鈴木正男
牧栄（一九一五〜）
美恵子（一九一七〜）
上杉重二郎
辰也（一九〇四〜一九八一）
まつ子
八千代
克己（一九一六〜一九九一）
園絵（一九一七〜一九七六）

い、蕪庵六世である。この小尾伝右衛門が浅川兄弟の祖父である。彼については節を改めて書くことにする。

よいお爺さん

浅川兄弟の祖父を蕪庵六世四友・小尾伝右衛門と言った。一八二七年ころ、蕪庵三世守彦・小尾兵之進の三男として生まれた。隣にあった本家の小尾清内、通称・伝右衛門の家で、孝太郎ら幼い二男一女を残して後継ぎが死去したため、娘・きくと結婚して養子となり、養父の名を継いだ。家は代々名主の家柄で、家業は紺屋であった。実子・二男三女に恵まれた。養子・孝太郎が成人すると、小尾本家は彼に任せ、長男・如作は浅川三郎兵衛家に養子に出し、次男・暦蔵も隣村の浅川某家の養子に出した。如作が浅川兄弟の父であり、暦蔵は蕪庵八世荊州である（小宮山八千代、一九七九年。手塚、四五頁）。

巧はこのお爺さんに似ていた。伯教はこう書いている。

彼〔巧〕と朝鮮の田舎の旅に出て宿で何時も話題に登るものは故郷の思ひ出であつた。そして二人は幼き日の面白い田舎の行事や、周囲のよき人たちの話をたれかれとなく、次ぎから次ぎへと浮ぶ人だちについて其追憶を語り更した。

そしていつも祖父の事に話題が入ると、「よいお爺さんだつたなあ」と思はず言ふて話を結ぶ。お爺さんの性質を最もよく受けて居るものは弟であつた。年を拾ふに従つて益々お爺さんに似て来た。

今自分は「正しい生活」と云ふ事をいつも考へさせられる。新しい工芸も基調を茲に置かなければならないと思ふ。そう云ふ事を思ふ時、考へさせられる事は今一度日本の田舎の生活のよさをふり返つて見たく思ふと共に、祖父の歩かれた平凡の内に持つおほらかな生活がしたはしくなる（一九三四年1、五八頁）。

四友の暮らしぶりについて、伯教はさらに次のように続けている。

昼食後一時間位は、定まつて座敷の柱によりかゝつて読書をする。白氏文集、七部集、唐詩選などをよく読んだ。

○

祖父は俳人としてその天才とも思はれぬが、連歌は達者なものだつた。よく遊歴人が他国から訪ねて来たが、感心して居つた事も憶へて居る。祖母の田舎料理は味噌汁と漬けものが自慢と云ふでも無いが、いつも賞められた。別に厄介するでも無く、気安く宿つたり宿めたりしたものだ。

帰る時には人によつては旅費を包んで渡す。この銭は別に持つて居つた。それは句会に行つた時の謝礼其まゝ中も見ずに小さなかばんに沢山入れて置いて、下から出しては用ひて居つた事が死後に判つた。謝礼の中を改める気持ちを嫌つたものらしい。

○

いつも朝は七部集の連歌を口ずさみ乍ら庭を掃く。狂句木枯の句や、初冬や今年も袴着て帰る、など

終り迄全部自分等でも暗唱した位だから、何時でもやつて居つたものだ。（六二頁）

旧幕中は郡中総代とか云ふ役で、この地方の米を集めて幕府に納める為め江戸に行つた。鰍沢から富士川を下つて、岩関に出て、清水から品川に上り、上納が済む迄江戸に居らなければならなかつた。こんな事で何か思ふたものか焼きものを始めた事もあつた。職人を入れて窯を作り始めた処が、高火度の土が無くて本焼きが出来ず、失敗したらしい。自分が覚えてからも、轆轤《ろくろ》や型ものが家にあつた。又種壺、徳利がごろ〳〵して居た事を覚えて居る。物心が出てから籾殻を積んで素焼する事や、土の出場所を教へて貰つた事があつた。少年のこんな一寸《ちょっと》した事が自分等の現今に、こんなに影響するかと思ふと恐ろしくなる。

○

祖父・小尾四友の墓

巧は性根が宜《よ》いと云ふてよく賞められた。自分が十八歳、弟が十二歳の春とはなつた。ふとした事から風邪を引いて正月を炬燵《こたつ》で過した。褥について月の十六日に去つた病床でどんなに苦しくても七部集を読んでやると喜んで居つた。

変に静に成つたので、「お爺さん」と呼ぶと返事が無い、驚いてそばに行つて見ると、もうこの世の人では無かつた。明治三十四年〔一九〇一年〕一月十六日の朝であつた。

理屈を抜きにして泣き言を言はず、楽に働いて環境に興味を感じ、その内に人のなさけや詩を見出し、所謂俳人かと云ふとそうでも無く、百姓かと云ふとそうでもない。学者でもなく、仕事の中に俳句を見出し、村に事件が起ると頼まれて行つては何とか片つけて来る。結婚の事から、夫婦喧嘩の仲裁、若い男女のかけおちのしまつ迄持つて来る。

仕事に貴賤のあることを知らず、何でも働いて暇があれば読書する。褥について眠る迄は其日の出来事を俳句にまとめる。連歌を詩の対話と心得、心得のある人に遇へば直ぐ始める。祖父は結極自然に対してのブルジユアーであつた（六四～六五頁）。

小宮山栄も次のように語っている。

祖父はきれいな人でしたね。冬には『日本外史』だとか教えてましてね。俳句の会に呼ばれて行くんですよ。黒い羽織を着て、杖をついて。七十四歳で亡くなったときに、枕元を見ましたら、入れ物があって、句会の謝礼が入れてあるんです。それを必要に応じて使うらしく、水引が虫を食って、二十銭札なんていう、とうに無効になった札がありました。もらえばいくらあるかと見るのが人情だけど。巧がすごく似ていたんです、根性が。

実際、「謝礼の中を改める気持ちを嫌つた」祖父の精神は、巧に引き継がれている。安倍能成は巧の「行事」について、「それは其自身の為になされてその他の目的の為に、報酬の為になされることを、極度に忌まれた様に思ふ」と証言している（一九三二年、二八二頁）。

そして、巧もまた、そうした祖父の精神と暮らしぶりを好いものとして見習おうとしたのである。巧の著書『朝鮮の膳』の次のような献辞を見ると、その関係が実によくわかる。

敬愛する祖父よ、
生れし時すでに、父の亡かりし私は、あなたの慈愛と感化とを多分に受けしことを思ふ。
清貧に安んじ、働くことを悦び、郷党を導くに温情を以てし、村事に当つて公平無私なりしその生涯は追慕するだに嬉し。
今年の夏〔一九二八年五月〕村人挙つて鎮守の森〔熱田神社の境内〕にその頌徳碑〔句碑の誤り〕を建てしと聞けど、故郷を遙か離れてすでに二十年、墓参すら意の如くならざる身のせんすべもなく此貧しき書を供物に代ふ。

高根町五町田の交差点の北西数百メートルのところに立つ四友の句碑には、次のように刻まれている。

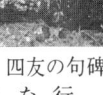

不断聞く　こえははなれて　初烏

四友の句碑

四友に信仰があったかどうかはわからない。しかし、その言行を見ると、宗教心とでもいうようなものをもっていたのではないかと思えてくる。それは何々教とか何々宗とかいうものよりも、晩年の柳宗悦が傾倒した妙好人のそれである。妙好人とは、「芬陀利華、即ち浄い白蓮華を意味し、念仏宗、特に浄土真宗で、篤い信心を頂いた在家の者を指していふ」（柳宗悦・衣笠一省、一六二頁）。柳宗悦・衣笠一省編『妙好人　因幡の源左』を読んでいると、学のあった四友と無学だった源左とであるが、不思議に共通したものを感じさせられる。例えば、「爺さんは実によく人を助けました。併し自慢ばなしはしたことがありません。村で何かいさかいが起ると、源左はよく呼ばれましたが、不思議に丸く納めて了ひます。全く仲裁の名人でした」（一五七頁）というようなところである。

四友の墓（二三頁参照）は、山梨県高根町五町田の共同墓地の北西の端にある。墓碑には「六世蕪庵小尾四友墓」と刻まれている。五町田の交差点から北々西数百メートルのところである。

四友の妻、つまり浅川兄弟の祖母の名は「きく」といった。やさしい人で、孫の伯教・栄・巧をかわいがり、七十四、五歳で亡くなった。栄は、九十をすぎて夢に見るのはやさしかった「きく」の面影で、厳しかった母「けい」の夢は見ないと語っていた。栄は、母に叱られると、祖母にかばってもらっていたのである。嫁にあたる小宮山まつ子が栄を看護していたときも、「おきくさんかい、おばあちゃんにめんどうになってすまんね」などと、言うことがあったそうだ。

男まさりの母親

浅川兄弟の父・浅川如作は、四友・小尾伝右衛門の長男として一八六〇年ごろに生まれた。後に遠縁の浅川三郎兵衛の家を継いで農業に励み、農事が済むと紺屋の仕事にかかっていた。家は富裕というほどではなかったが、「屋造り、庭の築山など趣味的にも手のこんでいたものだったらしい」（小宮山八千代、一九七九年）。

如作が千野けいと結婚したのは、一八八二年ごろのことであった。それぞれの父どうしが俳句の仲間であったためである。二人の間には一八八四年八月四日に伯教、続いて一八八七年十二月五日に栄（「さかゑ」とも書いた）、二人の子供が生まれた。そして、一八九〇年、如作は病床についた。けいは病気の重いことを知り、巧を受胎していることを如作に話した（小宮山八千代、一九七九年）。如作はそれを聞いてまもない七月十五日に、三十一歳でこの世を去った。彼の墓は、父・四友の墓から数えて南に四基めにある。墓碑には「浅川序策之墓」とあり、右側面には「明治二十三年七月十五日去　小尾孝太郎弟」、左側面には「明治三十九年一月二十日　浅川伯教建之」と刻まれている。小尾孝太郎は義理の兄である。

父・如作の墓

残されたけいは二十六歳、伯教は七歳、栄は四歳であった。巧がうまれたのは翌年一月十五日のことである。

けいは、一八六五年五月六日、千野真道の次女として生まれた。真道の生涯については、一九六六年、大泉村下井出に建てられた「千野真道翁顕彰の碑」（広瀬久忠撰文）が簡潔にまとめている。

千野真道翁逝いてまさに六十年、所謂去る者日に疎しとあるが、翁に対する地域人の敬仰追慕の情はむしろ愈《いよ》々切なるものがあって、其至情集って茲に碑を建て概行を勤し偉徳を称え永く後人に伝えようとするものである。

翁は天保元年大泉村一番戸に生れ、長じて国学を下総国古河藩士堀秀成に学び漢学を信濃国諏訪山崎玄生に師事し更に医学を同国小諸藩医加川謙助に学ぶ。嘉永二年軽井沢にて医術開業三箇年、嘉永五年帰郷開業済生に努む。明治九年教導職に補せられ安都玉、熱見、大泉、各諏訪大神の祠官となり、後郷社逸見神社祠官を兼務し、後累進して明治廿三年権少教正に補せられ同卅年八ケ岳教会々長として八ケ岳神社の御神躰を謹献された。明治十五年三月山梨県下に下付された内外科医術開業許可証を諦観し内務卿山県有朋より免状を授与された。

翁は資性温良恭倹篤学名利を超越し診療懇切を極めた。又、和歌俳句の宗匠として遠近に知られ、文人画をよくされた。明治卅九年七月七十七才を以て没する迄医学の傍国漢学和歌俳句の指導に力を注がれ文運甚だ盛んで傑出したもの数多かった。

なお、この碑文の上には「医神両全」と刻まれている。

母方の祖父も、学問を修め、地域の人々のために尽くし、和歌俳句に親しみ、宗教を重んずる人であった。そして、孫にあたる小宮山栄は「祖父　千野真道翁を偲ぶ」という文章の中で、次のように書いている。

農村の人には珍しい位、趣味豊かな暮しをしていたようです。短歌をはじめ、生花も達者でしたし、茶道もまた好んでなされ、祖父が茶をたてていたことを思い出します。（中略）よく野山を散歩し、殊に茸狩りは好きでした。植物に関心が深く……(藤森、一二〜一三頁)。

巧の林業への関心には、あるいは千野の影響があったのかもしれない。
また、千野の孫にあたる三井弥澄によると、「病気により長くかかり薬代もたまるが決して催促した事がない。私の食へない時は其の人達が米も野菜も持つて来てくれるだろうと言ふて平然としていた」。また、養蚕や養鯉を取り入れたという(藤森、一七〜一九頁)。このお爺さんもまた、四友同様に「よいお爺さん」であったのだろう。そして、その土地にふさわしい産業をおこすことの意義を幼い巧に教えたかもしれない。

けいは独立心の強い、しかし宗教心も篤い人であった。娘の小宮山栄は次のように語っている。

母は十七で嫁に来てね。父が死んでね。母方の里は物持ちだったんです。ですから、母が里に帰ると、祖父〔千野真道〕が「よく来た」と言って、自分の部屋に膳を運ばせて食事をしながら、「巧を連れて帰っておいで。二人〔伯教と栄〕はお爺さん〔小尾伝右衛門〕に育ててもらって」と言ったそうです。兄嫁さんにも同じ年頃のがいたので、母は、「そんなことをしたら、巧がその子と同じに扱われないかわいそうだ、と夕方になると挨拶もしないで帰ってきた」と言ってました。

母はしっかりもんでね。兄〔伯教〕が朝鮮へ行くときに、「いままでは止めてきたけど、これからはあんたのいいなりにどこへでも行くよ」と言って、行ったんです。

母は熱心なクリスチャンでね。わたしが東京の高円寺にいたとき、訪ねてきてくれて、駅で待っているときに、目つぶってお祈りしているんですよ。

伯教が朝鮮に渡ったときのことについては、栄の義理の息子・小宮山辰也も、「思い切りがよかったです。しばらく家屋敷は貸していたけど、しばらくして帰ってきて、売っちゃっただ。もちろん、そのときは、朝鮮の土になるつもりだったんでしょ」（一九七九年1）と語っている。

京城（現在のソウル）時代のけいについては、けいと同居していた孫（伯教の長女）の鈴木牧栄が次のように語っている。

よくよその方に、「おばあさんは男だったらよかったのにね」と言われておりました。いわゆる女丈夫なんですね。人の世話をよくしておりました。教会に通って敬老会を作ったり、お年寄りを家に呼んであげたり、困った人の面倒をよく見ておりました。だから、わたしの家にはしょっちゅう人が来ていまして、家族だけで食事をするということは、ほとんどなかったですね。未亡人として沈んだようなところは、まったくありませんでした。（一九七八年）

また、東京帝国大学を卒業して、朝鮮の三井林業で働いていた小宮山辰也も、けいについて、「とても真面目で厳格なんですよ。とてもやかましい、厳格な家庭でしたよ」と語っている。

けいの独立心と真面目で厳格な気風もまた、巧に受け継がれたようだ。

けいは茶道に対する関心もあったようだ。小宮山栄は、母けいが一九一七年に朝鮮から山梨県大泉村に住む弟の新造を訪ね、祖父愛用の茶道具、茶碗、茶杓、香盆などを譲り受け、京城に持ちかえり、以来、何か記念する茶会にはいつも使っていたと書いている（藤森、一四頁）。こちらのほうの趣味は伯教に受け継がれた。

ところで、けいの朝鮮人に対する態度は、どのようなものであっただろうか。巧は一九二三年九月十日の日記に次のように書いている。

一体女は浅墓だ。心がせまくてきたないくせにすぐ露骨に出す。自分の母でも朝鮮人に対する考へにはよくない点が多い。そして日本人同士だつたら色に出さない程のことでもすぐ露はしてしまふ。母などは自分達の考へも随分判つてゐる筈だのに、それだから、他の人達には特に甚だしいのがある筈だとも思ふ（二三二頁）。

母・浅川けい

関東大震災に際して、朝鮮人虐殺のうわさを聞き、巧は、その背景にある日本人の朝鮮人蔑視を批判したのである。自分の母をも批判の対象としているところに、すべての問題を自分に引きつけて考えようとする巧の姿勢が現れている。

巧からは批判された母ではあるが、けいもそれなりに朝鮮人を思いやる人であった。巧が死んで、村のみんながお棺をかつがせてくれといったとき、けいが、「高い山に棺をもっていって、けが人でもでたら申しわけないと思って、わたしゃ、帰るまで一所懸命に祈っていたよ」と言ったのを小宮山栄は覚えている。

また、栄の孫にあたる赤岡武は曽祖母について、「人形を作り、心ある人にそれを買ってもらい、利益を総て慈善事業のため寄付することを続けた。また、常に感謝の心を忘れずにいた人だった。後に朝鮮にあって、バスから下りるとき、朝鮮人の運転手や車掌に対して必ず『有難う』と朝鮮語でいったというような人だった」と書いている（一九八九年、五八頁）。

伯教や巧の感化を徐々に受けていたのかもしれない。

けいは一九三七年八月に亡くなった。小宮山栄によると、牧師と伯教の膝に抱かれて息をひきとった。その直前、牧師が「治りますよ」と言うと、「そんなこと言ったってだめですよ」と言った、ということである。判断力にも優れた人だったのであろう。

兄と姉

浅川巧の兄・伯教は、一八八四年八月四日に生まれ、一八九一年に甲村の村山西尋常小学校に入学し、一八九七年には隣の長坂町の秋田尋常高等小学校に進んだ。しかし、彼が学んだのは、教師からよりもむしろ二人の祖父からであったようだ。

同居していた父方の祖父・四友は伯教をよく運座に連れて歩いた。彼も俳句や連歌を好んでけっこう楽しんでいた。また、四友は伯教に漢学を教えた。妹の小宮山栄によると、四友は頼山陽の『日本外史』などを教えたが、伯教はめんどうくさがって、あまり勉強しなかったという。とはいえ、四友の教育で養われた漢文の読解力は、彼が後に朝鮮陶磁史関係文献を調べるうえで大きな役に立っている。四友は伯教に茶道・生け花・焼き物も教えた。そして、「謝礼の中を改めることを嫌う」ような気持ちの持ち方も身をもって教えたのであった。

母方の祖父・千野真道は、兄弟の住む家の北方約四キロ、今、千野真道翁顕彰碑が立っている、その南側に住んでいた。千野も和歌などを教えたようだ。一九〇六年四月下旬、亡くなった当日も、危篤と聞いて集まった人たちに、「歌を詠め」と言い、「全部の人の歌を一枚一枚よく見て此の中では伯教の歌が一番よい」と言ってから死んだ（藤森、一九頁）というような人であった。

伯教は一九〇一年、山梨県師範学校を受験したが、体重不足で不合格となった。そこで、母校の秋田尋常高等小学校の代用教員となった。翌年には検定試験に合格して、教員の辞令を受け取り、熱那小学校の訓導になっている。再度、山梨県師範学校を受験して合格したのは、一九〇三年のことであった。

伯教は師範学校に入学してまもなくキリスト教に入信した。千野真道が神官であったため、幼いころから宗教心が養われていたのであろう。また、幼くして父を亡くしたことが彼を宗教に向かわせたのかもしれない。ほかの宗教ではなく、キリスト教にしたのは、保守的な宗教を嫌ったためと思われる。伯教は終生、熱心なクリスチャンであり、晩年も、よく聖書を読んでいたという。

伯教は、親思い・弟妹思いな青年であった。小宮山栄は次のように話している。

兄が甲府の師範にいた当時、農村が疲弊して、弟をおばのところへやって学校を出してもらおうか、という話がありました。そのとき、兄は、自分は家から金をもらわないでやっていくから、巧を家から農林学校に入れてやってほしい、と言ったんです。

小宮山　栄

兄と弟が韮崎近郊の塩崎に住んでいたとき〔一九〇七年〕、家では母とわたしで蚕をかったりしていたんですが、二人は兄の給料でやっていて、家からは一銭ももらわんことにしていたわけです。二人は休みになるとすぐ帰ってきて、桑とるとか、草摘むとかして、行く日の四時まで働いて帰っていったんです。

付属〔山梨県師範学校付属尋常小学校〕にいるとき、教会に英学院というものがあって、日曜に礼拝するところですが、そこの一部をただで提供してもらって、そこに母を呼んだんです。

一九〇六年、伯教は師範学校を卒業して、翌年には塩崎尋常小学校、翌々年には山梨県師範学校付属尋常小学校に勤務した。しかし、保守的な学校の雰囲気にあまりなじめなかったらしい。伯教は一九一〇年に創刊された『白樺』を愛読するようになり、一九一二年七月には、新海竹太郎に入門して、彫刻を本格的に学びはじめた。かねてロダンに憧れていた彼は、教育者としてよりは彫刻家として立つつもりであった。

祖父に習った俳句は趣味として続けていた。伯教は俳句の会で甲府中学の英語教師、のちに「星の作家」として有名になる野尻抱影（大仏次郎の兄）と知り合った。そして、よく下宿に遊びにいって、山村の話（民話）をいろいろと聞かせてやった（野尻、三五頁）。野尻の著書『山・星・雲――山国風物詩』には、伯教が話した「猿になった子供」「馬の沓」が記録されている。

巧に大きな影響を与えた伯教の生き様については、章を改めて書くことにしたい。

ところで、巧の姉・栄は一八八七年十二月五日の生まれである。栄については、義理の息子の小宮山辰也が、「きかんぼうで、頭のいいこと、これはけいに似ていますよ」と語っている(1)。栄は長じて小宮山貢(のち北巨摩郡会議員などを務めた)に嫁いだ。その記憶力の良さについては、辰也夫人・まつ子から、「昔のことは、何月何日に何があったか、聖書の何頁に何が書いてあるか、よく知っていますよ。男だったら、とっくに博士なのにね、と笑うんですよ」と聞いていた。

実際、一九七九年九月二十七日にわたしが会ったときも、九十一歳という高齢にもかかわらず、実に詳細に、いきいきと巧のことなどを話してくれた。本書の各所で紹介される栄の談話からわかるように、栄は祖父や巧の良いところを実に的確に捉えている。彼女自身が良き人であったからであろう。

一九八五年三月十二日、九十八歳で亡くなっている。

二　朝鮮古陶磁の神様・伯教

伯教、朝鮮に渡る

弟というものはだれでも、多かれ少なかれ兄の影響を受けるものであろう。しかし、巧は伯教から人一倍大きな影響を受けて成長した。伯教は、いち早く蕪庵の伝統を身につけていたし、祖父の死後は父代わりの存在であったからである。

後に詳しく見るように、巧は、キリスト教に入信し、朝鮮に渡って朝鮮の美術工芸品を蒐集し研究するようになるが、これらの行動はいずれも伯教の後を追ったものであった。伯教は、巧にとってまたとない先達であったのである。

伯教は、東洋陶磁史の研究家・倉橋藤治郎によって「朝鮮陶器の神様」と紹介され（六頁）、小山富士夫によって「朝鮮古陶磁の神様」と言われた（三五四頁）目利きであった。伯教の神様ぶりがどのようなものであったか、逸話を二つばかり紹介しよう。

一九三五年にあった話として、陶磁器愛好家の上野直明（北鮮製紙化学工業株式会社の幹部社員）は、次のように回想している。

茶碗は高くて買えないが、李朝の壺や徳利なら買えないこともあるまいと思って、ある日浅川氏に、朝鮮の思い出に一つ捜してくださいと頼んでおいた。数日後、天池骨董店で、偶然浅川氏に出会った。浅川氏は棚の中から一つの壺を取り出して、これはいい、上野君これがいいよと推賞してくれた。それは鉄砂の絵の入った李朝染付の壺で、値段は三十四、五円だった。浅川氏選定の物だから人に見られても恥しくあるまいと考えて、座敷の床の間においた。ある日子供の病気の診察に来た山野医師がこの壺を見て、これはすばらしい、いくらで買ったのかと聞くので、三十五円だったと答えると、そんな安いはずはない、と驚いてなお熱心に見入っている。そのうち、口に傷があり、修理の跡を発見して、ああこれだ、この傷のために安いのです。これがなかったらたいへんなものだといった。山野氏は、陶器鑑定にかけては相当の人である。山野氏もこう言ってくれたのだからいいものに違いない。そう思って見ると、壺の肌といい表面に描かれた絵といい、まことに見事である。特に鉄砂の色がすばらしい。鉄砂の色がこれほどあざやかなのは、博物館でも見かけない（三九〜四〇頁）。

一九七九年七月十三日の『朝日新聞』夕刊に、「あたしゃ古道具屋冥利　『ガラクタ』三〇〇万円に陶片、米の博物館入り」と題する記事が掲載された。東京の古道具屋が手に入れた一見、ガラクタのような陶片のコレクションが、研究資料としてハーバード大学付属フォーグ博物館に収まることになったというものである。このコレクターこそ、ほかならぬ伯教であった。

伯教の青少年時代については第一章で見たので、ここでは、朝鮮に渡るところから書きはじめることにする。

一九一三年五月はじめ、伯教は朝鮮へ渡り、京城府貞洞十一番地に居を定めた。朝鮮の美術工芸品への関心が彼を朝鮮へ向かわせたのである。後年、伯教が妻のたかよに筆記させた「浅川伯教略歴」（未発表）には、「関野貞の報告書によって李王家博物館の存在を知り、伝を求めて渡鮮す」とある。

関野は、一九〇九年の九月から十二月にかけて朝鮮の古建築および古跡を調査している。そして、「開城における王陵の盗掘と高麗焼の散逸を遺憾としてその保存を進言した。これが李王職博物館設置の原因となり、また朝鮮総督府博物館の設置への動機となっている」（関野、一七―一八頁）。伯教はこのときの報告書を読んだのであろう。

また、「浅川伯教、巧両氏が朝鮮に住むやうになつたのも小宮山氏のヒントによると聞いてゐる」（式場、二六五頁）という説もある。小宮山清三は、一八八〇年生まれで、伯教・巧兄弟と同じく甲府メソジスト教会の会員であった。彼は、絵画は専門家について学んだこともあった（野沢、一八頁）というから、特に伯教とは気があったであろう。一時は毎日のように会うほどの間柄であった。小宮山は教員であった伯教と、学生であった巧がいっしょに住んでいた甲府市外の池田村（現在は甲府市池田町）きっての素封家であった。後に木喰仏（江戸時代の遊行僧木喰が彫った特異な木仏）の研究家として知られるようになる小宮山は、この当時から民芸品、古陶磁、絵画などを熱心に蒐集していた。

その中には朝鮮陶磁があったかどうかは確認できない。しかし、彼は、実兄・長谷部恒三の朝鮮での農場経営を助けるために一九一三年から一九一四年まで朝鮮で働いたことがあり、そのときに朝鮮の陶磁器を多数集めて、郷里の自宅へ輸送し、文庫蔵の二階に陳列していたという（小宮山については、斎藤、内藤、野沢を参照のこと）から、それ以前にも短期間、朝鮮を訪問し、陶磁器を持ちかえったこともあったに違いない。浅川兄弟がそれらの品を見ていたことは間違いのないところであろう。

ともあれ、植民地で一旗あげることを目的に朝鮮へ渡った多くの日本人と違って、伯教は、朝鮮の美術工芸にひかれて朝鮮へ渡ったのである。

一九一三年五月上旬、伯教は京城府南大門公立尋常小学校（当時、朝鮮総督府は、日本人の通う六年制の公立尋常小学校と、朝鮮人の通う四年制の普通学校との二本立てにしていた）に赴任した。そして翌年、新設された京城府西大門公立尋常小学校に転勤し、京城中学校付属小学校教員養成所生徒教育実習指導嘱託をも兼任した。一九〇五年の韓国保護国化、一〇年の韓国併合を契機にして、日本人の渡朝が激増し、それにともなって小学校教員の需要も激増していたのである。

三・一独立運動以前のいわゆる武断政治・憲兵警察政治の時代であったから、伯教もサーベルを吊るし、軍服まがいの制服を着て、学校へ通っていた（次頁写真参照）。

学校での伯教については、元同僚・別府房治が、「図画や手工の指導は、勿論お手のものですが、算術や読方など、一般教科の授業にも堪能で、申し分ないすばらしい先生でした。（中略）温和な方でしたが、研究心が強い上に創造力も豊かで、学校長には、懐刀として信頼され、児童には無論のこと、父兄の方々にも親しまれ、内外ともに全く敵のない方でした」と回想している。

また、一九一六年に伯教から図工などを学んだ小谷正巳も、次のように思い出を述べている。

伯教先生からは図画（クロッキー、スケッチ、水彩等）、工作（木工、竹細工、粘土細工等）、絵画、彫刻、陶器制作の基本を学ぶ。美術が好きになったのも先生の感化が大きい。

図画は、その都度採点され、「甲」か悪くても「甲の下」という点をもらっていたが、工作にはいって、竹細工で、紙鉄砲を作ったところ、「乙の上」という点がついていて、失望の色が顔に出たのを先

西大門小学校の教師たちと生徒

生は見のがさず、はげましの言葉をかけて下さった。その先生のやさしさが身にしみ、未だに思慕の念を禁ずることができない（小谷治子）。

小谷とともに伯教から図工などを学んだ生徒の中には、後に作曲家として有名になった古賀政男がいる。

それより先の一九一四年九月八日、伯教は甲府のメソジスト教会で、山梨県北巨摩郡穂坂村三ツ沢出身の三枝たかよと結婚式を挙げた。ふたりはともに同教会の会員であった。

ところで、伯教の主な関心は教育にはなくて、むしろ美術にあった。妻のたかよは、一九二〇年十月二十二日の『京城日報』紙上で、次のように語っている。

山梨県の師範学校（付属小学校）の訓導を勤めて居りましたが、爾来教員としては相応《ふさは》しくない美術や文学の研究にばかり没頭して、殆んど家庭のことなどには没交渉で、三百六十五日、食事の時でさへ何事か思案に耽つてをりましたが、他の場合は必ず読書を続けてゐました。（中略）

私の宅には只の一冊も児童教員の参考書などは御座いませんやうな始末。

当時、伯教はロダンに心酔していた。一九一四年九月、伯教が千葉県我孫子に柳宗悦を訪ねたのも、ロダンから白樺派に贈られたロダンの彫刻を柳宗悦が預かっていると知ったためであった。彼は、朝鮮に渡ってからも、夏と冬の休みには東京に出て、新海竹太郎に彫刻を学んでいた。そして、一九一九年四月には、とうとう教職を辞して、単身東京に出、新海の内弟子になった。その間、朝鮮に残された母と二人の子どもの世話は、教員であった妻のたかよに任せたのである。

一九二〇年十月、伯教が制作した朝鮮人像「木履の人」が帝展に入選した。彼はこのとき『京城日報』記者のインタビューに答えて、「朝鮮人と内地人（日本人のこと）との親善は政治や政略では駄目だ、矢張り彼の芸術我の芸術で有無相通ずるのでなくては駄目だと思ひました」と語っている（『京城日報』一九二〇年十月十三日）。柳宗悦に通ずる思想の発露である。

帝展に入選した「木履の人」

なお、柳は「木履の人」についてバーナード・リーチ宛に次のように書きおくっている。

> ロダンばりの作品で、有名なあの『絶望』を連想させますが、案外よく彫り上げられています。観衆の注意を惹いているらしいのですが、それはその中に朝鮮民族への同情心がはっきりと打ち出されているからでしょう。浅川氏はその作品のおかげで、朝鮮のみならず日本の有名無名の人びとからも約百通の手

紙を受けとった旨知らせてくれました。このまま彼の仕事を続けるよう、僕も激励するつもりです。近日中にその写真をお送りしましょう（一九八九年、二三四頁）。

伯教は、朝鮮へ渡って以来、彼なりに日本人と朝鮮人との関係のあり方を模索していた。そして、芸術をとおして相互の親善を図ろうとしていたのである。彫刻や絵画の題材を積極的に朝鮮のものに求めたのは、そうした姿勢の現れであった。

なお、この彫刻はその後、小宮山清三によって所蔵されている（進藤）。

一九二二年三月には、東京府主催の平和博覧会記念美術展に彫刻「平和の人」を出品して入選した。しかし、同年四月、伯教は朝鮮へ帰っている。「浅川伯教略歴」は、「体力の欠如の故に彫刻を断念」したためと書いているが、主要な理由はそこにはなかった。彼は彫刻界の派閥争いが嫌だったのである。伯教のいとこで、若いときから付き合いのあった山梨美術家協会の副委員長（一九六四年当時）進藤章は、「朝倉文夫、内藤伸らにつながる内紛にいやけがさし、当時千円もの陶磁関係古文書とともに渡鮮したとか」と書いている。また、伯教の婿にあたる鈴木正男も、彫刻界の派閥争いにいやけがさしたためである、と伯教から聞いていたという（一九七九年）。朝鮮に戻った伯教が、その後も彫刻の制作を続け、その作品が朝鮮美術展で特選になっていることなどを考えると、むしろ後者が主要な理由であったと思われる。

そのほか、朝鮮陶磁の研究に再び情熱を燃やし始めていたことや、ちょうどこの年から朝鮮美術展が開かれるようになって、朝鮮で作品を発表する場が生まれたことも動機の一つではなかったかと思われる（加藤、一九七九年2）。

白磁との出会い

浅川伯教の約五十五年の李朝白磁研究の歴史は、大きく四つの時期に分けることができる。第一期は、朝鮮の陶磁に関心を持ちはじめた一九一〇年ごろから本格的に研究に取り組むようになった一九二三年十二月までの十四年間、第二期は、一九二八年四月、伯教ら四人の共同研究に対して、啓明会から補助が出るようになり、七月からは同会が設立した朝鮮陶器研究会の研究員となって伯教が研究に専念するまでの五年間、第三期は、敗戦をへて一九四六年に帰国するまでの十八年間、第四期は、一九六四年に亡くなるまでの十八年間である。

前述のように、伯教は一九一〇年ごろ、小宮山清三の家で朝鮮陶磁器を見ていたと思われるが、詳しいことはわからない。

一九一三年年五月上旬、はじめて朝鮮の土を踏んだ伯教は、さっそく昌慶苑にあった李王家博物館に足を運んだ。そこには高麗の青磁があった。伯教は足繁くそこに通った。彼はそのころのことを次のように回想している。

その頃の私は寂しすぎた。一つ佳いものを欲しいとは思ったが、価が高くて手が届かなかった。
或夜京城の道具屋の前を通ると何だかごたごたした朝鮮の道具の中に白い壺がぽかっと電灯の下に

あった。この穏やかに膨らんだ丸い物に心を引かれて立ち止まって暫見入った（浅川伯教、一九五六年1、一頁）。

価を聞くと五円という。伯教は喜んで買ってかえった。そして、思った。「高麗の青磁は過去の冷たい美しさだがこの白磁は現在の私の血に通ふ生きた友である。これには間違いはない。私の眼が開けたのだ、よい物を見た」（一九四五年、二七三頁）。伯教と李朝白磁、ひいては日本人と李朝白磁との最初の出会いであった。

しかし、伯教が李朝白磁の美を見出したということは、必ずしも朝鮮古美術の美を最初に見出したのは伯教であるということを意味しない。朝鮮古美術の美を最初に見出したのは、やはり、日本人ではなく朝鮮人自身であったのである。詩人であり、美術評論家でもある崔夏林は、次のように指摘している。

一九二〇～三〇年代の古美術ブームも、その実は〈充実した生活を〉という日本人植民者の特権階級の趣向によって形成されたものであり、このようなブームに最初に火をつけたのは、浅川伯教・巧兄弟と柳宗悦らであった。もちろん、古瓷器や古書画の真価は、収蔵印からわかるように、金正喜、呉慶錫、閔泳翊、閔泳煥、呉世昌、金容鎮らの水準の高い鑑識眼によって、すでに確認されていた。したがって、日本人たちが古美術の真価を発見したというのは、韓国美術に理解がない彼らにとっての発見にすぎないのである（六一―三頁）。

ここでこのことを強調するのは、朝鮮民族は自分たちの古美術の価値を自分たちでは評価できずに浅川兄弟や柳宗悦に教えてもらったのだ、と誤解している日本人が少なくないからである。

ともあれ、李朝白磁を顧みる人が少なかったことは事実である。そこで、伯教は非常に安い価格で李朝白磁を買いあつめることができた。一九一四年九月、我孫子に柳宗悦を訪ねた浅川伯教が土産に持参した染付（青花ともいう）秋草文面取壺（現在は日本民芸館にある）も、そのなかの一つであった。

このころ、朝鮮では各地で土木工事が行われていた。そして、そこからはときどき陶磁器の破片が出土した。伯教はそれらの陶片を集めて、朝鮮陶磁史を研究することを思いたった。彼はまた、朝鮮陶業試験場に通って、高麗青磁の製法を研究した。朝鮮の陶磁に強い関心をもっていたバーナード・リーチに青磁の製法を教え、青磁の破片を参考に送ったり、陶芸家・富本憲吉と親交を結んだりしたのも、このころのことである。

染付秋草文面取壺
（日本民芸館蔵）

一九二二年、伯教は彫刻の修業を終えて、三年ぶりに朝鮮へ帰ってきた。そして、陶磁史の研究を再開した。彼はまず、その遺跡のだいたいの年代が推定できる王宮遺跡を『宮闕史』や『宮闕古地図』などから捜し出した。そして、そこを掘り返しては陶片を集め、それを王宮遺跡の年代順に並べた。こうして、陶磁器の時代的変遷を明らかにすることに成功したのである。

『白樺』一九二二年九月号に発表した「李朝陶器の価値及び変遷に就て」と題する論文はその最初の成果であった。伯教はまず、李朝陶器の価値について、次のように述べている。

朝鮮の陶器の問題が出ると一般に直ぐ支那と比べる。そして支那の前では比較に成らぬと云ふ。これは朝鮮の物によい個性が滲み出て居る事を知らない人の言葉だと思ふ。（中略）変つたものに共通の尺度を強いてはいけない。支那人の持つて居るものを朝鮮人が持つて居ないからと云ふても問題は成り立たぬと思ふ」（一一～一二頁）。

伯教が「個性」を尊重する白樺派の一人であったことを示すものであろう。

彼はまた、そこではじめて、李朝を初期・中期・後期・末期と四区分し、初期を三島全盛時代、中期を堅手白磁時代、後期を染付全盛時代と特徴づけたのである。三島が高麗時代のものでなく李朝時代のものであることをはじめて明らかにした（一二頁）のも、この論文でのことであった。

ここではまた、「三島」という名前に触れて、次のように書いていることも注目されよう。

其模様の或る物が昔の三島暦に似て居るので名をつけたらしい。実際は白絵手とでも云ふた方が当然と思ふ。日本の茶人は一つか二つ見て直ぐ勝手な名を付けて居る。其れが何処から出来てどう云ふものかを一向知らずに名を付けるので、今では三島で通つて居るが、作つた者に対しては済まぬ事である。（中略）自分は最近慶熙宮の跡の地均しをした処の地層の内から、各種の三島を拾つて来た。之れは李朝になつて使用したものであらう。三島は今迄高麗のものとして居つたらしいが、之は誤りらしく思ふ（一一頁）。

この論文によって李朝陶磁器に開眼させられた人も多い。今春聴（今東光の本名）もその一人であった（今、一七頁）。そして、この論文は、当時、朝鮮人の間でも高く評価され、「李朝陶器の史的考察」と改題されて、一九二二年十一月十二日から十二月十七日にかけて、朝鮮語の週刊新聞『東明』に六回にわたって翻訳された。

第二期が始まるのは、一九二三年十二月のことである。伯教の自筆履歴書によれば、このときから、彼は朝鮮陶磁史の研究に本格的に取り組みはじめた。日本に渡った朝鮮茶碗を調査するために、伯教は日本各地を行脚しはじめた。茶碗渡来の時期を調べることをとおして、その時代的変遷を明らかにしようとしたのである。

一九二三年には対馬に行った。朝鮮と縁の深かった宗氏所蔵の朝鮮陶磁器を調査するためであった。一九二四年七月には、京都の柳宗悦邸に滞在して、関西の各所に所蔵されていた朝鮮の陶磁器を調査した。横井夜雨の紹介で、茶人として名高い鈍翁・益田孝に会ったのも、このときであった。益田は伯教の話に興味をもって、「見度い茶碗があるなら何んでも御覧に入れやう」と四十幾個かを見せてくれた。そして、「此朝鮮茶碗丈けを年代順に併べて見て一応説明して貰ひ度い」と要求した。伯教は要求どおりに並べてみせた（一九三九年、七七～七八頁）。その後、伯教は益田の紹介によって、喜左衛門井戸などの名品を手に取って鑑賞する機会にも恵まれた。そして、大名物・名物といわれているもののなかに朝鮮伝来のものが多いことにあらためて気づかされた。こうした経験が朝鮮陶磁史研究にいっそうの拍車をかけることになった（鈴木正男、一九七九年）。

伯教は、朝鮮茶碗の産地を確かめるために朝鮮各地の窯跡も調査することにした。一九二五年一月には、鶏龍山・康津などの窯跡を、巧や中尾万三・小森忍らとともに調査した。そして、一九二六年にははじめて鶏龍山東鶴寺の谷に添ってあった数か所の大窯跡を発見した（一九五六年1、一〇頁）。さらに、日本の古陶磁と朝鮮のそれとを比較するために、一九二七年一月には、博多・唐津・長崎などの窯跡も調査した。

伯教が啓明会の資金援助を受けて、後顧の憂いなく研究に没頭できるようになったのは、一九二八年七月のことであった。これが第三期のはじまりである。

一九一九年四月に教職を辞していらい、伯教にはこれといった定職がなかった。わずかな収入も陶磁史の調査研究費にあてられた。家計は、妻のたかよが梨花女子専門学校の日本語教師、後には淑明女学校の英語教師をして支えていた。彼の研究が経済的に無報酬のなかで行われていることを知った陶器研究家の倉橋藤治郎の尽力で、一九二八年四月に、「特殊ノ研究、調査、著作ヲ助成シ、及発明発見ヲ奨励スルコト」などを目的とする財団法人啓明会から、浅川伯教・浅川巧・柳宗悦そして倉橋、四人の共同研究「朝鮮陶器の研究」に対して、三千円の補助が出ることになった（山梨県立美術館、四九頁）。日本民芸館に残る幻の書『朝鮮李朝陶器』の「内容」のゲラ刷りは、このとき伯教が「李朝窯芸史」を書く予定であったことをうかがわせている。

また、七月には再び倉橋が骨を折って、啓明会内に朝鮮陶器研究会を組織し、伯教を研究員に迎えた。朝鮮陶器研究会は、倉橋が、朝日麦酒社長の山本為三郎や朝日新聞社社長の村山龍平らに資金援助を要請し、伯教に朝鮮の窯を隈なく調べてもらうために作った研究会であった（山本、一五～一六頁）。

これによって、伯教は今まで以上に幅広い調査をすることが可能になった。また、朝鮮人・宋某を助手に頼んで、陶片の整理などを進めることができるようになった。

伯教はまず、『世宗実録』『経国大典』『東国輿地勝覧』などの古典を読破し、そのなかから李朝陶磁器の産地を三〇〇か所あまり捜し出した。そして、それを手掛かりとして、各地の窯跡をしらみつぶしに調査する計画を立てた。そして、「陶器記載用紙」というカードを作って、窯跡めぐりのたびに、陶片の採集地、推定年代、形状を記入することにした。

それとは別に、一九二九年から三一年にかけて調査した「旧沙器店跡」は各道別に八冊のノートに記録した。それによって、伯教が調査した時期と数を各道別に紹介する。

京畿道　一九三〇年四～十月、一七二か所
全羅南北道　一九二九年三～四月、一九三〇年六月、八月、十二月、一九三一年六月、八月、九月、一二九か所
慶尚南北道　一九二九年二～五月、一九三〇年三月、一九三一年五月、一一八か所
忠清南北道　一九三〇年三～四月、六月、一九三一年五月、九八か所
咸鏡南北道　一九二九年六～七月、四八か所
平安南北道　一九二九年五～七月、四一か所
黄海道　一九三〇年四～五月、三九か所
江原道　一九二九年五～六月、二三か所

以上によって知ることができるように、伯教は一九二九年から三一年にかけてだけでも、朝鮮八道にわたって、合計六七八か所の窯跡を調査したわけである。その後も窯跡を調査しつづけ、一段落がついたのは、一九三三年暮れのことであった。

窯跡調査のかたわら、伯教は、一九三〇年七月に彩壺会から『釜山窯と対州窯』を刊行した。この本は、釜山窯と対州窯についてまとめられた最初の本で、何度かにわたる現地調査と朝鮮側の史料を使って書かれたものであった。その後、釜山窯については、長らく釜山に住んでいた後藤登丸の「釜山窯跡の破片」(『茶わん』一九三九年九月号)や、奥平武彦の「釜山窯址の発見」(『茶わん』一九四二年二月号)などが発表された。しかし、『釜山窯と対州窯』を越えるものは、日本のみならず韓国・北朝鮮でも、五十年以上もなかった。一九八六年に泉澄一が『釜山窯の研究』という八〇〇頁を超える大冊を書くまで、啓蒙的な役割を果たしてきたのである。

泉によると、伯教は肝心の「宗家文書」を使っていない(ⅳ頁)だけでなく、『釜山窯と対州窯』は極言すれば、釜山甲寅会『日鮮通交史付釜山史　前編』(一九一五年)、長崎県教育会対馬部会編『対馬叢書対馬人物志』(一九一七年)、対馬教育会『増訂対馬島誌』(一九二八年)、以上三冊の「著書の記述をつなぎ合わせ若干説明を加えたに過ぎない」(二頁)。また、伯教の本の第五章「釜山窯に就て」には誤りが多い(一七～二八頁、その他)。

一九三四年七月八日から十四日まで、東京の白木屋で開かれた「朝鮮古陶史料展」は、それまでの伯教の研究の集大成を展覧に供する檜舞台であった。会場には、二十八畳大の朝鮮地図が広げられ、各地の発掘陶片約一万点がそれぞれの発掘地点の上に並べられたという。彼はまた、会場で、十二日には「朝鮮陶器の時代的変遷」、十三日には「李朝分院の官窯磁器」、十四日には「我邦に伝来せる朝鮮茶碗」と題する連続講演会を行った。

展覧会の前後には、中央朝鮮協会で「朝鮮古窯跡の研究によりて得られたる朝鮮窯業の過去及び将来」、日本工業倶楽部で「朝鮮古陶器の研究に就きて」と題する講演も行っている。前者では、朝鮮人が白を好む理由について、「婦人の思想に一番深く入つて居るものは巫女の教です。（中略）巫女の嫌ふものは変つた形、変つた色彩、物の影であつて総べてを白に帰する教であります」（一九三四年2、一〇頁）と述べている。後者は「朝鮮古陶史料展」の解説にあたるもので、同年十月発行の『啓明会第五十五回講演集　朝鮮の陶器』に収められている。伯教はこの講演の記録について、後年、「私としては一番思い出の多い忘れがたい仕事」であったと回想している（遺稿「朝鮮古陶器の研究に就きて」）。

伯教は、その後も、各地を飛び回って窯跡を調査した。そうした伯教を見て、友人たちは「鉄砲玉」というあだ名をつけた。陶芸家の浜田庄司は次のように述懐している。

時々内地へ帰ると滞在が長引いても連絡しないとみえ留守宅から私にまで君の様子を尋ねて来られることがあったが、一度柳と朝鮮旅行中、開城の神社の境内で、日本へ帰っているという噂を昨日京城で聞いたばかりの君が、陶片を拾っているのに出会って、いくら浅川でも余り思いがけなかった（一四頁）。

「鉄砲玉」は原稿を書かない。そのために、山本為三郎は、伯教を三国荘に呼び寄せ、「君が報告書を作り上げるまでは、朝鮮へはどうしても帰さないよと云った」こともあった（一六頁）。また、柳宗悦は、一九三六年ころ、朝鮮工芸会（後述）の席で、日本民芸館には「浅川の為の隠居所が設けてあるから、此処で必ず朝鮮の焼物の原稿を完成してくれ」と言ったそうである（蝦名、二六四頁）。

伯教は、一九四四年二月から四月にかけて、東亜交通社主催で十二回、「陶磁器講義」を連続講演した。このときの速記が残されている。

伯教の窯跡調査は、一九四五年八月の日本の敗戦＝朝鮮の独立以後も続けられた。彼は、それまでの研究を続けるために、米軍政庁から特別の許可を得て、ほとんどの日本人が引き揚げたあとも朝鮮に滞在した。そして、成歓や分院の窯跡を調査した。米軍美術課長のジョージ・ギフォードたちが見学のために同行することもあった。

伯教が調査した窯跡は、彼が日本に引き揚げた一九四六年十一月三日までに七〇〇か所をゆうに超えている。

多芸多才の人

伯教は、二人の祖父に似て、多芸多才の人であった。朝鮮陶磁史の研究者であると同時に、朝鮮陶磁器の蒐集家であり、陶芸家であり、彫刻家であり、画家であり、古書・古画蒐集家であり、茶人であった。そして、時には、詩人であり、歌人であり、俳人であり、随筆家であり、美術工芸評論家であり、装丁家であった。

伯教は、朝鮮陶磁器の蒐集家としても有名であった。とりわけ蒐集家・伯教の名を今に留めるのは、染付秋草文面取壺（四五頁参照）と染付辰砂蓮華文壺（次頁参照）をかつて所蔵していたという事実であろう。前者は伯教がはじめて柳宅を訪問したとき土産に持参したもので、現在は日本民芸館にある。美しいだけでなく、この壺を見たことが柳が朝鮮を訪問するきっかけとなった、という歴史的な意味をもつものである。後者は、赤星五郎・安宅英一を経て、今は大阪市立東洋陶磁美術館に所蔵されている。

この壺は、柳が朝鮮美術史を書き、朝鮮民族美術館を設立する契機になった。壺を収めた箱の蓋裏には伯教による絵入りの箱書きがある。一九九七年五月に「李朝の美を教えた兄弟――浅川伯教と巧」を特集した『芸術新潮』編集部は、この壺を「運命の蓮の壺」と書いている（1、四頁）。

そして、「尚薬局の銘ある薬盒の香炉」である。これについて、中国陶磁器の研究家で薬学博士の中尾万三は、「世紀一三二〇年、即ち我国に在つては後醍醐天皇の御治世より以前、花園天皇の延慶三年以前のものたる事とは余をして垂涎万丈たらしめ、是非譲つて呉れぬかと浅川君に頼んだが、何れ君に贈る事があつても今はイヤだと聞き容れて呉れぬ」（一六四頁）と書いている。なお、この香炉は、現在、韓国国立中央博物館で見ることができる。

染付辰砂蓮華文壺
（大阪市立東洋陶磁美術館蔵）

中尾はまた、伯教の蒐集品を高く評価して、「朝鮮に行つて、先づ訪ひ度きは浅川伯教君である。同君程、篤実に朝鮮の陶磁を調べて居る人は無い。（中略）庭に積まれた窯趾の破片、百済の石仏、廊下の古書と古画、手のつけやうも無く見える」（一五一～一五二頁）とも書いている。

伯教の次女・上杉美恵子も、家にあった三つの物置は陶磁器でいっぱいであったというから、世に紹介されないまま散逸した優品も多かったに違いない。

そのほか、伯教所蔵の名品を紹介したものに、小山富士夫の「朝鮮の旅」（『陶磁』一九三九年七月号）、小村俊夫の「朝鮮古陶磁の特質とその源流に就て（三）」（『東洋』

一九二五年六月号）、高裕燮の『高麗青磁』（乙酉文化社一九五四年）などがある。

一九八八年八月二十一日から九月二十五日にかけて山梨県立美術館で開かれた「浅川伯教資料展」に際して製作された『浅川伯教資料展』には、伯教ゆかりの品々の図録が集大成されている。

しかし、山梨県立美術館の学芸員・鷹野吉章は、「彼を単なる蒐集家と捉えることは彼の本質を見誤るもとである」という。その理由として鷹野は、伯教の「旧蔵完器の多くは、発掘陶片同様やはり彼自身の発掘に掛かる出土品であること」と、「彼の物自体への所有欲はかなり希薄であったらしいこと」とをあげている（山梨県立美術館、三七頁）。

陶芸家としての誕生は一九二四年のことらしい。その年の八月、咸鏡北道明川郡熊店洞の窯を視察した彼は、来年は一か月くらいここに滞在して、ここの人たちといっしょに仕事をしようという気になったのである（浅川伯教、一九五八年、八八頁）。そして、翌一九二五年には明川で、さらには会寧の崔晃載の窯でも作窯した。会寧にはその後もたびたび足を運び、そこで焼いた作品を集めて展覧会を開いた。一九二六年からは高敞で朝鮮総督府の依頼により製陶の実験に従事した。また、同年には、鎮南浦の実業家・富田儀作が設立した朝鮮窯業社の嘱託として在来窯の指導にもあたっている。

彫刻家としての伯教は、朝鮮に題材を求めた彫刻作品を朝鮮美術展に出品した。一九二三年には「ハラボジ（朝鮮語で「おじいさん」）と「小児三相」が、一九二四年には「或美術家」が入選し、一九二八年には「鈴木先生」が特選になっている。彫刻家・伯教は、木喰仏にも関心を寄せ、随筆「木喰さんに就て二三」を『木喰上人之研究』一九二五年六月号に寄稿している。

また、絵画も同展で発表している。一九二三年には「残照」が、一九二四年には「花と水滴」が入選し、一九二六年には「李朝の焼物」が特選になっている。一九二六年四月号の『朝鮮公論』は、伯教の絵について、「所謂艶麗の美でなく枯淡深刻飽くまで豪放にして優雅殊にその線描の暢達自在に臻《いた》りては恍惚として何人もその妙技に牽きつけられるであらう」と評している（七〇頁）。

浅川兄弟を特集した『芸術新潮』一九九七年五月号には、淡彩による「わが子の肖像」や、親戚の男子誕生祝いに描いた壺絵の色紙、水墨のコマ絵などが紹介されている（三〇頁、四三頁）。

伯教は、朝鮮古来の風俗画や民画にも関心を示し、高く評価した。たとえば、申潤福（一七五八年～没年未詳）について、「朝鮮人の自然の姿態を見つめた処から生れた画で支那の模倣でなく全く朝鮮の感覚を描出した処、前後にない朝鮮独歩の風俗画師だと思ふ」と評価した（一九三〇年）。朝鮮の芸術は中国の芸術の模倣にすぎないとみる人の多かった当時に、このように指摘できた伯教は、偏見にとらわれない確かな眼をもっていたのである。

貴重な古書や古画もたくさん集めていた。浜口良光の「朝鮮の紙」によると、彼の知る範囲で最も古い紙である高麗本戒律の書数冊を所蔵していた（一九四三年、九〇頁）し、大谷森繁の『『今西本』のこと』によれば、李朝初期を代表する小説として名高い『太平閑話』順庵安鼎福旧蔵本を所蔵していたという（四七頁）。

伯教は茶道についても趣味を持っていた。だから、作った陶器の大半も茶碗であった。伯教は、益田孝をはじめとする財界人の茶会にしばしば正客として招かれた（鈴木正男）。また、京城在住の茶道の大家・津田よし江とも交遊があった。伯教の茶道についての考え方は、「点茶三昧を浅川伯教氏に聴く」の次のようなところによく現れている。

茶の湯といふものは実によいと思ふ。今の世の中には、目や耳から注ぎこまれるものは沢山ある、ありすぎる。併し茶の湯にやうに聞いた通り体を動かし、言はれた通り体で行ふものは余りない。この体得するといふことが実によいと思ふ。私は茶に招かれた時は、いつもよい宝を得て帰へれるのが楽しみである（一九三六年、三六頁）。

伯教の茶道理解のほどについては、安倍能成が、「柳〔宗悦〕君以上のもののあつたことを疑はない」と評している（一九六四年、一二頁）。

伯教は、ときには詩を書いた。朝鮮の壺の美しさをうたった「壺」は、『白樺』一九二二年九月号に発表され、朝鮮語新聞『東明』の十一月二十六日号と十二月三日号に翻訳されている。また、新羅の遺跡・石窟庵の美をうたった「石窟庵の宿り」は、『朝鮮』一九二三年三月号に発表されている。

短歌をおりにふれて作ったのは、母方の祖父・千野真道と山梨師範学校時代の友人伊藤生更の影響である。ときには京城の短歌会・真人会に出席した（市山）。その縁で、若山牧水が京城に来たときには、朝鮮民族美術館に案内し、城門に登って酒を酌み交わし、短歌を作った。実現はしなかったが、『浅川伯教歌集』出版の話もあったという。次に伯教の短歌のいくつかを紹介しよう。

なまよ美の甲斐の生みたるよき人に　まなび生きよと君を送らむ
今日も亦茶碗と一日暮らしけり　かよわきものの美しきかな
オンドルの煙の波に沈む町　つづみ長閑けきアリランの唄
秋雨の漏りの淋しき庵なれど　空も我がもの海も我がもの

最初の短歌は、義理の甥である小宮山辰也に贈ったものであり（小宮山辰也1）、次の二首は、一九四五年暮れ、日本人が去ったあとの朝鮮でよんだもの（赤岡、一九八五年、一二三頁）、最後は戦後、千葉市でよんだもので、一九九一年、故郷の山梨県高根町に建てられた「浅川兄弟生誕の地」と題する石碑（一五頁参照）の裏面に刻まれたものである。

俳句も、なかなかのものであったらしい。七部集の連句はおおかた空で覚えていた（一九五六年1、三頁）。朝鮮に渡らなければ、おそらく蕪庵九世になっていたことであろう。故郷・高根町五町田の浅川家の墓碑には、伯教作の次の俳句が刻まれている。

夜もすがら遠く思へば虫しぐれ

浜口良光の「俳人伯教宗匠」によると、伯教は、「現在の日本の連句界では、私がトップだろう」と豪語していた。そして、次のようにも話していたという。

連句は明治中期に至って衰えた。これは正岡子規が連句非文学論を唱えたためであった。伯教先生は非文学論を反し、結論として「連句は詩的表現による対話だ。自己に与えられた責任を果しつつ而も個性を強く打出す詩だ。子規がもう少し研究したら、連句の味が判った筈だのに」と云われた事がある。ある時荻原井泉水氏と連句について深更まで議論し、自分の主張を肯定させたこともあった（一九六四年、二一〇頁）。

若いときの俳号は佳月であった。一八九九年、伯教十五歳のときに、雨山無畏が蕪庵七世を継承し、全国各地の俳人から贈られた祝いの句を集めた『千年の翠』を出版した。そこには、蕪庵で興行された三十六句の歌仙が掲載されているが、伯教の作品も二十二番めに出てくる。

変ればかはる　世並なり皀《かな》

（『山梨日日新聞』一九九六年十月十一日）

随筆や美術工芸に関する評論もよく書いた。「李朝白磁の壺」「朝鮮の美術工芸に関する回顧」「我国の工芸に及ぼしたる朝鮮工芸の影響」「農民工芸に就て」「工芸方面より観たる朝鮮」「木喰さんに就て一二三」「富本憲吉氏の窯芸」「鮮展雑感」「土木建築に関する二、三」「朝鮮器物の模様に付て」など、多芸多才ぶりを反映して、その内容は各方面にわたっている。

これらのなかでは、「朝鮮の美術工芸に関する回顧」が貴重である。和田八千穂ら編『朝鮮の回顧』（一九四五年三月）に収められたこの論文は、浅川兄弟や柳宗悦の朝鮮の美術工芸への開眼事情についての証言であるばかりでなく、日本人による朝鮮文化財の略奪に関する証言にもなっているからである。この文献は、李亀烈『韓国文化財秘話』（韓国美術出版社、一九七三年。新泉社から一九九三年に邦訳が出されている）や黄寿永編『日帝期文化財被害資料』（韓国美術史学会、一九七三年）などにも引用されている。

本や雑誌の装丁もよくした。安倍能成の『青丘雑記』（岩波書店、一九三二年）は、伯教の勧めによって装布に朝鮮産の麻布を用い、見返しに朝鮮産の紙を用いている。壺などを描いた見返しの墨絵は伯教の筆である。一九二六年に出た朝鮮芸術雑誌『朝』は、三号雑誌ならぬ一号雑誌であったが、その表紙を飾ったのも伯教の装丁であり、カットであった。

ここで、伯教の朝鮮美術観について、見ておくことにしたい。彼の書いたものを読むと、柳宗悦のそれとの違いがいくつかあることがわかる。たとえば、朝鮮人が白色を好むことを、柳は朝鮮の「悲哀の歴史」「悲哀の美」の現れと見たが、伯教はシャーマニズムの影響によるものだと見ている。柳の「悲哀の美」論については、一九七六年に崔夏林が批判して以来、批判が続出しているが、伯教はそれより数十年先に、柳とは違う目で朝鮮の文化を見ていたのである。彼には、自分は柳よりも朝鮮民衆の生活を日常的に見ている、という自負があったかもしれない。

また、柳宗悦は朝鮮民族を悲哀に満ちた民族だと見ていたのに対して、伯教はつねづね楽天的な民族だ、と言っていたという（鈴木牧栄、一九七八年）。窯跡めぐりの旅で朝鮮全国を歩いていた伯教は、農村で行われていた、活気に満ちた農楽（農民の吹奏楽）や、農民たちが両班を風刺する仮面劇などを見ていたからであろう。

伯教の人柄は、というと、これまた、祖父四友に似ているところがあった。義理の甥・三枝久徳は、「戦後、たくさんの人がおじさんに朝鮮陶磁のことを聞きに来た。そしてその話を、まるで自分が調べたような顔をして書いて、発表した。ところがおじさんは怒るどころか、おれの代わりにやってくれているんだ、って言うんですよ」と語っている（中村、二二三頁）。

友人たち

伯教は名人肌であった。だから、どちらかといえば一人で仕事に取り組むことが多かった。にもかかわらず、伯教は友人たちに恵まれていた。「その人を知ろうと思えば、その友を見よ」ともいう。その友人たちがどのような人々であったかを見ておくことは、伯教を理解するうえで重要と思われる。なお、これらの人びとの多くは同時に巧の友人でもあったので、第七章で改めて詳しくみることにし、ここでは簡単に述べることにする。

安倍能成は、「朝鮮に来て一番始めに授かった友人は故浅川伯教君であった」「京城大学以外の親しい知合といへば皆君と君の後輩で、君を尊敬して君の周囲に集まって居た仲間であった」と書いている（一九六四年、一一一頁）。彼は約十五年間を京城で過ごし、その間、朝鮮に関する随筆を書いて『青丘雑記』などを出版した。

土井浜一は、朝鮮銀行に勤めるかたわら、朝鮮の工芸品、とりわけ水滴を集めていた。彼はまた、武者小路実篤が作った「新しい村」の会員でもあった。土井は、一九二八年、伯教らが開いた李朝陶磁展に愛蔵の水滴を出品して協力し、以来、友人になった。

浜口良光は、東洋大学在学中に、当時、同校の教授であった柳宗悦の影響を受けて、一九二一年に儆新学校の教師になった。彼は朝鮮に着くと、すぐに伯教を訪ねた。以来、一九四五年に引き揚げるまで、朝鮮に住み続け、朝鮮の工芸を研究した。

渡部久吉は、京城メソジスト教会で伯教と知り合った。本職は靴屋であったが、教会では音楽隊のリーダーであった。そうしたこともあって、柳宗悦の妻で声楽家の兼子が朝鮮に来たときには、伯教や巧とともに音楽会の世話をやいた。

このようにして知り合った伯教・巧・安倍・土井・浜口・渡部、そして、三井物産京城支店に勤務していた高橋保清らが集まって、一九二八年に「朝鮮趣味を語る会」を発足させた。これはまもなく「朝鮮工芸会」に発展した。この会についても、詳しくは第七章で述べることにする。

日本在住の人のなかで伯教が親しかったのは、柳宗悦のほかに富本憲吉である。富本とは一九一四年に知り合って以来、東京に出るときには必ず奈良の富本のところに寄って焼物談義に夜更かしするという間柄であった。啓明会の創設者である赤星鉄馬の弟で、朝鮮では赤星牧場を経営し、そのかたわら朝鮮の陶磁器を集めていた赤星五郎とは、一九二六年ごろ知り合い、以後、しばしば二人で朝鮮の骨董屋を漁った。赤星は一九六五年に中丸平一郎と共著で『朝鮮のやきもの　李朝』を出しているが、この本には伯教の影響が強く現れている。

ところで、伯教は朝鮮人とも親しく付き合った。彼は、日本人街を避けて、市井の朝鮮家屋に住み、ときには朝鮮服を着て街を歩いた。朝鮮語は自己評価によると、「拙で、言葉は殆ど出来ませんが、まア百位の言葉を色々に組合はして話をします」（一九三四年3、三八頁）という程度だったが、朝鮮に住む多くの日本人は、日本人街を形成して朝鮮人とは付き合おうとしなかったし、何十年も朝鮮の住みながら、朝鮮語を覚えようともしなかった。

一九一四年ごろの伯教の暮らしぶりについて、当時、京城に住んでいた白鳥鳩三は、次のようなエピソードを伝えている。

ある夏の朝早く、奇妙な風態の日本人が訪ねて来て私たちを驚かした。麻の朝鮮服をまとったその人は、うす汚れた灰色のロバに乗って来たものだ。（自転車もなかったのかね、あの時代は……）何でも〔西大門〕監獄の裏に京城三名水の一つと云われるヤクムル（薬水）の湧く泉があり、毎朝それを飲みに通う途次、我家の標札が目についたので「こんな所にも日本人がお住まいかと、なつかしくお訪ねしました」と挨拶していた。この人が、後年李朝陶器の研究で高名を馳せた浅川伯教氏だった……（一一二頁）。

故・池順鐸は、生前、故・柳海剛と併称された韓国陶芸界の巨匠であった。その彼が陶芸に志すきっかけを作ったのは伯教であった。池はこう述べている。

「私は九歳ぐらいから十六歳まで浅川伯教先生のお宅の隣に住んでいた。幼い時だった。日本人はちょっと嫌いだった。そんな時代だが、浅川先生も奥さんもとてもいい人でよくしてくれた。家族のように面倒を見てくれた」

池氏は毎日、伯教に会ったので自然に、少しずつだが日本語を覚えていった。「そのうち先生が朝鮮の全土の窯巡りをすることになった。研究調査のためで先生は一万カ所近くを歩いた。それに私は同行した。何しろ先生は巧さんと違って、朝鮮語はあまりうまくなかったので、通訳と地理案内を兼ねて私は連れて歩かれたわけだ」（中村、二一六頁）。

「一万カ所近く」は誇張であろう。池の談話を記録した中村高志によると、「池氏がよみがえらせた青磁に百円という大金を与えた。当時一番大切だった米が一俵四円五十銭という時代であった」（二一七頁）。

一方、次のような説もある。木工志望の池は十七歳（一九二七年か）の春、骨董屋で伯教と知り合い、高麗青磁を見せられた。そして、「君の手で青磁の技法を復活してみないか」と言われ、途絶えていた高麗青磁の伝統を蘇らせる決意を固めたというのである。そして、十年間に約三十か所の窯跡を伯教とともに調査して、高麗青磁再現の方法を研究した。三十四歳（一九四四年）の秋、池はついに成功した。

彼がはじめて焼いた青磁の香炉を二十円で買い上げ前途を祝福したのも伯教であった(『朝日新聞』一九七〇年八月二日)。

会寧の陶芸家・崔晃載とは、一九二五年に伯教が訪ねていって知り合った。二人の交遊は、一九四五年に日本が戦いに敗れ、朝鮮が南北に分断されるときまで、約二十年続いた。その間、伯教はしばしば会寧に赴いて作陶を指導した。京城の三越百貨店で崔晃載陶器展覧会を開催できるよう尽力したのも伯教であった。伯教の指導が功を奏して、崔の窯では百二三十人の家族と従業員が生活できるようになった(一九三四年2、二三頁)という。

宋某は、長年、助手として、伯教が採集した陶片の整理や記録を手伝った(上杉、一九七九年1)。「旧沙器店跡記録」ノートに残るハングル(朝鮮文字)のメモは、おそらく宋の手によるものであろう。

アメリカ人では、前出のアメリカ軍美術課長ジョージ・ギフォードや在韓米大使館の文化担当官グレゴリー・ヘンダーソンが弟子だった。一九四五年、朝鮮に進駐してきた彼らは、伯教から朝鮮の美術工芸の手ほどきを受けたのである。ヘンダーソンはまもなく朝鮮研究家として、また朝鮮美術工芸品の蒐集家として有名になり、伯教が死んだときには「浅川伯教の死を悼む」を『陶説』一九六四年四月号に寄稿している。なお、同文は『陶説』一九九八年二月号に再録されている(五六〜六一頁)。

戦後

一九四五年八月十五日は、日本人にとっては敗戦を、朝鮮人にとっては独立を意味した。すねに傷をもつ多くの在朝日本人は逃げだすようにして帰国を急いだ。しかし、是非はさておき、その必要を感じなかった伯教は、朝鮮独立後も朝鮮に留まるつもりであった。八月十五日以降、朝鮮人のなかには日本人に立ち退きを迫る者もいたが、伯教の家の近所に住む朝鮮人は、伯教の家族を保護してくれた。次女の上杉美恵子が引き上げの挨拶に行ったときも、伯教は「朝鮮にいられるだけいたい」と言っていたとのことである。

兄・浅川伯教

アメリカ占領軍は、伯教の研究の実績を高く評価して、特別に在留することを許した。その間に伯教は、それまでの研究をまとめ、かつて柳や巧とともに設立した朝鮮民族美術館を守って、宋錫夏が新たに設立した民族博物館に吸収させた。また、小倉武之助ら多くの在朝日本人蒐集家が朝鮮の美術工芸品を日本に持ち帰ることに血道をあげていた中で、伯教は、私蔵の工芸品三千余点と陶片三十箱を民族博物館に寄贈した。それらの品々はその後、韓国国立中央博物館に受け継がれ、今も多くの人々に眼福を与え続けている。

なお、同博物館が所蔵する朝鮮民族美術館旧蔵品については、一九九六〜九七年に三重県立美術館の学芸員・土田真紀らがその一部を調査し（追記。六八頁参照）、一九九七年九月から十月にかけて開かれた柳宗悦展で紹介している。また、『芸術新潮』一九九七年五月号も写真で紹介している。

一九四六年十一月三日、伯教は三十三年にわたる朝鮮生活を清算して博多に上陸した。彼はしばらくの間、神奈川県鵠沼にあった赤星五郎の家の離れに滞在した。そして、一九四九年に千葉県黒砂町に居を定めた。

引き揚げ後の伯教は、健康を害したこともあって、陶器の手入れとお茶・短歌・俳句に多くの時間を費やした。そして、ときおり、窯跡の調査や講演に出かけたり、原稿を書いたりした。一九四九年には四国の砥部で北川毛窯跡や上原窯跡を調査し（砥部町教育委員会、三二四頁）、一九五六年には『李朝の陶磁』、一九六〇年には『李朝陶器篇――白磁・染付・鉄砂』を出版している。前者は、赤星五郎の集めた物を資料として研究の一端を発表したものであり（一九五六年1、四二頁）、非売品である。また、三越東京店で自作陶器の作品展を行った。

一九六四年（昭和三十九年）一月十四日、伯教は膿胸で死んだ。八十歳であった。

日本民芸館は、『民芸』一九六四年三月号を浅川伯教追悼号としてその死を悼んだ。書き手と題目は次のとおりである。

安倍能成　浅川伯教君のこと
浜田庄司　伯教君を憶う
山本為三郎　回想の人・伯教さん
赤星五郎　伯教さんのこと
河井寛次郎　浅川さん不死
浜口良光　俳人伯教宗匠
土井浜一　伯教さんとの宿縁
広田熙　浅川先生の思い出
田中豊太郎　浅川さんを偲ぶ

安倍は、柳宗悦と比較して、こう評している。

故柳宗悦君は、日本民芸の顕彰運動には、不朽の功績を残した人であるが、柳君を扶けた点でも、柳君はやはり巧君を推奨して、伯教君の、君からいはせれば「茶に淫する態度」を好まなかったらしく、伯教君も柳君の下風に立つことをいさぎよしとしないで、頑固を貫いたが、私は伯教君の茶道に対する理解には、柳君以上のもののあったことを疑はないし、又朝鮮陶器に対する理解と親昵についても、三十数年朝鮮に住んで普く窯跡を自分の足で遍歴し、又朝鮮の文献として李朝実録その他多くを読み、又親しく朝鮮人と交はり、朝鮮人の中に生活した為に朝鮮の文化を朝鮮人の生活や政治、朝鮮人の性格から体認して、その短所と共に長所を逸しない愛情を抱いて居た点では、伯教君は外に類を見ない存在であったと信ずる（一一二頁）。

河井の次の指摘も重要である。

ことに日韓合併以来渡鮮した、吾等の同胞はどうこの国の人々を扱かって来たか、今でもそれを思ふとやり切れなくなるのです。

そんなさ中での浅川さん達は、事々にその償をしてゐられた事を、今思ひ出さないではゐられませぬ。

征服者が敗者に対して犯した過ち、そんな野蛮が今も尚消へない中で、あなた方こそ人間の無知に光りをあてられた方々であったことを、今又新しく意識しないではゐられません（一九頁）。

また、グレゴリー・ヘンダーソンは、「浅川伯教の死を悼む」を発表して、伯教の朝鮮陶磁史研究や朝鮮人との関係について、次のように評価した。

浅川兄弟は、韓国の陶磁器研究に際し、外に出て実際にものを見て研究する態度を主張する最初の偉大なる提唱者となったのである。（中略）彼の生涯中に探し求めていたのは日本と韓国の共存共栄ということであって、死んでも彼はその望を棄てようとはしなかったのである。彼はたえず韓国で死に、その地にほうむられたいと願っていた（三四、三七頁）。

伯教は、『李朝陶磁譜』などの著書をもつ田中豊太郎によって、「この道では誰もが、神様（傍点ママ）だというほどに精通された第一人者であった」と評価され（一九六四年、二八頁）、また、東洋陶磁史家の小山富士夫によっても、「朝鮮古陶磁の神様といわれ、朝鮮陶磁に最もくわしかった人」と評された（三五四頁）。だから、今でも、伯教の研究に依拠して議論を進める研究者が跡を絶たない。それは韓国でも同じである。姜敬淑「李朝粉青（三島）沙器の研究」（『梨大史苑』五輯）、朴秉来『陶磁余滴』、朴東白「朝鮮時代陶磁変遷に関する研究」（『文化財』十一号）などはその例である。

たしかに、伯教は、実に五十年以上にわたって、日本と朝鮮ときには中国にまで足をのばして朝鮮陶磁史の研究にいとまがなかった。とりわけ、一九二二年から四六年までの二十五年間には、朝鮮全土の七〇〇か所以上の窯跡を調査した。その後、朝鮮が南北に分断され、朝鮮戦争や開発などによって窯跡が破壊されたことを考えるとき、伯教の残した調査記録は朝鮮陶磁史研究において、空前絶後の貴重な業績と言うことができよう。

ところで、政治的に見た場合、伯教は、公然と日本の朝鮮植民地支配を批判したことがなかった。むしろ、朝鮮総督府の嘱託であったし、朝鮮総督府の欺瞞的な「文化政治」の一環であった朝鮮美術展に参与としても関わっていた。そして、戦時中には、国民総力朝鮮連盟文化部委員などにもなっていたのである（林、一〇四頁）。これらの事実も忘れてはならないであろう。

追記——土田は、その時の記録を「朝鮮民族美術館のその後を追って—韓国国立中央博物館での調査」と題して、『民芸』一九九八年三～四月号に発表している。それによると、同博物館には、『国立博物館所蔵品調査目録　四号　浅川伯教蒐集品』という台帳がある（三月号、一二六頁）。

三　山を緑にするために

山野や木や草や水や虫やを友として

一八九〇年（明治二三）七月に、父の如作が死に、翌九一年一月十五日に巧が生まれると、祖父母の四友ときくは隠居気分を棄てて、孫たちを一人前にしなければならぬ、と再び農事に取り組んだ。母のけいとともに、秋の仕事を済ませると、紺屋の仕事にもかかった。

四友は、「父がないからかわいそうだ」といって、巧をかわいがった。そのようすは、側で見ている姉の栄がやきもちをやくほどであったという。巧は、四友たちの慈愛によって成長し、一八九七年四月には村山西尋常小学校に入学した。そして、一九〇一年には、秋田尋常高等小学校に進学した。学校では算数と作文が得意であった。子どものころの巧について、以下、しばらく小宮山栄の回想を聞くことにしよう。

勉強はあまりしないいんです。村から学校に通っている先生にお会いすると、「巧ちゃんは職員室で問題だ」というんです。なんでかというと、算数なんて、ひとが一所懸命やっているとき、自分は問題を伏せていたずらしている。いたずらしているからと思っていってみると、ちゃんと問題はできあがっている。点でも引いとこうということになったんです。生まれつき知能がよかったんです。

汽車が韮崎まで開通になったとき（一九〇三年）、高小一年生くらいのときでしょうか〔実際は三年生〕。六里の道を夜明けに起きて、韮崎から甲府まで乗ったんですね、そのときの作文を先生が書かせたんです。わりにうまくてね。最後に、「ああ、今日は臣子の恵みをこうむって、汽車の旅を難なく過ごしたり。されば、我は今日よりは艱難辛苦を身にしみて、我が国力の報いの万分の一にも報いなん」と書いていた。そしたら、先生が、「美文一読の価値を有す。甲の上々」と書いておりました。ところが、先生があんまりうまいからというんで、問題になったというから、隠して家の者に見せなくて。それを見たら、「黙って見て」といって怒って。

祖父が学者で、俳句の宗匠で、冬に寺子屋なんかしたらしくて。一所懸命に兄〔伯教〕にも教えまして。兄は中国の本なんか出されてもめんどうくさがって。弟は、七歳ごろから、「教えるとよく覚える」といって。詩の作り方を教えたら詩を作ったというんですね。九歳くらいだったかもしれん。そしたら祖父がすごく喜んじゃって、母にね「あんね」――このあたりでは嫁のことを「あんね」というんですが――「巧は伯教よりよく覚える」と言ってました。わりあいに記憶はよかったらしいですね。俳句をよませたりしても、何かまねができたりね。

学校に行く途中に八幡さまがあって、杉が密生していてね。それを抜いてきて、家に植えてました。椎の木を育て、近所の人にあげたり。それが好きでした。

子どものとき、ユーモアでね。とんちがよくてね。

算数に強く、文章力があり、木が好きで、ユーモアがあるのは、幼少のころからのことであったようだ。

巧が右のような生活を送りながら十歳の誕生日を迎えた翌日、一九〇一年一月十六日、孫たちが敬愛した祖父、四友・小尾伝右衛門が死んだ。同年春、巧は秋田尋常高等小学校に入学した。そして、四年後に卒業し、さらに一年間の補修科をへて、一九〇六年、山梨県立農林学校（現在の山梨県立農林高等学校）に進学した（小宮山八千代、一九八一年）。小さいときから木が好きだった巧は、師範学校に進んで教師になった兄とは違った道を選んだわけである。

当時、農村は疲弊していたから、女手一つで三人の子供を育て、巧を上の学校にやることは並たいていのことではなかった。そこで、巧をおばのところへやって学校へ入れてもらおうかという話があったとき、伯教が、「家からお金をもらわないでやっていくから、巧を農林学校に入れてやってほしい」と言ったことは前述のとおりである。

伯教との兄弟仲はよく、共同で甲府市外の池田村（現在は甲府市池田町）に家を借りて自炊した。その翌年八月、山梨県では山林の乱伐・盗伐による水害で河川が氾濫し、死者二三二人を数えた。郷土史家の手塚洋一は、「農林学校在学中の巧は甲府盆地の惨状を目のあたりにしたはずであり、治水の根源である造林の重要性を痛感したものと思われる」と書いている（五三頁）。

巧の学生時代については、同窓生で、義弟となり、終生の友となった浅川政歳が次のように証言している。

巧と政歳

同じ下宿の人達と一緒に御厄介になつた晩もあつた。そんな時にはトルストイの復活の話など聞かして貰つたのを覚えてゐる。氷がピシ〳〵割れる音がしてといふ復活の初めの物語りなど寝床の中で聞いてゐて、神秘的な気持に浸つたことも覚えてゐる。

山菊を掘つて来てその縁先の四五坪の庭一面に植えて一人悦に入つたりしたものだ。

花のことで思ひ出したが、学校の確か堆肥舎の前に可成り大きな土山があつたが巧君の主唱で山一面コスモスを植えて花の盛りには随分美しかつた。

その頃から「山に植える」事に縁があつたのかも知れない。山に木を植える事は自然を美化する積りで植えて居るのだと云ふ事は巧君がよく話してゐた話だ。巧君らしい考へ方だと思ふ（浅川瑯玕洞、六六頁）。

巧はトルストイが好きだった。彼が義理の甥・小宮山辰也の就職祝いに贈ったものは、『トルストイ全集』とネクタイピンであったという（小宮山辰也）。

同じ学生時代、巧は、伯教の影響で、甲府市にあるメソジスト教会に通うようになった。そして、一九〇七年六月十六日、波多野伝四郎牧師の司式で洗礼を受けた（佐々木悟史、四頁）。巧は終生、篤信のキリスト者であった。

しかし、巧は無教会主義に近かった。既成の教会や牧師にむしろ批判的だったのである。一九二二年一月二十二日の日記に次のような記述がある。

教会の信仰の中心が俺の信仰と夥しく離れてしまつたことは今更云ふ迄もないが今日もつくづく淋しさを感じた。（中略）

若し許されるならば自分達同志の会堂を設けて自由な聖徒の新らしい交りをするために働き度い希望にかられた（一一八頁）。

そして、聖書を読むことを重視したのである。妻の咲に宛てた一九二七年五月三十日の手紙にも、「淋しかつたら信心でも念仏でもするに限る。努めて聖書を読むことを勧める」とある（二五一頁）。

巧はここで「念仏」と書いている。キリスト教絶対主義ではなかったのである。巧の信仰のあり方というか人生に対する態度には、祖父・四友同様、妙好人のそれに近いものがあったようだ。日常生活のなかに宗教心が生きているのである。実際、柳宗悦・衣笠一省編『妙好人　因幡の源左』を読むと、源左の姿と巧の姿が重なることがある。

○源左のことば

性のきつい牛だつて憎まずに可愛がつてつかんせい。叱つて酷《むご》うするけれ、ひねくつだがや（七五頁）

○巧の一九二三年九月十一日の日記より

甲州では農会や県庁が奨励して朝鮮牛を農耕に使役するために移入した。最初鮮人教師を聘して伝習した処が非常に評判がいゝ。使つて見てもなる程成績がいゝ。おとなしくて力が強く粗食に堪へる。益々評判もよかつたが、間もなく悪化して粗暴になり御し難くなつたと云ふことで、此の頃では評判が地に落ちて購入したものは馬鹿を見たと云ふ話だ。

こんなことだつて朝鮮に於ける牛の飼養から使役の精神的方向から呑み込んでかゝらなくては駄目である。家族同様に人間と同じ屋根の下に養はれ拾い田圃で悠々と使はれてゐたものが、急にせつかちの日本人に鞭打たれて追ひ使はれたらひねくれるのも無理ないと思ふ（二三四頁）。

○高野須泰然の源左についての「思ひ出」（五）より

田の水を入れるにも、自分の田には少量にして、他の家の田に能く入るようにしてゐました。是等は、普通の人のする我田引水の正反対でした（柳・衣笠、一五三頁）。

○安倍能成の「浅川巧さんを惜む」より

尤品は皆これを美術館に寄せ、自分の持つてゐるものには見所はあつても傷の多い欠けたものが多かつた（安倍、一九三二年、二八九頁）。

こうした巧の宗教観は、宗教哲学者でもあった柳宗悦に影響を与えたかもしれない。詩人の大岡信は、柳宗悦が後年、仏教的「不二」の思想や「妙好人」の存在に傾倒したことにふれて、「『私の無い』『自分を捨てる事の出来る人』浅川巧のような人物との出会いが、すでにずっと前から用意していたものではないかとさえ思われるのである」と書いている（一六八頁）。正鵠を射たものといえよう。

ここで、学生時代からの二人の友人について見ておくことにしたい。

浅川政歳は、一八九二年四月十五日、山梨県龍岡村若尾新田二十五番戸に、地主の浅川市太郎・もとの三男として生まれた。農林学校を卒業した後、分家して地主になり、何不自由なく過ごした。そして、村長あるいは産業組合長として働いた。政歳の長男克己の目に、父はキリスト教の奉仕の精神で村の政治に尽くしているように見えた、という（一九七九年）。

巧が朝鮮に渡ってからも二人の親交は続いた。そして一九一六年二月、巧は政歳の姉みつえと結婚する。二人の間には、翌年、長女・園絵が生まれている。みつえは、一八九一年十二月十四日の生まれとなっていて、政歳との違いは五か月ということになるが、これはあくまで戸籍上のことである。実際はもっと早く生まれていたが、届け出が遅くなったものであろう。

浅川政歳

政歳の住む龍岡村にも和歌や俳句をたしなむ人が多かった。政歳もまた、北原白秋の門下生となり、和歌を作った。キリスト教の熱心な信者で、日曜学校を自宅で開いていた。牧師の都合のつかないときには、牧師の代わりを務めた。一九四五年三月六日に亡くなったとき、村人の代表は、「磊落、温雅、人を遇するに温情を以てし」とその死を惜しんだ（浅川克己、一九八一年）。
もう一人は小宮山清三である。小宮山との交遊が浅川伯教が朝鮮に渡ったきっかけの一つになったことは三八頁でふれたとおりである。浅川兄弟と小宮山とはたいへんに仲がよく、小宮山は、桃がなった、柿がなったといっては、それを懐に入れて兄弟のところへきて遊んでいった。小宮山との交遊は、巧が朝鮮に渡ってからも続いた。一九二四年正月、巧は柳宗悦を誘って甲州の田舎を歩いたときも小宮山を訪ねている（浅川巧、二八七頁）。小宮山が所蔵する朝鮮の陶磁器を柳に見せるためであった。そのとき偶然に柳宗悦が木喰仏を発見したこと、その後、小宮山が柳の木喰仏研究に物心両面から援助を惜しまなかったことは、よく知られているとおりである。なお、小宮山は、一九一四年に池田村村長になり、一九三二年には山梨県議会議長になっている。

一九〇九年三月、巧は山梨県立農林学校を二番で卒業した。その後身・山梨県立農林高等学校に残る成績簿によると、巧の各科の成績は、修身八三点、国語漢文八九点、数学八一点、経済法規八五点、農学九二点、林学八五点、養蚕七七点、養畜六八点、測量製図八三点、土木八一点、病害虫九〇点、農林物製造六九点、英語五九点、体操七七点、実習八六点、各科目平均八〇点であった。

山梨の農林学校を終えた巧は、秋田県大館営林署の小林区署に勤務することになった。母は餞別をくれたが、彼は、「卒業したら世話はかけぬ約束だ」といって、ひそかに仏壇において赴任した。

秋田では、国有林の伐採や植林に従事した。トルストイアンであった巧は、秋田の人びとをコーカサスの人びとに見立てて生活を楽しんだ。一九一二年ころ、秋田の矢立沢から浅川政歳に贈った手紙には、当時の生活が次のように描かれている。

美しく晴れた秋の朝霜を踏んで、歌がけで唐鍬と焼飯肩に勇ましく揃つて来る若い女や、青年などを見ては、嬉しくて苫のなかに居れずに飛びだしたりした。

山中の女には甲州辺りの田舎の女に見られぬ美しくやさしい処がある。僕はコーカサスの女を見たやうな気になつてコサツクに読みふけつた。

僕の処の小屋司は猟の名人で酒が好きだ。体格も好い。僕は秋田のエーロシユカだと思ひ込んだ。

こんな感想にふけつてゐるその炬燵で、転任の辞令を受け取つた。

馴れた人夫も、野花の美しい山も、仮想のエーロシユカもマルヤーナも、後に残して去る悲運に向つた。そうしてその結果が今の生活になつた。僅か百日の中にマルヤーナもエーロシユカも脳中の故人となつて了つた。然し山野の美は僕につきまとう。

僕は何時でも到る処で山野や木や草や水や虫やを友として終りたい（浅川琅玕洞、六八〜六九頁）。

秋田大館営林署時代

自然を友とした巧の暮らしぶりがうかがわれる。このころ、巧が作った俳句に次のようなものがある。

明月や酸き山葡萄枝のまゝ（同前、六九頁）

一九一四年四月ごろ、巧は、兄を慕って朝鮮に渡ることを決心した。父の顔を知らない彼は長じても、伯教を兄とも父とも思っていたのである。伯教の次女・上杉美恵子は、「父と巧叔父は私達よりみても羨ましい様な兄弟というより親子の様な仲」（一九九七年）だったのである。
このころ、浅川政歳に宛てて書いた次の手紙には、巧の、ものにとらわれない自由な人生観がよくあらわれている。そして、それは四友のように生きたいという思いでもあった。

世界は出来るだけ広くゆつくり住むに限る。牧師にもなりたくない。画家にも小説家にも詩人にも百姓にも商人にも大工にも遊人にもなりたくない。然し随時説教もする、描きたい時は画も描く、逆上して来たら詩人の真似もする、食へなくなつたら商人にもなる、百姓もしたり、大工桶屋の仕事もやつて見たい（同前、七一頁）。

巧は、実際、浅川政歳宛に絵葉書を描き、後には本の挿絵を描いた（一五三頁ほか参照）。素朴な柔らかな筆遣いであった。また、詩は知られていないが、創作も書いた。一九三一年に巧が亡くなったとき、一九二三年十二月三十日の日付をもつ「崇」、一九二四年二月二十二日の日付をもつ「雷山小過」、年不明三月二日の日付をもつ「自動車」が残されていたという（土井、一九三四年2、九六頁）。なお、それらの所在は現在のところわからない。
上杉美恵子は、巧について、「たいへんチャーミングな人だったですね。人に好かれる人だったと思います。山に散歩にいくと、賛美歌なんか歌ってましたよ。ロマンチックな人でした」と話している（一九七九年2）。なお、歌は「少々音痴で皆で笑いました」という程度であったらしい（一九九七年）。祖父ゆずりの自由な暮らしぶりは、巧の一生を貫く本質的な要素の一つであった。

一九一四年五月二日、巧は浅川政歳あてに朝鮮行きが確定したことを知らせ、五月十一日には山梨県韮崎に政歳を訪ねている。

巧、朝鮮に渡る

一九一四年五月十一日に浅川政歳と別れを惜しんだ巧は甲村五町田に足を伸ばし、親戚などに挨拶してから、朝鮮へと向かった。彼が京城府独立門通り三の六に居を定めたのは、五月十七日のことであった。

韓国併合からまだ四年しかたっていなかったが、日本人は新しい植民地・朝鮮に続々と向かいつつあった。一九一〇年末に約十七万人だった在朝日本人は、一一年末には約二十一万人に、一二年末には約二十四万人に、一三年末には約二十七万人に、一四年末には約二十九万人にと著しく増加していた（朝鮮総督府、四頁）。

そのころ朝鮮では、朝鮮総督府によって、いわゆる憲兵政治（武断政治）が行われていた。それは、全朝鮮に配置された日本人の憲兵が、「1諜報ノ蒐集。2暴徒ノ討伐。3将校下士（警視、警部）ノ検事事務代理。4犯罪ノ即決。5民事訴訟ノ調停。6執達吏ノ業務。7国境税関ノ業務。8山林監視。9民籍事務（戸籍吏ノ事務）。10外国旅券。11郵便護衛。12旅行者ノ保護。13種痘。14屠獣ノ検査。15輸出入ノ検疫。16雨量ノ観測。17水位ノ測量（水力電気事業ノ調査上河川ノ水位ヲ測量ス）。18海賊及密漁船密輸入ノ警戒取締即チ警備船ニ関スル業務。19害獣（人畜ヲ害スル猛獣）ノ駆除。20墓地ノ取締。21

労働者取締（内地行朝鮮人労働者及朝鮮ニ於ケル支那人労働者。22在留禁止者ノ取締」、その他、「日本語の普及、道路の改修、国庫金及び公金の警護、植林農事の改良、副業の奨励、法令の普及、納税義務の諭示等」（小森、四四九頁）の広汎な仕事を行い、日本人の朝鮮総督が司法・立法・行政の三権のみならず朝鮮駐屯軍の司令権を握るという、軍政（占領）のような統治方式であった。朝鮮人には、政治結社を結成することはもちろん、政治集会や講演会を開く権利さえも認めなかったのである。

経済の方面では、土地調査事業が続けられていた。これは、近代的な土地所有権の確立の名のもとに地税を確保し、所有権の申告をしなかった朝鮮人の土地を奪うものだった。その結果、土地を失った農民は、中国や日本に流れていった。

昔の朝鮮には無主空山と呼ばれた多くの共同利用林があったが、軍用材を必要としていた日本は、いちはやく統監府時代（一九〇五～一〇年）に森林法を公布させ、朝鮮人の共同利用林を奪って韓国国有林野とした。それらは一九一〇年の韓国併合にともなって、自動的に日本の国有林になった。朝鮮総督府は、このようにして手に入れた国有林を、「朝鮮特別縁故森林譲与令」によって、日本人の山林資本家や一部の親日的朝鮮人山林地主などに「譲与」した（権寧旭、一三～一五頁）。

こうした中で、巧は朝鮮総督府農商工部山林課林業試験所の雇員となって、朝鮮産主要樹木ならびに輸移入樹種の養苗に関する試験調査に従事するようになった。朝鮮総督府林業試験場『朝鮮総督府林業試験場一覧』によると、林業試験所は、一九一三年四月に朝鮮総督府農商工部山林課の下に、一人の嘱託と二人の雇員で発足したばかりであった。苗圃は京畿道高陽郡延禧面阿峴北里の懿寧園（現在の梨花女子大の東、秋渓芸術学校）に、試験地はソウルの東北約三十キロのところにある抱川郡の光陵（現在の中部林業試験場）にあった（一頁）。巧は創成期特有の活気と自由の中で養苗に励んだ。

ところで、巧は林業試験所に入るに先立って朝鮮語を学びはじめた。その動機について、姉の小宮山栄は、「まず、朝鮮に行ったら朝鮮語を学ばなくちゃ、朝鮮人と…そういう性質なんです」と語っている。また、姪の上杉美恵子は、「朝鮮語をどうしてやる気になったのかというと、外国の宣教師は異国に来るとまずその言葉を勉強するんですよ」と巧叔父さんが話していた、と証言している（中村、一三～一四頁）。

巧はその後も引き続き朝鮮語を学習した。一九二一年ごろ、しばしば巧の家を訪ねた崔福鉉は、「先生（巧）はよく私が朝鮮語で語る朝鮮のお伽噺を聞かれては子供のやうに無性に喜ばれるのである」（八七頁）と当時を回想している。そして、残された一九二二年十二月十日の巧の日記にも、「貞洞で午飯を食べて帰り宿直。林君、朴君来り、かるた、碁などをし、寝てから、尹君に朝鮮語を習ふ」と記されている（二一二頁）。また、小宮山辰也は、一九二六年に巧を家に訪ねたとき、その書架に『朝鮮語の先生』（崔在翔編、一九一八年）があったことを半世紀後も鮮やかに覚えている。

懿寧園にて

巧は衣食住においても朝鮮人のそれを取り入れた。資料の関係で一九二二年当時の日記からそのようすを紹介するが、このような姿勢は朝鮮に渡って早々からのものだったらしい。

一九二二年一月四日の日記には、「暫く着馴れた朝鮮服を洋服に着替へた為か随分寒かつた」というように記している（一一頁）し、同月十三日の日記には、「朝鮮服を着て居たので本府の玄関で巡査にとがめられた。一寸いやな気がした」と書いている（一四頁）。しかし、巧は朝鮮服を着ることをやめなかった。

同年二月二十五日、引っ越しのときの日記には、「障子の摺り硝子の模様がいやなのと明るすぎるので点釗に朝鮮紙を張らせたら部屋が落ちついた。夜は試験場の連中十二、三人を招いて朝鮮そばと薬酒をふるまつた」（三二頁）とある。

キムチを好み、「朝鮮の漬物」という論文も残している。また、友人の土井浜一は、一九二八年八月二日の夕食に「巧さんが、ピピンパプと云ふ朝鮮のゴモク飯を、実に手器用に美味しく造られた。私は今だにその美味さが、桔梗の根と共に忘れられずにゐる」（一九三四年、八〇頁）と回想している。

一九二二年当時の住生活が朝鮮式であったことについては、巧の家に半月滞在した陶芸家・富本憲吉の証言がある。富本は巧の家に本陣を決めた理由として、「静かな村であり浅川君の家が朝鮮式のものであり、電車から家までの道が実によいからだ」と書いている（五八頁）。

話を元に戻すと、巧は浅川政歳によく葉書を出した。一九一五年五月五日、八月二十四日、同月二十七日、九月三日付けの葉書が政歳の孫・浅川文彦のところに残っている。それらにはそれぞれ、巧が作った花壇の絵や壺の絵、とうがらしの絵などが描かれている。それらは、巧が花や野菜そして壺などを楽しんでいたことをうかがわせてくれる。

一九一六年二月七日、巧は浅川政歳の姉・みつえと結婚した。みつえは、一八九一年十二月十四日の生まれで、浅川市太郎・もと夫妻の五女である。巧は、政歳から「ぜひうちの姉をもらってほしい」と頼まれて結婚したのだという。巧が林業試験所のある阿峴北里の日本式家屋に移り住んだのは、このときのことであろう。

翌年三月九日、二人の間に長女・園絵が生まれた。父を知らなかった巧は、子供を人一倍かわいがった。

一方、職場では、多年難問題とされてきた朝鮮唐松の養苗に成功するなど、仕事も順調に進んでいた。

日本が朝鮮を併合してからほぼ十年がたった一九一九年三月一日、朝鮮で独立運動が始まった。いわゆる三・一独立運動である。この運動は京城にあるパゴダ公園から始まり、たちまち全国に波及した。運動は四月上旬、最高潮に達し、その後しだいに衰えたが、三月一日から五月末日までだけでも、延べ参加者二百万人にのぼったという。

これに対して日本政府は、陸軍六個大隊を増派して弾圧した。弾圧による死者は七千人を数えた。また、朝鮮総督府の御用新聞『京城日報』は、独立運動を暴動と歪曲し、運動の指導者に人身攻撃をかけた。また、独立は虚妄にすぎないと批判した。例えば、十一月二十五日、加藤房蔵社長はみずからペンをとり、「朝鮮人の進んで大いに為すべき所は、彼の妄想迷夢に捉はる、

巧と伯教の家族

独立運動とか称する狂挙にあらずして、奮励努力、智徳を磨き、産業を興し、以て東洋の大国民たるの実力を養成するに在り」と書いた。

日本のほとんどの知識人が右のように考えていたなかにあって、柳宗悦や吉野作造らごく少数の人びとだけが、朝鮮人の心を受けとめ、日本政府を批判した。これについては、拙著『「妄言」の原形』を参照してほしい。

三・一独立運動の後、日本政府は方針を転換し、朝鮮人に譲歩した政策をとりはじめた。いわゆる「文化政治」である。新しい総督斎藤実によって実施に移されたこの政策によって、一定の朝鮮人の地方政治への参加が認められ、朝鮮語新聞の発行が許されるようになった。しかし、規制の緩和はきわめて限られ、独立運動への弾圧はむしろ徹底したものになっていった。「文化政治」の目的は、親日勢力の育成による支配の安定化と独立運動の分断にあったからである。

経済方面では、産米増殖計画が実施された。それは、一九一八年の米騒動に現れた日本の食料危機を打開するために、朝鮮で米を増殖し日本に移出しようというものであった。また、国有林を手に入れた日本人山林資本家たちは、軍用材や坑木などの需要に応えて、山林の乱伐を続けていた。もちろん、その一方で植林も行っていたが、それは場あたりのものでしかなかった。その実情について、三井合名会社山林課の朝鮮農林事務所に勤めていた星野靖之助は、次のように回想している。

合名が長山串《かん》という鎮南浦〔現在の北朝鮮南浦〕近く海州付近で相当に広い山林を買入れた。実をいうとこれは朝鮮総督府の高等政策によるもので、総督府は各財閥に働きかけて朝鮮の山を買わせ、禿山に樹を植えさせ、財閥の金で朝鮮の禿山を緑化しようとの計画である。当時は樹種も選ばず、林道もつけずめったやたらに樹を植えたので緑化は進んだが、後で山林の専門家を困らせた（二五八頁）。

そして、朝鮮銀行調査部『朝鮮経済年報』（一九四八年）も、次のように書いている。

日本は、三十六年間の治世に、「治山事業を根幹とみなして、森林育成に関して、諸般の施策を講究し、実行した」と誇っているが、現在の朝鮮の林相は荒廃の二字を免れない。日本の政治は、実際、李朝末期の荒廃した朝鮮の森林の保護および育成にある程度努力はしたが、彼らの治世期間に植伐が均衡を失ったことは、彼ら自身も認めるところであり、過伐による禿山の露出をカモフラージュするために、都市の付近と鉄道沿線の植林にだけは、特別に留意してきたのである（五五頁）。

また、韓国の経済学者・池鏞夏も『韓国林政史』の中で、「朝鮮半島の中部および南部地域、特に人家のある付近の荒廃した林野に対する復興造林事業を宣伝林業として利用し、営林廠所管林野の林業収奪事業は斫伐《しゃくばつ》事業として利用した。すなわち、朝鮮林政の基幹は、宣伝（助長）林業と利用（収奪）林業との二線林政であった」と書いている（一六四頁）。

さらに、朝鮮総督府は、山林保護の名のもとに、朝鮮民衆の山林利用を厳しく制限した。朝鮮人は、生活に必要な材木をこれまで自由に無主空山で得ていたが、それらが国有地とされてからは、立ち入れば逮捕されるようになったのである。

ところで、巧は、養苗が仕事であったから、植物の種を採集するために、朝鮮各地を旅行した。彼はいやおうなく朝鮮民衆の暮らしぶりを見聞きした。そして、ときには朝鮮総督府や日本人に対する怨嗟の声を聞いた。巧は一九二二年一月、柳宗悦たちとともに冠岳山中の窯跡めぐりをしたとき、三幕寺の住持が話したことを次のように記録している。

老僧は谷の彼方、石畳を指して「昔にはあれが第一幕で、第二幕の跡はこの蔭の谷にある。三幕寺はその時代の第三幕だつたのだ。寺の名もそこから来てゐる」と説明した。それから「以前はこの辺一帯は立派な森林であつた。それは寺で保護して居たのでよかつたが、総督府になつてから取り上げられて、寺持ちの森林は寺の周囲僅かの部分に限られたので、此の頃は寺では薪にも不自由する程になつた。今、此の山は日本人の金持ちが独りで全山を手に入れて経営して居るが、年々荒れるばかりで、有名な冠岳山の松茸も近年は寺の付近だけにしか生えない」なんて云ふ話も途々した（二八二～二八三頁）。

そして、次のような感想も書いている。

路傍で落葉を集めて居た案内男の友等は、彼れが洋服を着た風の変つた日本人と同行するのを見て、山番に捕つたのだなと私語し合つて驚いた様な表情をして傍観して居た。此の辺の人達は山番には時々いぢめられるらしい。いくらいぢめられても此の冬の夜を冷たい石の上に明かす訳にはいかないから、恐る恐る鼠が物を引き込む用に焚物を集めて去ることにも同情出来る。こんな山間に棲んで居て僅かの林も持たず、祖先伝来の入会地の何千町歩が一手に個人の有になつたのだから盗むのも無理もない気がする。山番の監視がいかに厳重で盗採者に対する刑がいかに峻酷であつても、山は青くなるまい。山の青くなるためには、地元に住む人達の理解ある同情を必要とする（二八四頁）。

ここに描かれているのは、朝鮮総督府による山林収奪政策の典型的な現れであった。巧はそれに対して、そんなことでは「山は青くなるまい」と、公然と批判したのである。巧は、「老僧」や「案内人の男」たちの朝鮮語で語られる民衆の生活に触れることをとおして、血のかよった朝鮮認識を獲得していたのである。

一九二一年のことであった。夏に発病したみつえは、甲府の山梨県立病院に入院して療養したが、九月二十九日、三十歳でこの世を去った。葬式は甲府のメソジスト教会で行われた。

娘・園絵は、母方の叔父・浅川政歳のところに預けることになった。しばらくして小学校に通うようになった園絵について、一つ歳下のいとこ・克己は、こう回想している。

園絵さんとは小学三年までいっしょにすごしました。龍岡尋常小学校にかよいました。わたしとはいっしょに田舎道をかよいました。文章はうまいですよ。京城に帰ってからも文通しました。簡単で、要を得て、文才はありました。小学校当時は泣き虫でした。女学校時代に家に来たときなんか、本家の人と二人に、「よく泣いたっけな」とひやかされていました。「一度、克己ちゃんに殴られたことがある」なんて言ってましたよ。気が強かったんで、言うことをきかないんでやったのかもしれませんよ（浅川克己、一九七九）。

造林の哲学

巧は、職位上では林業試験所（一九二二年に林業試験場に改称）の雇員、一九二二年八月二十三日以降、死ぬまでは判任官の技手（技師の下の職位）にすぎなかった（朝鮮総督府林業試験場、一四頁）。しかし、巧は養苗の仕事が好きであったし、出世することを望んではいなかった。実姉・小宮山栄が一九二六年に巧の家を訪ね、「下役だったから、月給が少ないので、変えて脇にいったら」というと、巧は「ぼくの趣味は苗作りだ」と言って一所懸命やっていた、ということである。

巧の朝鮮林業に関する最初の論文は、一九一七年六月号の『大日本山林会報』に、技手・石戸谷勉（追記・九七頁参照）との連名で発表した「テウセンカラマツの養苗成功を報ず」であった。巧たちは、一九一五年秋、朝鮮唐松の養苗に「相当の成績を収」め、一九一六年において「稍々《やや》確定的の施業法を見出」したのである（三七頁）。その業績の大きさは、朝鮮総督府農林局『朝鮮の林業』（一九四〇年）が、「林業試験創始以来の主なる業績は、養苗試験にありては多年養苗上の難問題とせられたるテウセンカラマツ及テウセンマツの養苗に成功し」（一一八頁）と書いていることから想像できよう。実際、朝鮮唐松は鉄道の枕木用材として使用されたのである。

この論文について、山梨県林業技術センター研究員の清藤城宏《せいとうくにひろ》は、「これまでの天然更新に対し、育苗し山へ人工造林する最初のきっかけを作りだした研究である」と高く評価している（七頁）。

巧らによって育てられた朝鮮唐松の苗は、ただちにソウルの北東約四十キロのところにある光陵試験林（現在の韓国中部林業試験場）に植栽された。そして、比較研究の材料として植えられた信州唐松や樺太唐松とともに、現在はりっぱな大木に成長している。また、一部は丸太となって、試験場内のログハウスの材料に使われている。ちなみに信州唐松の産地といえば、巧の故郷・高根町の北側に隣接した長野県川上村である。信州唐松の種を朝鮮に持ち込んだのは、あるいは巧であったかもしれない。

なお、同試験場には世界一の山林博物館や小さな動物園があり、その周辺は観光地になっていて、楽しめる。

巧と石戸谷は、同年十月号の同誌にも、「朝鮮に於けるカタルパー、スペシヲサ樹の養苗及造林成績を報ず」を発表した。カタルパー、スペシオサ樹というのは北米産の喬木である。

一九一九年四月に朝鮮総督府の名で出版された『朝鮮巨樹老樹名木誌』は、一九一六年中に実測蒐集した材料五三〇〇余点より抜粋して巨樹老樹名木を記録し、木の名称一つ一つにハングル（朝鮮文字）を付したものである。「緒言」によれば石戸谷が編纂したことになっているが、土井浜一が編んだ浅川巧の「著作一覧表」には、この本が巧と石戸谷の共著としてあげられている（一九三四年、九五頁）。おそらく技手の名だけをあげて、雇員の名は省略したのであろう。実質的には二人の共著であったと思われる。

同年八月にこれまた朝鮮総督府の名で出版された『樹苗養成指針・第一号』は、一九一三年から一八年にいたる間、朝鮮の主要樹木ならびに輸移入樹種の養苗に関して試験調査をした事項を収録したものであった。「例言」には、「本書ニ記述スル試験調査ハ本府技手石戸谷勉之ヲ担当シ、圃場ニ於ケル保育ハ雇員浅川巧之ヲ分担セリ」と書かれている。この本は、一九二二年に改訂増補され、『樹苗養成指針・

第一冊』として再刊されている。

この本について、再び清藤の評価をかりれば、「当時ほとんどデータのない時だけに、これだけの樹種をとりあげ、詳細にわたる方法を明らかにしたことは非常に貴重な価値の高い資料といえる」(七頁)。

一九二〇年、農商工部山林課は殖産局山林課となり、陣容を拡大して臨時職員技師二人、技手四人、属一人となった。そして一九二二年には試験地を北阿峴里から清涼里に移し、技師・技手それぞれ一人を増員した。そして、一九二二年八月、林業試験所は林業試験場と改称され、技師一人、技手十一人が増員されて、総勢、技師四人、技手・属あわせて十七人となった(朝鮮総督府林業試験場、一頁)。

巧は、一九二二年、試験地が清涼里に移ったとき、中庭に赤松を植えた。その木は今も緑の葉をみごとに繁らせている。そして、翌年二月、清涼里に引っ越した。その家は朝鮮家屋であった。同年八月、巧は試験場判任職員・技手になった。

一九二四年三月号の『朝鮮山林会報』には「苗圃担当の友に贈る」を発表している。それは、前年秋の養苗講習会で講演したことの大要を書いたものであった。彼はここで、自分が考えだした仮播と代播という新しい養苗法を紹介し、「直接自然に師事して学んだ秘訣は理屈と異つて即座に役立ちます」(一六頁。一九九六年、二六七頁)と述べている。仮播というのは、「二、三寸から五寸位の深さに土と混ぜた種子をなるべく小面積に纏めて置き、その上に厚さ一、二寸の土と二、三寸の落葉を覆ふだけで風雨雪霰を自然の儘に種子に作用させる」方法である(一三頁。一九九六年、二六四頁)。

この方法は露天埋蔵法と呼ばれ、巧の林業関係の業績として今でも記憶されている。巧の同僚であった金二万(後、韓国林業試験場顧問)は、「浅川氏は、特に種子がよく育たないものを露天に埋蔵して、促成で発芽させる『露天埋蔵法』を開発した。つまり、秋に砂と混ぜて埋めて種子が早く育つようにした」と語っている。

そして、韓国林業試験場の呉敏栄育林部長（一九八七年当時）は、「浅川先生の林業試験に関する仕事で一番立派な業績は、チョウセンゴヨウマツの露天埋蔵法です。今でこそ当たり前になった方法ですが、当時の林業界では世界的な発見でした」（中村、一八頁）と話している。

こうした発見を可能にさせたものについて、呉敏栄にインタビューした中村高志は、次のように書いている。

巧の植えた赤松

巧は、韓国人の人夫を連れてよく山林を歩いた。他の同僚と違って、巧は韓国人と話すのが好きだった。韓国語が上手に話せたことにもよる。ある人夫が「タネは堅いので春にまいてもその年に発芽しない。芽が出るのは翌年になってしまう。けれども山の中に落ちた樹木のタネは自然に発芽する」と話した。この会話にヒントを得た巧は、タネを自然状態に埋めてみた。そして春になって掘り出してタネをまいたところ発芽したのである。これは、巧のひらめきもさることながら、日ごろから親しく接していた韓国人たちとの付き合いがあればこそ、の結果といえる（一九頁）。

さらに、韓国林業研究院（林業試験場の後身）の趙在明院長（一九九四年当時）は、「浅川さんが考案した朝鮮紅松の養苗法は現在でも行われています」と評価し、「朝鮮紅松は、松かさの大きな、松の実の多く採れる種類で、それまでは二年間育苗する必要のあったものを一年間に短縮する技術を開発した」と言っている（小林、二四二頁）。

一九二五年三月号の『朝鮮山林会報』には、「萩の種類」を発表している。禿山植栽に萩が適することは、当時すでに明らかにされていたことであるが、巧は、朝鮮の山野に自生する萩十余種のうち主なもの五種について、その特徴を述べ、特にミヤマハギが適していることを初めて明らかにしたのである。

一九二六年六月に発行された『林業試験場報告』第五号には、「主要林木種子ノ発芽促進ニ関スル実験（第二回報告）」と題する文章が載っているが、この試験の実行に主として当ったのは、巧と技手の野路策三であった。

この論文の評価を、三度、清藤によれば、次のとおりである。

これは種子の発芽促進に露天埋蔵法という新しい手法で成功した第一回に続いて、さらに保護埋蔵という方法を考えだし時期別の効果を三四種について実験を行い、結果をまとめたものである。この中で注目されることは、マメ科植物の発芽促進方法を見出した点で、土壌養分の少ない花崗岩地に、窒素を自給するマメ科植物の人工造林が可能になったことで高く評価される。日本で治山事業にこれらのマメ科植物が積極的にとりいれられる様になったのは一九四九年以降である（七頁）。

また、同年十月に発行された『林業試験場時報』第五号に掲載された「朝鮮産主要樹木ノ分布及適地」と題する論文も、巧の調査に基づいて、技手の鄭台鉉がまとめたものである。

鄭台鉉は、巧とともに東京に出張するなど、巧との付き合いが比較的多かった朝鮮人の一人である。戦後、韓国中央林業試験場長・韓国生物学会長などを歴任し、一九五二年には全南大教授、五四年には成均館大教授となっている（霞関会、三六四頁）。一九六八年ごろ亡くなったが、死後、その雅号をとって、「霞彦生物学賞」が設けられ、一九八〇年までに十二回の授賞が行われている（『東亜日報』一九八一年一月十六日）。

巧がそれを望んだなら、巧も鄭のように大学で教えることができたであろう。「林業技術者としての浅川巧」を書いた清藤城宏も「学者たりうる人物であった」と書いているのである（七頁）。

巧は、一九二六年十月号の『朝鮮及満州』に、「苗圃肥料としての堆肥に就て」を発表し、「苗圃地は各年継続施業せば、年と共に瘠悪となり、遂に使用出来なくなる」との迷信を批判した（二四頁）。

鄭台鉉（左）

そして、一九二七年七月号の『朝鮮山林会報』には、「禿山の利用問題に就いて」を発表した。ここには、巧の造林の哲学、ひいては人生の哲学がよく現れている。論文は次のように始められている。

『禍を変じて福となす』と云ふことは、古来聖人賢者の生きて来た道であつた。禍を禍として正面から思ひ詰めるとき、吾人の進退は只谷《きわ》まつてしまふのみである。しかるに立脚地を更へて考へ直すとき、堪へ難い程の苦しみも悦びに蘇るものである。これには一つの例外もなしに、すべてのことに当て嵌まること、思ふ。若し禍が禍のま、で終つたとしたら、それはそれを扱つた人の不運と考へるよりも、寧ろ智慧と努力とに於て到らない処があつたと考ふべきであらう。自然は常に禍の裡に福を蔵し、苦しみの後に楽を待たせてゐる。世に廃物利用と云ふことがあるが、これも禍を福に更へる原理を産業上に適用したまでのことである（一一三頁。一九九六年、二七〇頁）。

そして巧は、禿山の利用にあたって大事なことは、「利用物の対象物の性質を研究し、その性質に従つて利用上のことを考察する」ことだとし、次のような禿山の特性を挙げて、それを活かした利用法を述べている。

一般に知られてゐる禿山の特性を挙げて見るならば、（イ）地毛を欠き常に裸である、（ロ）表土が落ち着かず崩壊し易い、（ハ）基岩は風化し易い、（ニ）土浅くして下層には常に適度の湿気を有す、（ホ）排水良好、（ヘ）地表温度は夏と冬、昼と夜との差異著しく、夏と昼間は特に高し、（ト）害虫、病菌等極めて少なし、（チ）土壌は腐食質を殆んど欠く、（リ）土壌の性質概《おおむ》ね良く、砂埴混合の割合適当なること等で、この点は平地の土壌とその趣を異にしてゐるところである。然しこの地にも注意して調査研究したら、更に多くの新事実を発見することも難事でないと思ふ。

右に述べし如き特性を有つ禿山を如何に利用するかに就いて、その手段の一例として、こゝに数年来の経験に徴し大体見込みのある二、三の方法を挙げると、萩類、赤楊類等の播種造林、竹林仕立、甘藷、落花生の栽培等である（一四～一五頁。一九九六年、二七一頁）。

このように禿山利用の方法を説明したあとで、最後を次のように結んでいる。

朝鮮産業の癌とされた禿山も何時かは苦にならぬ日が来ることを待ち望んでゐる。筆者は本問題を考へる様になつてから従来は面を顰めて見てきた禿山を涎を流して眺める様になつたことを告白する。然し此の問題は仕事の全体から看る時、試験時代に一歩を踏込んだばかりである。此の試験は研究室で試験管を振る試験でなく気候なり土質なりの異なる各地に於て多数の人が多方面から観察し研究してはじめて完成すべき性質のものと信じ、茲に本誌上を借りて鄙見を述べ、江湖諸彦の御援助を希ふ次第である（一六頁。一九九六年、二七四頁）。

巧は「禿山を涎を流して眺める」ことのできる人間であった。このような人間が、朝鮮人に対してもあるがままに認め愛することができたことは、見やすい道理であろう。彼は、緑の山と禿山とを比べて禿山を嘆いたり、日本人と朝鮮人とを比べて日本人の優秀さを誇るというような考え方とは、およそ無縁の人間であったのである。

紅葉山人「俗始政二十五年史」によると、巧は一九二八年から林業試験場で、「実播工」と呼ばれる砂防方法の試験に着手し、一九三一年には朝鮮南部の五道で試験して成功させた。それによって、「施工は余程簡易となつた」し、「凡そ工費は半分に節約出来」た。紅葉山人は早くも一九三五年に、「この実播工は内地ではまだやつて居らぬ工法で朝鮮が範を内地に示すものの一ツであつて、恐らく長兄浅川伯教氏の名よりは実弟浅川巧氏の方が、やがて永遠の日本的存在となりそうである」と予見している（三二一頁）。

たまたま目にした『毎日新聞』静岡中部版、一九九四年十一月十六日号によると、「『大沢崩れ』に増殖作戦　フジアザミ」と題して、富士山の雄大な斜面の西側を深くえぐる「大沢崩れ」（崩壊地）で、建設省富士砂防工事事務所が、富士山に自生する亜高山帯植物フジアザミの力を借りて砂れきの斜面を安定させ、失われた植生を復元させよう、という「ユニークな取り組み」を始めて三年がたったという。浅川巧は半世紀も前に同じような方法を考えつき実行に移していたのである。

柳宗悦は、林業については素人であるが、巧との対話をとおして、巧の「一種の哲学」を次のように評価している。

仕事には極めて独創的な所があつたと云ふ。実験に追はれがちの様だつたが、彼はその道の学者として立てる充分な素質があつた。彼は綿密であり、さうして忍耐強かつた。私も時々山林の話を聞いたことがある。彼には一種の哲学があつた。「結局山林を自然法に帰せ、それより道はないのだ」、さう結論してゐたのを今も私は覚えてゐる。「神のものは神に帰せ」と云ふ聖書の句など思ひ出され、結局科学も宗教も工芸も道は一つなのだと云ふことを話し合つたことがある。彼の自然への観察には暗示に富んだものがあつた（一九八一年、六三六頁）。

巧が生前に発表した林業関係の論文は、管見のかぎり以上のとおりである。しかし、土井浜一は、ほかにも、「病虫害」「シベリアハンノキ、ヤマハンノキ播種養苗に付て」「雑草の話」「肥料の話」「苗圃肥料としての堆肥に付て」「盛岡の朝鮮松」という遺稿があったと書いている（一九三四年、九六頁）。

巧が死んで約一年がたった一九三二年三月、『主要樹苗肥料三要素実験』が『林業試験場報告』十三号として出版された。これは、「序言」で明らかにされているように、巧が実験し、その結果をとりまとめたものに、嘱託の片山外美雄が結論を付したものである。

最後に、巧の林業に対する姿勢について、一九二六年に東京帝国大学林学科を出て、三井合名会社の朝鮮における山林事業にたずさわっていた巧の義理の甥・小宮山辰也の証言を紹介しよう。

わたしは、三井（合名山林課）の山で木炭を作ってました。仁川から横浜へ送りました。そのあとに唐松とか朝鮮松を植えました。巧叔父は造林のことは生き字引でした。朝鮮の山を愛したということですね。朝鮮全国を歩いておりました。「就職すると勉強しない人が多いんだけど、勉強しなくちゃだめだよ」とよく言われてました。行きゃ、仕事の話だ。「炭を焼くのに、一パーセントでも多く焼けるように工夫することができれば立派なんだから、勉強しろ」とよく言ってました。心配性だったね。

追記——井出孫六「評伝日本人・旅人たちの航跡20、咲く一輪の蓮・浅川巧②」（『年金時代』一九八七年十一号、二〇頁）によれば、石戸谷は、一九〇六年に札幌農学校を卒えた俊秀で、総督府林業試験場開設にあたって主任格の技手として招かれた。

四　朝鮮の民芸品に魅せられて

柳宗悦との出会い

李朝陶磁器の美を再評価し、朝鮮の民芸品を集めて朝鮮民族美術館を設立したのは、最近まで柳宗悦の功績とされていた。しかし、柳自身は、自分を李朝陶磁器の美に導いてくれたのは浅川伯教・巧兄弟であったこと、また、朝鮮民族美術館を設立し運営するにあたって巧の役割が大きかったことを繰り返し強調している。

たとえば、柳は、李朝陶磁器との出会いについて、こう回想している。

私が李朝の焼物に惹かれて買ひ求めた最初の品物は私が〔学習院〕高等科在学の頃で〔明治四十四年〔一九一一年〕頃〕神田神保町のとある骨董店の前を通つた時、ふと見かけた染付牡丹紋の古壺で、その時大枚三円を奮発して買入れたものである。もとより当時はそれが李朝のものだといふことをすら、何も知らなかつた。〔中略〕

次には大正五年〔初出では二年〕に浅川伯教君が朝鮮から私の家にロダンの彫刻を見に来た折、土産

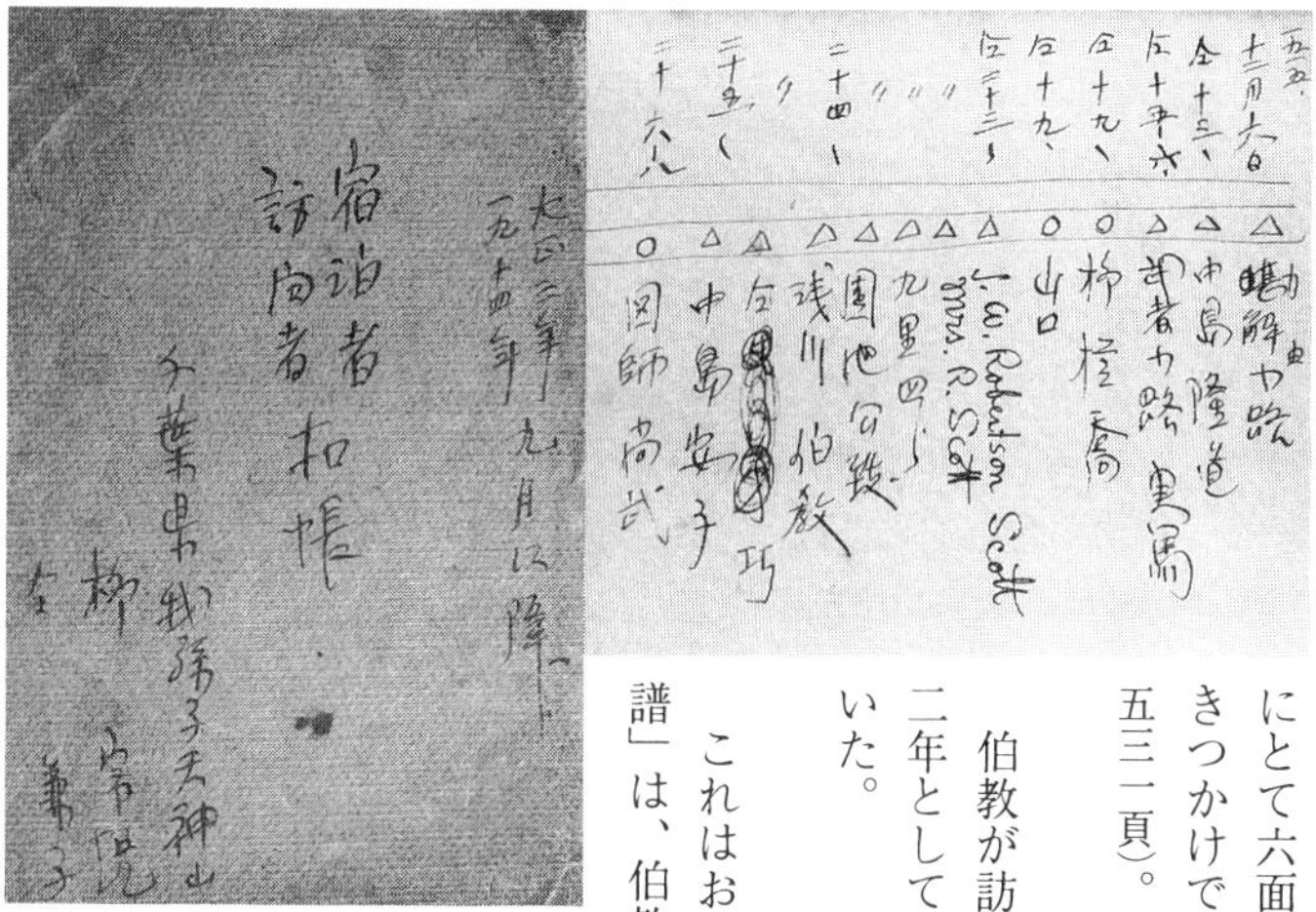

柳家の「宿泊者　訪問者扣（控）帳」

にとて六面取秋草紋の染付壺（四五頁参照）を持参してくれた。是等がきつかけで李朝の焼物に心を惹かれるに至つた（一九八一年、五三〇～五三二頁）。

伯教が訪ねてきた年を『柳宗悦全集』の編者は大正五年、柳自身は二年としている。しかし、わたしはこれについて、先に次のように書いた。

これはおそらく、大正三年の間違いである。なぜなら、「浅川伯教年譜」は、伯教が柳を我孫子に訪ねたのを大正三年としているし、柳自身が、同年十二月号の『白樺』に掲載された「我孫子から　通信一」に、「自分にとつて新しく見出された喜びの他の一つを茲に書き添えよう。それは磁器に現はされた型状美(Shape)だ。之は全く朝鮮の陶器から暗示を得た新しい驚愕だ」と書いているからである（一九八二年、九一頁）。

しかし、それは訂正が必要かもしれない。最近発掘された柳宗悦・同兼子『大正三年　一九一四年

九月以降　宿泊者　訪問者　扣（控）帳』の一九一四年分に、伯教来訪の記録はなく、一九一五年（大正四年）十二月二十四日に浅川伯教が巧とともに我孫子を訪れていることが記録されていると判明したからである（筆者不明「寄贈品紹介・日本民芸館」『民芸』一九九七年五月号、二二頁）。

そしてこれは、伯教が「大正五年の夏と思ふ。柳宗悦氏が朝鮮に来られた。これはその前年氏を千葉県我孫子の寓居に訪れた時、朝鮮の陶器数点を氏に届けた事が導火線であつた」（一九四五年、二七三頁）と書いていることと符合する。

しかし、そうすると今度は、「浅川伯教君が朝鮮から私の家にロダンの彫刻を見に来た折」という記述が巧を無視したことになって不自然だし、「朝鮮の陶器から暗示を得た新しい驚愕」をだれが与えたか説明がつかなくなる。それに加えて、前田正明が「大正三年に上野の森で催かれた国内産業博覧会に彼の作品を出品、その折り（中略）柳邸を訪ねたのがその最初の出逢いであったと聞いている」という伝聞もある（一五頁）。やはり、一九一四年に伯教が一人で柳邸を訪問したが、『扣（控）帳』への署名は忘れた、というあたりが妥当ということになろう。

ともあれ、柳宗悦と浅川兄弟、そして六面取秋草紋染付壺との出会いが一九一六年八月に柳を朝鮮に赴かせたのである。伯教は続けて、「柳氏は大分熱を上げて来たので釜山で先づ鉄砂の壺を一つ買ひ、これを先便で自分の所に届けた。京城に着くと毎日夏の炎天の下を骨董漁りをやつたものだ。これが小弟、巧に伝染し（後略）」（二七三〜二七四頁）と書いている。

柳はこのとき、巧の家に泊まった。それがもう一つの導火線になった。柳は次のように回想している。

私が朝鮮に関心をもつたのは、学生の時からであつた。私の姉〔直枝子〕は日露戦争時代に仁川の総領事をしていた加藤本四郎氏に嫁ぎ、私の妹〔千枝子〕はのちに〔朝鮮総督府の〕内務局長になつた今村武志氏に嫁いでいた。そういう因縁もあつたが、何より朝鮮のものを知る機会を得たのは、浅川伯教、巧両兄弟を知つてからだつた。京城の阿峴里にあつた巧さんの家に泊めてもらつた時から朝鮮の民芸の美へ大きく眼を開いた。私が李朝陶器展を東京で開いたのは、大正十年だつた。私は一時朝鮮に永住を決意したことがある（一九五四年、六頁）。

柳は巧の家で民芸に開眼したのである。巧の家でどのようなことがあったのか、どのような物を見たのかはわからない。しかし、柳はおそらく、巧の集めていた朝鮮の民芸品に心を奪われたのであろう。また、民芸品を作った朝鮮民族についての巧の話に、美を背後で支えるものを見いだしたに違いない。

柳は、このときの調査に基づいて後に「石仏寺の彫刻に就て」を書いている。そして、この論文を「京城での半月の思ひ出に、此一篇を浅川伯教、同巧両兄に贈る」としている（一九八一年、一一〇頁）。伯教と巧、とりわけ巧の確かな素材あるいは情報提供に助けられて、柳が朝鮮の美を

花を前にする浅川巧

理論化し、論文を書くという関係の原型が、このときに生まれたのである。
柳と巧の出会いについて、詩人の大岡信は、次のように書いている。

朝鮮で宗悦は彼の生涯における最も忘れがたい出会いを経験する。すなわち浅川巧と初めて識り合ったこと。（中略）宗悦は巧の知見に深くうたれ、親交を結んだが、同時に巧が、いったん朝鮮の地にやってきた以上朝鮮語で話すことができなければならないという考えから朝鮮語を学んで、朝鮮人の生活に完全にとけこみ、彼らを深く愛すると同時に愛されている生き方そのものから、言い尽くせないほどの人間的影響を受けたものと思われる（一六六～一六七頁）。

一九一九年三月一日、朝鮮で独立運動が勃発した。柳は、「朝鮮に就いて経験あり知識ある人々」がいかなる態度を示すかを注意深く見守っていた。しかし、それらの人々の「思想が殆ど何等の賢さもなく深みもなく又温かみもないのを知つて」決然とペンをとり（一九八一年、二三頁）、「朝鮮人を想ふ」と題して『読売新聞』（五月二十日～二十四日）に発表した。彼は「吾々の国が正しい人道を踏んでゐない」と日本政府を批判し（同、三二頁）、「独立が彼等の理想となるのは必然の結果であらう」と独立運動に理解を示した（同、三二頁）。原稿を書く柳の胸には、おそらく三年前に訪れた朝鮮の思い出、とりわけ巧とのそれが去来していたであろう。

巧が三・一独立運動に際して、どのような態度をとったか、今のところそれを直接的に明らかにしてくれる資料はない。しかし、柳が一九二〇年に「彼の朝鮮行」で次のように書いているのは、巧のことであろう。

彼〔柳宗悦〕は又京城にゐる彼の愛した一人の日本の信徒から、次の様な便りをも受けた。

「日本人と朝鮮人とが信頼し合う真の平和は、宗教的に覚めて理解し合う道しか他にない事を切に思ひました。……私は始め朝鮮に来た頃、朝鮮に住むことに気が引けて朝鮮人に済まない気がして、何度か国に帰ることを計画しました。……朝鮮に来て朝鮮人にまだ親しみを深く感じなかつた頃、淋しい心を慰めて朝鮮人の心を語つて呉れたものは矢張朝鮮の芸術でした。

私はいつもの祈りに、私が朝鮮に居ることが何時か何かの御用に立つ様にと云ふ事を加へて淋しい心に希望を与へられてゐました。」

彼は此友達に愛と敬意とを感じてゐた。殆ど全ての日本人が憎の的である時、此友達ばかりは彼が住む町の凡ての朝鮮の人達から、愛せられ慕はれて、その名を知らない者はなかつた。此友に逢ふ事も彼には此旅での喜びの一つであつた（一九八一年、五四～五五頁）。

巧のこうした生きざまが柳の朝鮮観に与えた影響は大きい。朝鮮問題に長年かかわっている歴史家の和田春樹は、次のように書いている。

地面に身体をつけて、暗夜にも自分の身体の中から光を出して、まわりを明るくするような人の価値は大きいと思います。柳が浅川を思う気持にも打たれました。柳が浅川と結びついていたことは、柳の考えが上すべらない、真実味をもつものになった原因のように理解できました。

巧は、おそらく三・一運動を目撃したであろう。そして、それに心の痛みを感じたに違いない。巧にとって柳が書いた「朝鮮人を想ふ」は、自分の気持ちを代弁してくれるものであったろう。しかし、巧は柳にすべてを任せてしまうような人ではなかった。巧は積極的な性格であった。「朝鮮に住むことに気が引けて朝鮮人に済まない気」がするという矛盾を、「朝鮮に居ることが何時か何かの御用に立つ様に」という祈りに転化して、時機を待っていたのである。そして、それはまもなくやってきた。

柳宗悦とその妻で声楽家の兼子が、一九二〇年四月、朝鮮で講演会と音楽会を計画したのである。彼らはそれに先立って、次のような「『音楽会』趣意書」を友人たちに送った。

吾々は朝鮮のことに心を引かれてゐます。今そこに苦む人々の心情や運命を想ふ毎に、淋しい感情に誘はれます。本来人種的に又地理的に近い血縁の間である日本と朝鮮とは、もつと心からの友であつてい、と思ふのです。今は不本意な趨勢の為に二つの心が互を憎み拒けてゐます。私達は政治の力がどれだけ二つの国を結び付ける事に成功するかを知りません。只此世に真の平和や友情を内側から持ち来すものは宗教や芸術の道だと信じてゐます。どうかしてかゝる道を通じて互の愛を呼び覚ましたいと思ふのです。

吾々は朝鮮の人々が芸術的感性に優れてゐる事をその歴史によつて知つてゐます。吾々は隣邦の人々に対する兼々の信頼と情愛とのしるしに、今度渡鮮して音楽会を開きその会を朝鮮の人々に献げるつもりです。又日鮮人協力の文芸や学芸の雑誌を計営したいと志してゐます。かゝる仕事は二つの心が互の平和に進む意味深い最初の一歩だと信じてゐます。

私達はその計画を遂行する為に茲にその資金を集めたく思ひ、内地の各処で最初に音楽会を開き、来て下さる方々の浄財に待とうと思ふのです。私達は多くの方々がいつも情愛の味方である事を信じてゐます。私たちは私達の日本が朝鮮に対して情の日本でありたいと希つてゐます。情愛に一つ〔二つ〕の国が固く結ばれるなら、それは未来の東洋の文化を形造る美しく大きな動因になると固く信じてゐます（一九八一年、一七二頁）。

こうした計画をもって、柳夫妻は友人の陶芸家・バーナード・リーチとともに、五月二日、釜山の土を踏んだ。そして、翌三日の朝、京城に到着した。駅にはかつて日本における朝鮮人女子留学生運動の指導者であり、画家であった羅蕙錫らが出迎えた。その日の夜には、文学団体「廃墟社」による歓迎会が開かれた。同社は、詩人の南宮璧や『東亜日報』の記者でまもなく小説家・廉想渉として有名になる廉尚燮らが作っていた文学団体であった。柳の志が朝鮮人にも通じたのである。

柳夫妻とバーナード・リーチ

兼子の音楽会は主として、東亜日報社や廃墟社などの朝鮮人団体によって主催された。しかし、その裏方として準備に奔走したのは巧であった。柳兼子は、「音楽会のときやなんかでも、ほとんど私と巧さんとの交渉でした、手紙やなんかで」と証言している（一九八一年、八頁）。

柳は、「愛と敬意とを感じてゐた」友人・巧と会うことを「此旅での喜びの一つ」としていた。柳は巧を訪ねて再会を喜び、巧の蒐集品を見せてもらった。その日のことを柳は、こう書いている。

シングと巧

彼〔柳〕は滞京の間種々な朝鮮の芸術を見る事によつて、幸な多くの時を過ごした。然し中でも彼の友人が蒐集したもの、内で、一つの李朝期の大壺を見出した時、彼は今迄に経験したことのない感情に打たれた。彼はその日の日記に次の様な感想を書いた。（壺は高さ尺五寸の大作であつて、白地に呉州で蓮華が画いてある。花びらや蕾は辰砂の為に薄紅と緑色とを呈してゐる。）（中略）

彼は是等のことを書いたあとで、彼が不日朝鮮美術史を書きたい希望をも述べた。且つ彼は残された作品の無益な散逸を惜しんで、朝鮮民族美術館を設置したい願望をも記した（一九八一年、六八～七一頁）。

柳が一九二一年一月号の『新潮』に「陶磁器の美」を書き、同月号の『白樺』に「『朝鮮民族美術館』の設立に就て」を書くきっかけになったのは、このときに見た李朝青花辰砂蓮華紋壺との出会いであったのである。柳は、この壺にことのほか感動したようである。

柳と入れ代わりに朝鮮を旅することになったインド人の陶芸家・シングに、ぜひこの壺をみるように勧めている。シングは朝鮮へ行き、巧とこの壺を間にして記念の写真を撮った。

なお、この壺の所蔵者は巧ではなく、伯教であった。なぜなら、巧の一九二二年八月六日付けの日記に次のようにあるからである。


貞洞〔伯教の家〕で遊んだ。（中略）蓮の花を例の蓮花染付の壺に挿したら美しかつた。部屋中に輝いた。牧栄〔伯教の長女〕はお嬢さんの様だと評した。子供の実感は当たつてゐる（一一一頁）。

朝鮮民族美術館の設立

一九二〇年の五月ある日、柳宗悦に朝鮮民族美術館を設立したいと書かせたのは、前述のように、伯教所有の青花辰砂蓮華紋壺であった。そして、柳にその最後の決心をさせたのは浅川巧であった。同年（柳が一九二二年と書いているのは誤り）の初冬、巧が我孫子に柳を訪ねたとき、話がはずんで美術館設立運動が始まったのである（柳、一九八一年、六三七頁）。柳は理論家であると同時に実践家でもあったが、朝鮮に美術館を建てるには、どうしても朝鮮に住んでいる人の協力を必要としていたからである。

こうして、一九二一年一月号の『白樺』に、柳宗悦の名で「『朝鮮民族美術館』の設立に就て」が発表されることになった。その末尾に付された寄付金の送り先には、千葉県我孫子の柳宗悦の住所とともに、京城府西大門区阿峴の巧の住所が記されている。

その趣旨は、次のようなところによく現れている。

私は先づこゝに民族芸術 Folk Art としての朝鮮の味はひのにじみ出た作品を蒐集しようと思ふ。如何なる意味に於ても、私はこの美術館に於て、人々に朝鮮の美を伝へたい。さうしてそこに現はれる民族の人情を目前に呼び起したい。それのみならず、私は之が消えようとする民族芸術の、消えない持続と新たな復活との動因になる事を希ふ（一九八一年、八〇頁）。

アピールが発せられると、続々と寄付金が集まってきた。志賀直哉ら白樺派の人々、シングら柳の友人はもちろん、東京における朝鮮人留学生運動の指導者、白南薫・金俊淵・白寛洙らからの寄付金もあいついだ。柳兼子は、一九二一年五月に朝鮮で開いた音楽会の収入約三千円を寄付した。こうして、一九二二年十月二十二日までに、累計九四八〇円が集まった（一九八一年、六四九頁）。

柳は、一九二一年に入ると、美術館設立のため、ひんぱんに朝鮮へ行った。一月十一日に京城に到着した彼は、朝鮮総督・斎藤実に面会した。そして、美術館にするための建物を借してくれるよう要請した。斎藤はこれに応じた。こうして李朝期の美しい小建築・観豊楼を無料で借りられることになったのである。

海軍大将の斎藤は、海軍少将であった柳の父・楢悦の後輩であった。また、柳の義兄・加藤本四郎や義弟の今村武志（斎藤と同郷）もよく知っていた。そうした関係もあったが、政治家・斎藤なりの計算もあったであろう。一九一九年、三・一独立運動の後、総督に就任した斎藤実は、武断政治にかえて「文化政治」を標榜した。そして、京城帝国大学を設立したり、朝鮮総督府美術展覧会を創設したり、朝鮮語新聞の発行を許可したりして、朝鮮の文化の向上に努力する姿勢を見せていた。

しかし、京城帝国大学は、朝鮮人による朝鮮人のための民立大学設立運動に対抗して設立されたものであったし、美術展は、当時の政務総監・水野錬太郎が告白しているように、「此の方面の奨励に、少しく意を須《もち》ひたならば、美術家として立派な者も出来るであらうし、また朝鮮人の無趣味な政治論議などを、さういう方面に向けることが、出来るであらうと考へ」(『朝鮮行政』編輯総局、一二五〇頁)て創設されたものにすぎなかった。朝鮮語新聞の発行を認めたことも、独立運動に対する安全弁として存在する限りにおいてのことであった。

もちろん、巧や柳の朝鮮民族美術館設立運動には当時の朝鮮政策と対立する面もあった。朝鮮総督府は、朝鮮人固有の民族文化である伝統的な風俗・習慣、後には朝鮮語や朝鮮式の氏名・家族制度の抹殺をはかり、朝鮮人の「日本人」化を押し進める同化政策をとっていたからである。

そして、このような政策を正当化する一つの根拠として利用されたのが、朝鮮(人)は日本(人)よりも劣っているという朝鮮蔑視の思想であった。浅川巧より五年早く生まれ、三年遅く死んだ細井肇は、一九〇八年から三年間、朝鮮で暮らし、その後も日本と朝鮮とを行き来して、朝鮮に関する多くの著書を残した。その細井が『朝鮮文化史論』(一九一一年)に書いた次の一節は、当時の日本人の朝鮮観の典型であった。

一たび半島の史実を繙けば又寔《まこと》に其今日あるを首肯すべし。其の政治は娼婦の心術に幾《ちか》く、其の文学は模倣以外になく独創の発明なく、其の信教は迷信の一途に限られ、為政者は権力と虚栄と陰謀と饒舌とを喜び、外戚の跋扈と士林の禍結絶ゆる時なく、民庶は不断に虎よりも猛けき苛政酷治に墻圧せられ、王者も権官も両班も常民も、挙げて生命の安固なく財産の確保あらず、因襲久しきに亘り嶮怪詭秘、卑屈隠忍なる特性を培養し、恰かも狡猾なる家畜の怯えたるが如くにして、一縷のつながれる敗残の運命を今日に存続したり（高崎、一九九六年、二〇九頁）。

一九二一年六月二日、柳が京城にやってきた。そして、兼子とともに、開城・平壌・鎮南浦をまわって音楽会や講演会を開催した。そして、十八日に兼子の帰国を見送ると、柳は巧や赤羽王郎とともに、朝鮮民族美術館に陳列するための作品を求めて、七月十五日まで京城の街を歩き回った。こうして約三百点を集めることができた。

当時、美術史学科の学生だった有賀喜左衛門（後に社会学者）が、朝鮮の美術について卒業論文を書くために朝鮮を訪れ、柳といっしょに巧の家に泊まっていったのは、そうこうしているとき（一九二一年七月十日ころ）のことであった。有賀は、そのときのことを、「そこには李朝の素晴らしい陶器や箪笥、机などまで沢山蒐められていたし、高麗時代の焼物もあり、私などはただ驚くばかりでした」と回想している（一九七二年、二二六頁）。

また、「柳さんは浅川は朝鮮人にとっては、小泉八雲の日本人におけるような人だと口にしておられました。そしてこの人なしにはこの民族美術館はできないと、もらしておられました」（有賀、一九七九年、一〇六頁）とも証言している。

柳は七月下旬、東京に帰った。しかし、八月二日にはまた、朝鮮を訪れた。妹の今村千枝子の病気見舞いのためであった。千枝子は四日に亡くなり、六日に葬儀が行われた。それが終わると、柳は、巧や、朝鮮民族美術館設立運動の協力者であった鎮南浦の名望家・富田儀作とともに、釜山に向かった

李朝陶磁器展覧会。前列左より浅川伯教、柳宗悦

(八月十五日)。綿布を扱って巨商となった福永政治郎を訪ねるためである。総督府から借りた観豊楼が狭くなったため、柳たちは、福永が京城の南大門にもっていた土地を美術館建設用に提供してもらおうとしたのである。福永は内諾した(柳、一九八一年、一七七)が、実現はされなかった。

巧と赤羽とが中心になって、一九二一年十一月二十六日と二十七日に、京城日報社の来青閣で、朝鮮民族美術館の名で、泰西絵画展覧会を開催した。複製百七十余点を展示したのである(『京城日報』十一月二十三日)。十二月四日からは、普成学校に場所を移して、再び開催した。柳たちが日本で行ったことを朝鮮では巧たちが行ったのである。

一九二二年一月一日にも、柳は京城を訪れた。美術館設立のために適当な地所を探すことが主な目的だった。また、同月十四日と十五日に朝鮮民族美術館の名で「ブレーク展覧会」を開くためでもあった。その間(同月五日)、巧は柳らとともに冠岳山の窯跡をめぐっている。そして巧は、同年九月号の

『白樺』にそのときの紀行文「窯跡めぐりの一日」を寄せている。

　このころ、巧は水滴を集めていた。のちにそのほとんどが朝鮮民族美術館に寄付された巧の「所有品は三百余種に及んでゐる」（柳、一九八一年、二一六頁）。

　柳は、九月十五日、『白樺』の「李朝陶磁器の紹介」特集号をみやげに京城にやってきた。朝鮮民族美術館の名で、「李朝陶磁器展覧会」を開催するためである。その準備の期間中、巧は柳や赤羽、地理学者の小田内通敏、民俗学者の今和次郎とともに、分院の窯跡を調査している。

　朝鮮民族美術館は、一九二二年十月五日から七日にかけて、京城の黄金町にあった朝鮮貴族会館を会場に李朝陶磁器展覧会を開催した。そして、今は大阪市立東洋陶磁美術館にある青花辰砂蓮華紋壺や、今は日本民芸館にある鉄砂染付葡萄栗鼠《りす》紋壺などを展示した。なお、六日には講演会も行った。巧が「朝鮮人が用ふる陶磁器の上の名称」、伯教が「李朝陶磁器の歴史」、柳が「色の調和、形の整調」、そして、陶芸家の富本憲吉が「技巧」について講演した（『京城日報』十月五日）。絵の得意な赤羽は展覧会のポスター作りを分担し、朝鮮総督府逓信局に勤めていた柳井隆雄や森永政三が雑事を手伝った。会場の貴族会館に並べられた陶磁器は四百余点で、入場者は千二百人、そのうち三分の二が朝鮮人であった（『東亜日報』十月五日。柳、一九二二年、二二一頁）。

　それから約一年の後、一九二三年十一月下旬にも柳は朝鮮に来て、美術館の敷地を探した。しかし、けっきょく見つからなかった。そこで、柳は再び斎藤総督に要請して、景福宮内の緝敬堂（現在は緝慶堂と表記している）を借りることにせざるをえなかった。この建物は高宗皇帝が外国からの使臣と臣下たちを接見したところで、西側にあるほぼ同じ形の咸和堂（一一四頁参照）と連結されている。朝鮮総督府による破壊と朝鮮戦争による戦禍から免れた数少ない建物で、蓮池の南側に今も残っている。緝敬堂を展示室に、咸和堂を事務室に使用した。ともに、広さは横七間、縦二間半というところだろうか。こうして美術館は、一九二四年四月九日に開館を迎えた。その名を朝鮮民族美術館としたことについては、次のようなエピソードもあった。

柳先生は浅川氏らとともに蒐集した工芸品を陳列するために、景福宮(元王宮)の一部緝敬堂を借りうけた。そして、朝鮮民族美術館と名付けた。総督府はかなりの反感を示し、民族の二字は除かれないかとの交渉もあったが、先生は頑として応じないでいた。この二字を除けば補助金位貰えたであろうが、それは先生の本意ではなかった。こうして民族と云う文字にすら愛着をもつたのは、民族への同情と理解とがあつた為で(後略)(浜口、一九六一年、四一頁)。

朝鮮民族美術館の内部

一九二四年に開館してからは、原則として春秋の二回、展覧会を開催した。そして、普段は閉めていて、希望者があったときにのみ、巧が鍵を開けて案内した。展覧会のうち、現在、記録で確認できるのは、まず一九二五年四月のそれである。そのときには、巧・柳・浜口良光が中心になって木喰仏写真展を開催し、あわせて発掘陶片を展示した。

景福宮咸和堂

木喰仏は前年の一月九日、上京して柳の家にいた巧が小宮山清三所有の朝鮮陶磁器と八が岳や駒が岳の冬の自然とを見る旅に柳を誘ったことがきっかけになって発見された。柳が小宮山の家の文庫蔵に隠すかのように置かれていたものを見いだしたのである（柳、一九八四年、六三頁。式場、二六三〜二六五頁）。

また、一九二七年十月九日には、朝鮮の美術工芸品二千点を展示して招待会を開催した（『京城日報』十月十日夕刊）。さらに、一九二八年七月二十一日〜三十日には、李朝陶磁展を開催している（同、七月二十日、二十四日）。

話を一九二四年に戻すと、同年暮れから翌年正月にかけて、巧は伯教や、中国陶磁の研究家・中尾万三、陶磁研究家の小森忍らとともに、三島手の窯跡・鶏龍山と青磁の窯跡・康津を訪ねる旅をしている。そして、「窯跡めぐりを終へて」と題した報告文を同年四月号の『アトリエ』に発表した。この文章は柳宛の報告文という形をとっていて、当時の柳と巧の関係のありようを物語っている。

一九二五年七月、巧は柳夫妻や河井寛次郎らとともに丹波に木喰仏の調査に出かけた。巧と河井の妻のいとこ・大北咲との再婚話が出たのは、このときのことと思われる。

ところで、巧はその後も、さほど豊かではない財布をはたいて民芸品を買いあつめ、人に知られることもなく、朝鮮民族美術館の充実に努めていた。姉の小宮山栄はこう語っている。


母が、咲子さんをもらうとき、服がなさそうだからと、〔巧が〕靴をはいているとき、そおっとお札を入れて、「ちょっと新しい服を買って」と言ったんですって。その次に来たから、「洋服買ったか」と言ったら、「みんな骨董になった」と、そういうことを平気で言う。

わたしが大正十五年〔一九二六年〕に朝鮮へ行ったとき、十月の祝日に、〔巧は〕朝鮮の珍しいものが地方に売られていくのが惜しくて、こづかいをためて、買い物をして。兼子夫人の音楽会の利益をそこ〔朝鮮民族美術館〕に入れたんですが、巧は口が悪いから、「今度の兼子さんの興行はあたらなんだ」なんて言っていたことを覚えています。ちょうど、わたし四十日遊んでおりました。あるとき、わたしと母を鴨緑江の近くまで連れてったんです。悪いからわたしもお金を出したんですが、「勘定したら、よけいにもらって悪かった」って言うんです。残りは美術館に寄付しました。


巧は、柳たちが日本で行っていた日本民芸美術館設立運動〔日本民芸館は、最初、日本民芸美術館として計画されていた〕にも関心を寄せた。一九二八年三月、東京の上野で開かれた博覧会の会場に「民芸館コーナー」を作った柳は、このあと、それを大阪の山本為三郎の邸に移して三国荘と称した。巧はそのとき、柳を励ますために、わざわざ三国荘に出向いている〔柳、一九三六年、六頁〕。

このころの巧と柳の親しい関係を物語る、巧から柳に宛てた手紙が残っている。

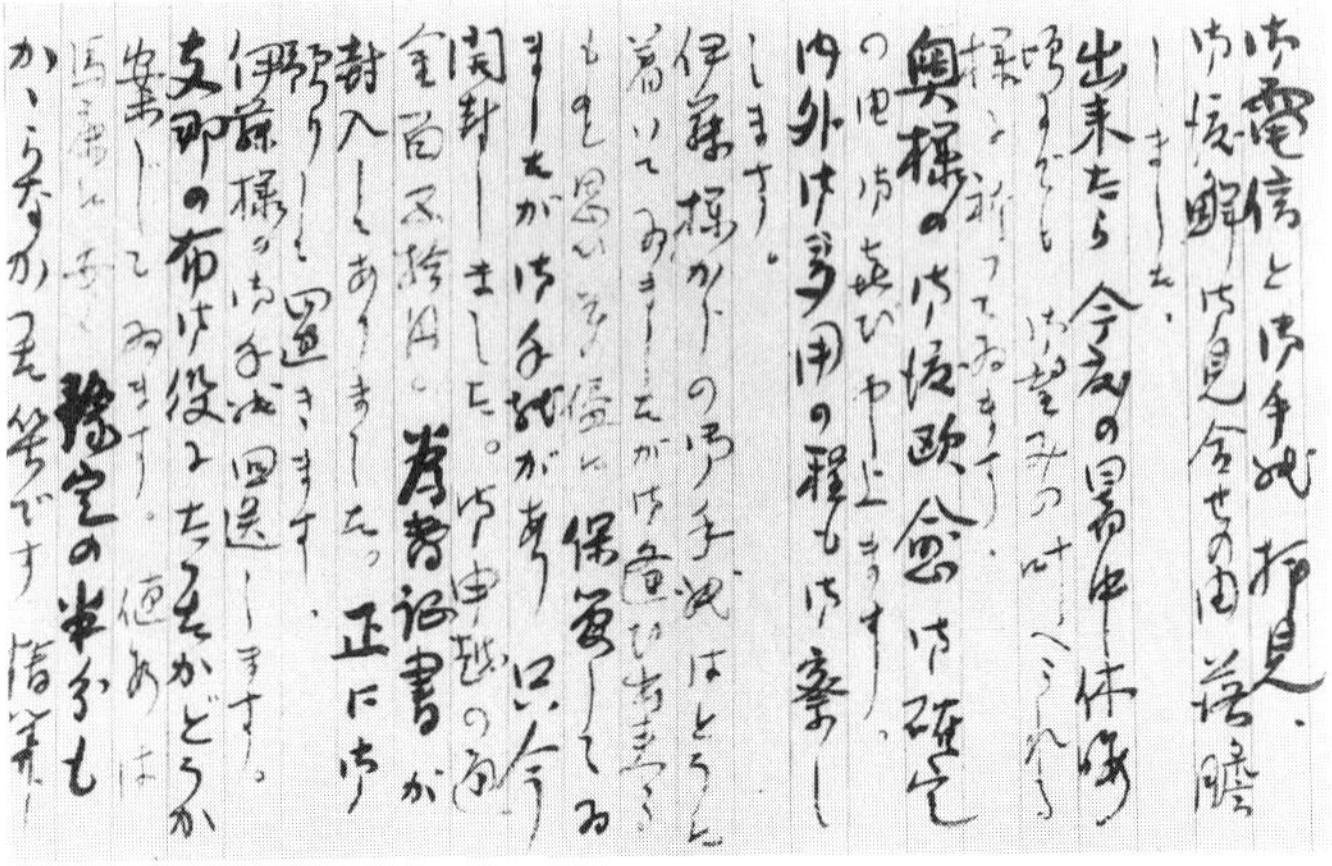

柳宗悦宛の書簡（1928年4月10日）

御電信と御手紙拝見。

御渡鮮御見合せの由落胆しました。

出来たら今度の暑中休暇にでも御望みの叶へられる様祈つてゐます。

奥様の御渡欧愈御確定の由御喜び申上ます。

内外御多用の程も御察しします。

伊藤様からの御手紙はとうに着いてゐましたが、御逢ひ出来るものと思ひ、その儘に保管してゐましたが、御手紙があり、只今開封しました。御申越の通金百五拾円の為替証書が封入してありました。正に御預りして置きます。

伊藤様の御手紙回送します。

支那の布御役にたつたかどうか案じてゐます。値段は馬鹿に安く予定の半分もかゝらなかつた筈です。精算は次便にて。

民芸美術館の品物沢山出来た由、どうかして拝観の機を得たいと思つてゐます。

家兄今昨日中に黄海道へ行く筈。小生春は毎年忙しい時季ながら、今年は特に多忙を極めしも、来週より楽になる見込。
今度御逢ひ出来なかつたこと、かへすぐも残念です。
伊藤様からの手紙にある石の鍋は、便宜小生から同氏宛に直接送つて置きます。
奥様へよろしく。
御一同様の御健勝祈上ます。
何れ近いうちに又手紙差上げ度く思つてゐます。

〔一九二八年〕四月十日夜　巧（一九九六年、二四四～二四五頁）

同じころ、陶磁器研究家の倉橋藤治郎の尽力によって、浅川伯教・同巧・柳宗悦と倉橋の共同研究「朝鮮陶器の研究」に財団法人啓明会から三千円の補助金が出ることになった。そして、『朝鮮李朝陶器』が朝鮮陶器刊行会の名で出される直前までいって、刊行されなかったことは前述のとおりである。ここで巧は、「李朝窯跡分布考」と「朝鮮陶磁名彙」を書くことになっていた（日本民芸館所蔵の「内容」ゲラ刷り）。

このころの柳と巧の交友はじつに頻繁であった。同年六月下旬には出張で東京にでかける巧が京都で柳と会い、ともに東上している。そして、七月中旬には柳が朝鮮に来て、二十一日から三十日まで巧らとともに、李朝陶磁器展を開催している。

李朝陶磁器展が終わった七月三十一日には巧宅で、柳主宰の「新しい村京城支会」の会合を行った。そして、八月四日には、巧は、伯教や柳、朝鮮に滞在中のラングドン・ウォーナー夫妻とともに鶏龍山の窯跡を訪ねている。

一九二九年三月、巧ははじめて本を出版した。『朝鮮の膳』である。詳しくは後述するが、これで、巧が調査・報告し、柳が理論的に整理しなおして書くというような形、たとえば柳が朝鮮の膳についての解説に、「私は此解説に於て畏友浅川巧君のよき報告に負ふところが多い」(一九二七年、五六頁)と書くような関係は終わり、巧は自分の調査結果を自分の筆で発表するようになったのである。柳がこの本の跋で、「文筆の道は、朝鮮に於ける君をもつと早く現してい、筈だつた」(一九八一年、六二三頁)と書いているのに共感する。

一九二九年四月二十三日、柳は欧州経由でハーバード大学に行く途中、京城で下車して巧と会った。これが巧との最後となった。

一九三一年三月十七日ころ、民芸運動家の外村吉之介が柳の紹介状をもって巧の家を訪ねてきた。そして、朝鮮民族美術館を見学していった。そのときの感想を、外村は次のように回想している。

博物館といえばそれまで、仰々しい品物が寒々とガラス張りの中に列んで、見る喜びに誘われたことは一度もないのに、ここは、どの品も裸かで棚にならべられ、互に呼び交しながら生々していた。陶器は徳利や壺のような日常の用品であるから、親しみぶかかったが、何しろ大した風格の品々であった。陶器木工品の変化にはことに驚いた。膳や四方棚や自在な形の棚るい、それが一緒に暮したい思いをそそるように、陶器の陳列と一つになっている。古い建築に一致したすべての統一、そして寂かさと清らかさにみちていた(一九七四年2、三九頁)。

巧は、急性肺炎で一九三一年四月二日に亡くなった。その後、朝鮮民族美術館の鍵は伯教の手に渡された。ときどき行われる掃除と風通し、見学に来る人のために弁当や茶菓を用意するのは、主として伯教の娘・牧栄と美恵子、そして巧の遺児・園絵の仕事であった（上杉、一九九七年）。大掃除を朝鮮工芸会の人びとが揃って行うこともあった。

伯教の絵描き仲間で、朝鮮の風物を描いていた加藤松林人は、朝鮮民族美術館について、次のように回想している。

ところでその緝敬堂に蒐集された民芸品ですが、これを何といって説明したらいいかについて私もはたと困りました。俗に古道具屋の店さきなどといいますが、この民芸館の内部はとてもとてもそんな生やさしいものではなく、一口でいうならば、そこには凡そ朝鮮の人たちの生活に付随し、生活の道具であったものは何んでも集められていたと言えばよろしいでしょうか。今の日本でいう民芸の常識、百貨店や民芸の店などにある品物は、なかなか民芸らしく凝ったものが多く、値段も実用品よりははるかに高いのですが、この民族美術館の品物は、そんな作られた民芸品ではない、ほんとに朝鮮の人たちが生活に使った品物ばかりで、従って、痛んだり破損したりしているものもざらにあり、むしろ纏ったものが少ないといっていい程に、その生活の垢がしみついております（蝦名、二七三頁）。

一九四五年八月、日本は戦争に敗れ、朝鮮南部にはアメリカ軍が進駐してきた。その当時の朝鮮民族美術館については、土井の証言がある。

民族美術館の物は、戦争中、緝敬堂から勤政殿の回廊の一部に保管替えをしたが、その中の小物の一部が、進駐軍の心無き人に荒らされたことがあったが、大したことはなく、浅川〔伯教〕さんの軍への抗議で、その後安全に保管されて居り、（中略）柳さんは早速日本進駐の米軍にウォーナー博士が来て居り、その安否を気遣っているよしで、同博士と連絡をとり、浅川さんの京城の居所や、美術品の保管場所、情況のあらましを話した。博士は柳さんの勧めで、翌日飛行機で京城へ直行したのであった（蝦名、二六四頁）。

その後のことは、後に韓国国立博物館の館長になった金載元が、「幸いに日本人柳宗悦氏が収集して置いた民俗資料が博物館〔元朝鮮総督府博物館か〕倉庫にあったため、それを移し、宋錫夏氏を館長にきめた。これが国立民族博物館で六・二五〔朝鮮戦争〕直後国立博物館に吸収されるまで存立していた」と証言している（『韓国新聞』一九七〇年三月二十八日）。

かつて朝鮮民族美術館が所蔵していた品物のうち具体的にどの品が韓国国立中央博物館に吸収されたのか、については長い間調査する人もいなかったが、六四頁で述べたように、三重県立美術館の土田真紀と大阪市立東洋陶磁美術館の伊藤郁太郎が調査した。そして、朝鮮民族美術館が作った所蔵目録カードが残っていることを確認し、倉庫に入って、壺や膳など、現物の一部を確認し、一九九七年秋に三重県立美術館で開かれた「柳宗悦展」で公開した。『浅川巧全集』三五九頁と三六〇頁とに出てくる冊卓子すなわち書棚や、四九四頁に出てくる狗足盤、五〇五頁、五〇九頁、五一五頁に出てくる海州盤、五二七頁に出てくる単脚盤などである。調査の進展が期待される。

最後に、巧がこの朝鮮民族美術館のためにいかに大きな役割を果たしたか、柳と安倍の証言を紹介する。

〔浅川巧『朝鮮の膳』の〕本文を読み挿絵を見るにつけても、特に此五、六年の事が思ひ出される。挿絵に入れた膳の大部分は実に君と僕とが「朝鮮民族美術館」の為に集めたものだつた。なけなしの金でお互にこまり乍らも、是等のものを保存したいばかりに力を協せてきたのだ。否、君の理解と情熱と努力とが無かつたら、何も成就しはしなかつたのだ。僕は内地にゐる事とて、凡ての厄介な事を君に負ふてもらつたのだ。将来蒐集された夫等の工芸品を見て悦んでくれる人が出るなら、何事よりも君の努力に感謝していゝのだ。或ものは古道具屋の、暗い片隅から君の眼によつて引きぬかれてきたのだ。或ものは山奥の民家から、君の背に負はれてはるぐ〳〵運ばれてきたのだ。或ものは生活に要る金を忘れて迄、支払はれた品なのだ。云はゞ君が生みの母だ（柳、一九八一年、六二二頁）。

巧さんが大正十二年来柳宗悦君や伯教君と協力して朝鮮民族美術館を設け、多くの価値ある工芸品を蒐集して、世間をして朝鮮工芸の価値を認識せしめた功労は、今更喋喋するまでもない。この事業に対しても巧さんの態度は実に無私であつた。尤品は皆これを美術館に寄せ、自分の持つて居るものには見所があつても傷の多い欠けたものが多かつた。かういう態度も今の世には殊に有難い態度であつて、学んでも中中到り得ない所であらう（安倍、一九三二年、二八九頁）。

なお、「尤品《ゆうひん》」（優れた作品）といえば、巧がかつて所蔵していた尤品のいくつかを『芸術新潮』一九九七年五月号の特集「李朝の美を教えた兄弟——浅川伯教・巧」が紹介している。その一つが「巧の面取壺」である（4、五〇～五二頁）。青花窓絵草花紋面取壺（口絵参照）で、巧が京城の鈴木骨董店で見いだした物。しばらく朝鮮民族美術館に陳列していたが、のちに遺族がほかに売却し、転々として（浅川伯教、一九五六年2、二五八頁）、安宅昭弥の手に入り、今は大阪市立東洋陶磁美術館に所蔵されている。内藤貧狂が一九四二年に、次のように書いているのはこの壺のことである。

久しく民芸館にあつた浅川巧氏旧蔵の秋草の壺は、先〔一九四一年〕秋の文明商店の展覧会で識者の注目の的となり一万五千円で売れたが、それに就て久志氏は次のやうに書いている。「半島の独創を示す最上のものこそ此の染付磁器である」（一三二頁）。

一万五千円は当時のレコードであった。

また、今は日本民芸館にある家型の水滴は、いったんアメリカに流出して、戦後、ボストンで柳宗悦が見つけて買ったものである。柳兼子は、そのときのことをこう証言している。

柳が「巧さんに会ったぞ」って。やっぱり「縁があるんだねえ」って。とても喜んでました。あれは巧さんが買って持っていたものですよ（一九七七年、四〇～四一頁）。

再婚

一九二五年十月二十日、巧は大北咲（咲子とも言った）と再婚した。咲は、一八九三年十二月十一日、

晩年の河井やす（右から二人目）と浅川咲（左から二人目）

大北茂右衛門・とくの長女として、京都市北区千本通りの今宮神社の近くで生まれた。大北の家は、古くから今宮神社の氏子代表で、山ももっていた相当の家柄であり煙草を商っていた。しかし、茂右衛門の代になって、煙草が専売になったうえに、丹波のマンガン鉱に投資して失敗した。また、茂右衛門が謡曲・能楽・茶の湯・生け花などに凝って生計をおろそかにしていたため、左まえになっていた。そのため、咲は妹たちとともに着物の仕立ての内職をして家計を助けていた（安田）。

一方、咲は京都府立第一高等女学校時代から、茶の湯を裏千家の円能斎に学び、後には、女学校時代の友人が表千家の家元の娘であったことから、表千家にうつって茶道に励んでいた。

巧が咲と結婚するようになったのは、柳の世話であった。一九二五年七月十二日、巧が柳や河井寛次郎とともに丹波に木喰仏の調査に出掛けたときのことらしい。このとき、柳から巧の再婚話が持ち出され、河井から妻・やすのいとこである咲の話が出た。巧は柳に任せるといい、咲は河井に任せるということで、見合い即、結婚式となった。

結婚式は、京都の柳の家で行われた。式は形式ばらずに、みな平服で、和気あいあいといっしょに食事をして終わった。巧は始めから終わりまで、にこにこしていた。そのときのようすを咲と河井やすの共通のいとこである安田貞子は、次のように表現している。

柳様が咲子様に御紹介の様なことをおっしゃいますと、とてもはにかんでいらっしゃいまして、本当に純真な神さまのような方だなあと感心してしまいました。咲子様も少しの不安気もなく全部浅川様におまかせして、何の心配もないという心の安らぎがお顔にも態度にも出ておりまして、本当にこんない丶結婚式などあるだろうかとうれしくなり、心からおめでとうと云いたくなる、とてもあた丶かい雰囲気でございました。

柳がこれほどまでに巧の結婚の世話をやいたのは、とりわけこの数年を二人でやってきた、という同志愛のようなものがあったからであろう。

巧は、結婚式のあと、園絵を迎えに山梨県龍岡に向かった。そして、京城に帰る途中、巧は園絵を連れて京都の咲の家に立ち寄った。園絵は早くも咲になついて巧を喜ばせた。咲が京城行きの準備をする間に、巧と園絵は一足先に京城に帰り、咲を迎える準備をした。

そしてまもなく、巧は園絵と姪の美恵子を連れて、京城駅に咲を出迎えた。巧は久しぶりに家庭生活を取り戻した。そのようすを上杉美恵子は伯教の家庭と比較しながら、次のように述べている。

〔伯教は〕食事をしているときも、空に手で壺の絵を描いてましてね。食事のときもしゃべると叱られる。よく外に出ていて、どこにいるかわからない。

咲子さんを京城駅に、巧おじさんと園ちゃんと三人で迎えにいったんです。それから休みのたんびによくおじさんの家に行ってました。おもしろい人でした。うちの父と違って、家庭を大事にしてましたね。食事のときもたいてい帰ってきていました。おばは料理がじょうずで、楽しい雰囲気でした。おばをからかったりしてね（一九七九年2）。

一九二六年十一月二十七日、巧と咲との間に女の子が生まれた。しかし、咲が出産直前に病気をしたためか、生まれてまもなく死んだ。巧がその前後のことを描いた手紙が残っている。「巧の手紙」ということで、『工芸』一九三四年四月号（浅川巧追悼号）に発表されたものである。

産児は脈のみありて呼吸全くなし。医師及産婆に於て手を尽したるも甲斐なし。手品師の如き医師の所作見守る時、創世記に於ける人間の創造にいそしまるゝ神様の芝居を見るが如し。そのうちに泣き出すかと思ひつゝ待てど、望みも空しく赤ん坊は次第に冷え行けり。

翌二十八日、簡単な葬儀が行われた。手紙は次のように続いている。

赤ん坊の遺骸は朝十時頃家兄及び同僚の親しき輩並に朝鮮の友人達に護られ、自宅より東方に距る約廿町の処、共同墓地に運ばる。

小生は看病の為不参なるも、墓は丘上のよき場所に選ばれたる由。墓の中に家兄が今度咸鏡北道にて焼き来りし小鉢に今日の日などを記して入れ墓碑銘に代へ、墓標も家兄に一任したるに、名なきを以て、「天使の人形の墓」と記したり。

手紙はさらに書きつがれて、この間の苦しい体験が次のように総括されている。

今回の出来事終始祈の心を以て事に当る。学ぶべき処多大。吾々の結婚茲に完成の感あり。更に半島に新しき墓を儲く、これ亦吾々の前途に於ける強き足台とならん。今に至り損失に優る恵みを感ず。若しお会ひ出来たなら事の次第、感想等にて話はつきざるべし。又後日物語り申上る折もあらん（一九九六年、二五五〜二五七頁）。

咲を思う心情と、悲しみを新たな決意に変える積極的な生き方がここにも現れている。二人は毎日のように墓に行って悲しみにくれた。そうした二人を立ち直らせてくれたのは、朝鮮人たちの温かいいたわりであった、と咲は語っていた（安田）。

ここで「半島に新しき墓を儲」けた巧の暮らしぶりをみてみよう。

巧はよく、朝鮮服を来て、街を歩いた。上杉美恵子は、そうした身なりの巧に、よく街で出会ったという（一九七九年1）。こうした巧の姿は、巧や伯教あるいは柳や朝鮮工芸会の人々がしばしば通った骨董屋・寸松堂の子供であった白鳥鳩三の目にも、印象深く焼き付けられている。白鳥は、ロバに乗って店に来て、奥の座敷にすわっていた朝鮮服姿の巧を半世紀が過ぎても記憶していた（一九八二年）。

洋服を作るときにも、朝鮮の服地を使った。彼は、鴨緑江上流の筏師の女房が夫に着せるために織った、市場には出さない麻布で、色は鼠色まだらの糸の太い、実に頑丈な、雑巾ほども厚さのある麻で洋服を仕立てて愛用していた（浜口、一九三六年、三〇〜三一頁）。

巧が朝鮮料理を好んで食べたことについては小宮山辰也の次のような証言がある。

伯教おじもそうなんですが、食べる物も、朝鮮食を好んで食べましたよ。〔清涼里に〕尼寺〔清涼寺といい現存する〕がありましてね。そこによく連れてってもらいましたよ。「これが五目飯だよ」なんていってね。自分で作って、いろいろ説明してくれたことも記憶に残っています。お咲さんも朝鮮のりや、こんぶをごま油で揚げたものをよく出してくれたですよ（1）。

住まいの様子は、義弟・浅川政歳が巧の死後にまとめた『浅川巧兄回想』と題するアルバムに書き込まれている間取り図が伝えている。オンドルの部屋があって、そこには朝鮮の棚が置かれていた。

こうした暮らしぶりをよく知る柳兼子は、次のように評している。

巧さんは朝鮮通でね。（中略）お兄さんよか巧さんのほうが、朝鮮語をよく勉強なすってたと思います。朝鮮人と間違えられるくらい。見たとこが朝鮮人みたいなんです。終始白い服着て歩いてらしたから。（中略）あの方はほんとに朝鮮人でした（一九八一年、八頁）。

「あの方はほんとに朝鮮人でした」という比喩は、巧がいかに深く朝鮮人のなかに溶け込んでいたかを、みごとに表現している。巧は愛妻家であり、子煩悩でもあった。種子の採集や養苗についての講演のために、彼はしばしば旅行したが、旅先からこまめに手紙を書いている。咲がしばらく実家に帰ったときにも、こんな手紙を書いている。

御手紙をよみて無事を喜ぶ。当方心配無用。内外多忙にて淋しきことなく不自由の生活も修業と心得れば尊き恵。地上遠く距《はな》れて我為に祈る者ありと思へば励まされもし自重の念も起る。夏に冬を慕ひ冬に夏をのみ思ふは愚者なり。夏ありて夏を楽しみ冬来れば冬を味ふ、この心を神は嘉《よみ》す。自然に於ける草木の如く正しき成長はそこにのみある。

旅行中無駄に暮さぬ様、子供の為にも自分自身の為にも充分留意を望む。今度帰宅したらば又数年は何処へも出られぬものと心得充分藪入の目的をも達するがよし。帰宅の期限は翌年三月中とし期日は龍岡とも相談の上適宜定めよ。自由開放の実験故すべて勝手たるべし。渼芹洞〔伯教の家のあった土地の名〕の母、日に増し元気づきつゝあり、御大典の行列拝観せしならん。今月はお陰で休日多き為倉橋〔藤治郎〕さん等の連もあり大いに窯掘をする心算なり。

〔一九二九年〕十一月八日　巧

離れて暮す淋しさよりも、殆ど体の距離に正比例して思ひの接近、心の触れ合ふことに喜を感じた し。心と心を接触せしむる秘訣は次の一事のみ。

相離るゝもの御互に勝手の思ひを懐くとせんかその思ひは宙を迷ひて接触することなし。故に心の宿所を一定するの要あり。御互に打合せを守らば思は常にその場所にて逢ふべし。その場所はすなはち神を辿るの途上にあり。常に心の休場をその途上に置かば迷子にならず廻り合ふべし。波長合へばラヂオで話が通ずるが如く吾々の意義を神の波長に合わせ置かば思ひは通ふ。如何なる思ひが先方に通ずるかを熟慮し通じさうな事柄を念ずる、これ修養の第一。右により波長整へ置かば日夜放送する朝鮮よりの便りすべて聴き取れる筈。

万事に無駄の心配をせず楽しく有益の日を過す様祈る。

十一月十三日　巧生

（二五三〜二五四頁）

「不自由の生活も修業と心得」、「我為に祈る者ありと思」って励まされもし自重もする巧の宗教的な気風や、「夏ありて夏を楽しみ冬来れば冬を味ふ」巧の流儀が、よく現れている。

これが園絵への手紙になると、一転してユーモアにあふれたものになる。差し出し年不明、六月十三日付け、全羅北道の全州からの手紙には、次のように書かれている。

咲と園絵

戯に書いて子供に送りし歌
　そのベーの歌
とうさんおるすのそのひまに
おとなしくして勉強し
少し偉くなつて見ませうと

幼な心にいきごんだ
　学校の戻りに遊ばずに
　帰つて見たら小包が
　旅の父から届いてた
　これこそ褒美と微笑する
　開いて見たら驚いた
　丁寧に包んだその中は
　よごれたシヤツやハンカチや
　瓦や瀬戸かけがあらがら
　　待ちに待つたるその夕に
　　とーさん帰つて来はしたが
　　土産も褒美も何んもない
　　朝鮮鬚面にーやにや

（二五九〜二六〇頁）。

巧は、父の伯教が留守がちであった姪の牧栄や美恵子にもやさしかった。鈴木牧栄は、「巧おじさんは、わたしを父以上に可愛がってくれたんですよ。きっと、おじさんが、子どものとき、父の顔を見ないで育ったからでしょうね」と語っている（一九七九年）。

しかし、巧が可愛がったのは、娘や姪たちだけではなかった。彼は、朝鮮の子供たちに対しても優しかったのである（後述）。

五　一九二二～二三年の日記から

日記発掘の経緯

『工芸』浅川巧追悼号（一九三四年四月号）に掲載された土井浜一「巧さんの仕事の跡」を見ると、巧が創作や日記を残していたことは明らかであった。しかし、それについて調べようとする人はいなかった。

そうした中で一九八三年四月に、浅川巧の日記の一部が現存していることを私に教えてくれたのは、『朝鮮終戦の記録』の編者として知られる故・森田芳夫であった。私は、森田に連れられて日記の所有者であったソウル在住の金成鎮に会って見せてもらった。一九二二年の一年分と二三年の七月・九月分、それに同年九月・十月に書かれ「朝鮮少女」などと名付けられた日記ふうの随筆数点であった。伯教が描いた巧のデスマスクもあった。金は、朝鮮の解放＝日本の敗戦直後、伯教から日記を譲り受けた、とのことであった。

その後、私は遠慮がちに日記の複写を頼んだが、金は許してくれなかった。しかし、「家財道具を打ち捨てて命からがら避難した朝鮮戦争のときにも、この日記を背中に背負って避難した」という話を聞くと、その気持ちも分かるような気がして、それ以上無理強いするような気にはなれなかった。

草風館の内川千裕が、「『浅川巧全集』を出したい。ついては日記を収録したい」というので、一九九六年一月、久しぶりに韓国を訪ねた私は、金に複写を許してくれるように再び依頼した。すると、金は「しかるべきところが保存してくれるなら、日記は寄付をしてもよい」と言うではないか。

この消息を浅川巧の故郷・高根町に伝えると、高根町は喜んで受贈するという。こうして日記（日記ふうの随筆を含む）とデスマスクは高根町に寄贈された。高根町では数年内に、町立の資料館を建てて、縄文遺跡出土品展示室とともに浅川兄弟資料室を開設する計画を進めている。また、日記は、同年十一月に草風館から出版された『浅川巧全集』に全文収録された。

なお金は、寄贈にあたって「日記入手の経緯」を書き添えている。「反日感情」のいまだに強い韓国で、日本人の日記の価値を認め、今日まで五十年間保管し続けてくれた金成鎮への感謝の気持ちを込めて、全文を紹介することにしたい。それによって、一人の朝鮮人が、会ったこともない巧に対してどのような思いを抱いていたかも知ることができる。


一九四五年（昭和二十年）九月下旬、ソウルの街は、解放の感激から未だ覚めきれない韓国人と、戦勝国米国の進駐軍、敗戦の衝撃に打ちのめされた日本人達の本国引き揚げを急ぐ慌ただしさ、これらがごっちゃになったざわめきが巷に沸き返っていた。

一日一夜が歴史のひとこまとなって、目まぐるしく動く歴史の本流の中で、私は独りこれらの騒ぎをよそに、好きな美術品を手に入れることが出来るかもしれないという望みに駆られて、毎日毎日骨董屋巡りに明け暮れていた。幸い、ふところには三菱電機からの退職金（解放と共に自動的に退職となった。

三十三歳）とそれ迄の貯蓄など合わせて相当な金があった。

そうしたある日、汲古堂という骨董屋で品のある白髪の老紳士に巡り合った。話して居るうちに計らずもその老紳士は、浅川巧先生のご令兄伯教先生であったのである。

韓国の工芸をこよなく愛し、それにもまして、韓国人を温かく愛した浅川巧先生を日頃尊敬して居た私は、驚くやら、喜ぶやら、時の立つのも忘れて話が弾んだ。

伯教先生は、私が古陶磁器蒐集に熱を上げて居るのを知って、明晩自宅に寄るようにと言われた。当時先生は、渼芹洞という韓国人居住地域で韓国式家屋に住んで居られた。

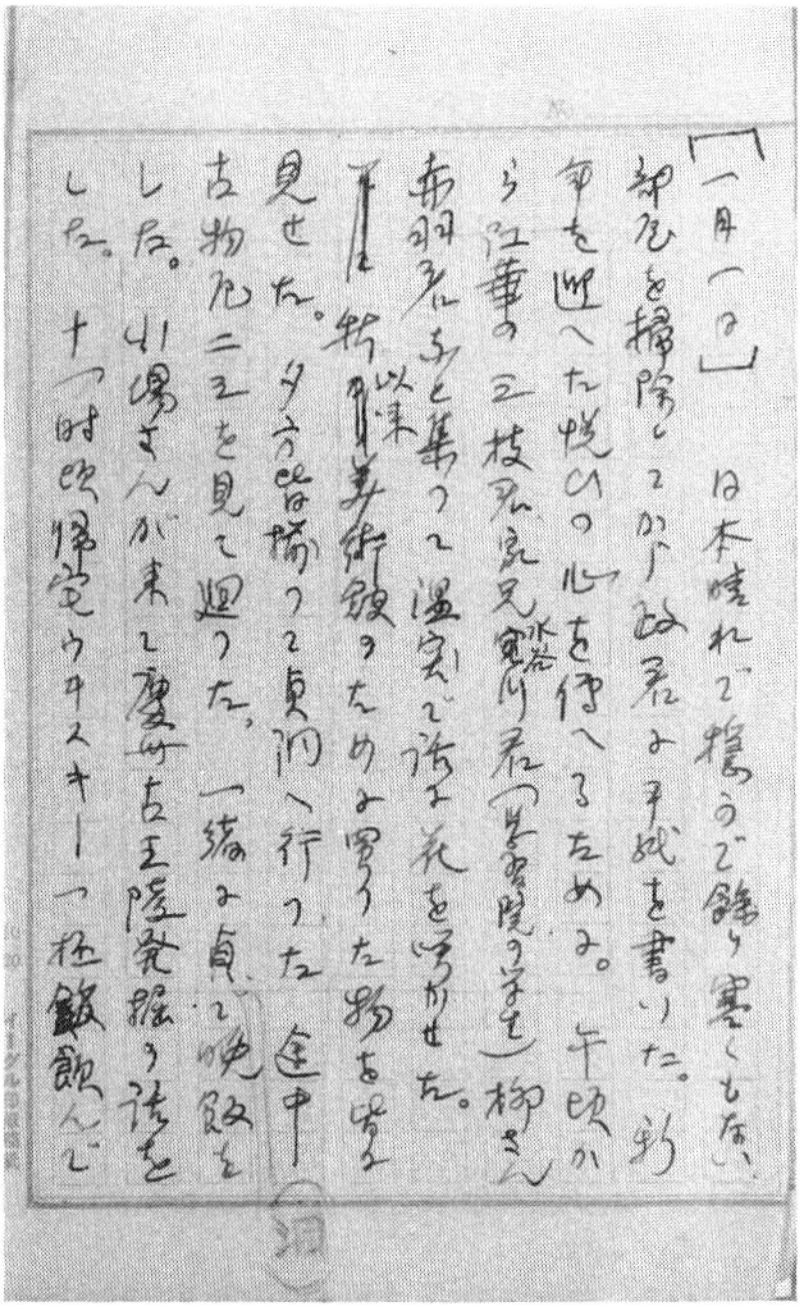

大正11年（1922）1月1日の日記

約束通り翌晩、伯教先生のお宅を訪ねたところ、白い毛氈を敷いた部屋に招じ入れられ煎茶をすすめられた。話題は、やはり李朝の陶磁器と工芸に関する事で、またまた長話しとなり、七時に訪問して十一時近く迄話し合ったように思う。別れ際に「お目の高い先生の所蔵品の中で譲って頂ける物がありましたら」と申し出たところ、しばし考えられた末、奥に入って行かれた。

やがて持ち出されたのは、李朝十

角面取祭器であった。その祭器は、面の取り方の力強さといい、特異な形といい、類い稀な珍品であった。惜しむらくは、大きなひびが一つ入っていたが、私はそれを気にもかけず、譲って頂くことにして、値段を訊ねた。すると先生は、「まぁー、売るとなれば二千円は取らねば」とおっしゃった。私は心の中で、五百円か？千円か？もっと高くて千五百円か？と値踏みして居たが、一文も値切らず、その場で、快く懐から金を差出して祭器を買い受けた。（因みに、当時の二千円は部屋が四つ位ある韓国式瓦屋一軒の値段であった。）

伯教先生は、何を思ってか、又奥に入って行かれ、李朝の小物二点を記念にと下さった。有難く頂戴してお宅を辞そうとした時、又もや一寸待つようにとおっしゃった。やがて、奥から出て来られた先生の手には、原稿の束と紙袋があった。何だろう？と訝って居る私に、「お待たせしました。これは弟巧の日記と、私が描いた弟のデスマスクです。これを貴方に上げます。ぜひ引き取って下さい。」と改まった口調でおっしゃった。私は、いささか当惑もしたが、見込まれたことに喜びと責任を感じ、日記とデスマスクの絵を大事に受け取って、ねんごろに挨拶の言葉を述べ、伯教先生のお宅を辞した。これが浅川巧先生の日記を入手したあらましである。

その後、一九五〇年（昭和二十五年）六・二五事変（韓国動乱）のため、家財道具を打ち捨てて命からがら避難した折にも、この日記を浅川巧先生の御霊と思って、貴重品と共に背中に背負って釜山に避難した。

巧先生に私はお目にかかった事もなければ、直接恩顧を蒙った事もない。然し、韓国を愛し、韓国の土となった尊敬する巧先生の日記を護り続けたことは、浅川巧先生へのせめてもの手向けとして、当たり前のことを韓国人の一人として為したに過ぎないと思って居る。

過酷な日本帝国主義の植民政策の下、しいたげられた被圧迫民族に対して、温情を注ぐことさえも日本の官憲ににらまれる事であった時代に、韓国人を心から愛して下さった巧先生は、泥池に咲き出た一輪の白蓮と申すべきである。その崇高な人類愛の精神は先生を知る韓国人の胸の中に永遠に生き続けることを信じて疑わない。

この日記とデスマスクの絵を、浅川巧先生の研究に打ち込んで居られる高崎宗司教授を通じて巧先生の故郷にお贈りするに当り、改めて、浅川巧先生のご冥福をお祈りし、合わせて、その遺徳によって韓国と日本の両国民が、お互いに理解し、尊重し合って、本当に仲の良い隣国として平和に幸福に暮らして行くことを切に望むものである。

一九九六年（平成八年）二月末日

金成鎮・代筆　妻・安貞順

（浅川泊教・巧兄弟を偲ぶ会、第二号、一九九六年十月）

巧は、「泥池に咲き出た一輪の白蓮と申すべき」人、まさに妙好人であったのである。

朝鮮人虐殺への批判

一九二三年という年は、日朝関係史において、関東大震災時の朝鮮人大虐殺事件で記憶されている、といっても過言ではない。日本軍や警察そして自警団が、朝鮮人が放火をしているなどの噂を流し、六千人以上の朝鮮人を虐殺したのである。そのとき巧は、その事態をどのように受け止めたのだろうか。

巧は、九月十日までに山梨県に住む義弟・浅川政歳の手紙によって、「東京の大地震の災害は実際の災害の十分の一に過ぎない。他は地震のためでなくて不逞鮮人の放火による火災のためであると伝へられ、東京及その近郊の日本人が激昂して朝鮮人を見たらみなごろしにすると云ふ勢ひで善良な朝鮮人までが大分殺されつゝある由」という事実を知らされた（一三〇頁）。

巧は、「そのこと」を九日、柳宗悦の義弟で朝鮮総督府の高官であった今村武志からも「まだ発表していないが」とことわって聞かされた。

それらの情報に接した浅川巧の反応は、次のようなものであった。

自分は信ずる。朝鮮人だけで今回の不時の天変につけこんで放火しようなんと云ふ計画をしたものでないと。寧ろ日本人の社会主義者輩が首謀で何も知らない土方位を手先きに使つてしたこと丶思ふ。一体日本人は朝鮮人を人間扱いしない悪い癖がある。朝鮮人に対する理解が乏しすぎる。（中略）自分はどうしても信ずることが出来ない。東京に居る朝鮮人が窮してゐる日本人とその家とが焼けることを望んだとは。

そんなに朝鮮人が悪い者だと思ひ込んだ日本人も随分根性がよくない。

よく〳〵呪はれた人間だ。自分は彼等の前に朝鮮人の弁護をするために行き度い気が切にする（一三〇～一三一頁）。

九月十一日、巧は場長室に呼ばれて、場長から次のように命令された。「今回の東京での災害について朝鮮人の或者のとつた態度は同情の余地絶対に無い。かりそめにも同情するが如き様子があつてはならん。彼等鮮人の反省を促すためにきびしく責めなくてはならん」。

　この日、巧は日記に次のように書いた。


かゝる場合にとるべき正しき最も神の旨に叶ふ道を示して貰ふために祈り度い。

自分などの力で出来ることで何か役に立ち度く思ふ。

朝鮮人に対し「一体この頃少し政府があまやかし過ぎた。今度こそ元の通り引きしめて御して行かなくてはならん。朝鮮人は今度こそ世界の同情もなくなつた。頭を擡げられない様に押へつけられても文句は云へない。少し塩づけてやる」と云ふ意見は多いらしいが、これには同意できない（一二三五頁）。


　巧の「何か役に立ち度く思ふ」という積極的な態度、上から与えられた公式見解に対するはっきりとした拒絶と、官憲の流した噂や宣伝にのった場長や大虐殺に加担した多数の日本人の朝鮮人観と歴然とした違いは、情報が統制されていたときだけに、いっそう鮮やかである。

　そのころはまた、一九一九年に起こった三・一朝鮮独立運動をきっかけにして、朝鮮総督府が、統治方針を「憲兵政治」から「文化政治」へと転換していた時期でもあった。しかし、警官を増員して朝鮮人の独立運動を弾圧し、朝鮮人の文化を破壊するなどして日本人への「同化」を迫るという点で、根本的な変化はなかった。浅川巧は、それらがもたらすものについても、一九二二年六月四日に書いている。

　少し下ると朝鮮神社の工事をしてゐた。美しい城壁は壊され、壮麗な門は取除けられて、似つきもしない崇敬を強制する様な神社など巨額の金を費して建てたりする役人等の腹がわからない。山上から眺めると景福宮内の新築庁舎〔朝鮮総督府庁舎〕など実に馬鹿らしくて腹が立つ。白岳や勤政殿や慶会楼や光化門の間に無理強情に割り込んで座り込んでゐる処はいかにもづうくしい。然もそれ等の建物の調和を破つていかにも意地悪く見える。白岳の山のある間永久に日本人の恥をさらしてゐる様にも見える。朝鮮神社も永久に日鮮両民族の融和を計る根本の力を有してゐないばかりか、これから又問題の的にもなることであらう（八〇～八一頁）。

それから約二か月後の八月七日、巧は柳から「光化門を弔うための原稿」（「失はれんとする一朝鮮建築の為に」と題して九月号の『改造』に発表）を受け取った。巧は「なかくよく書けて居る。これを読んだら誰れでも朝鮮に対する同情、人類的の愛が怯えると思ふ」と日記に記した。巧の怒りは柳の怒りでもあった。そして、九日、『東亜日報』社に行って、「張徳秀氏に置手紙して例の原稿も置いて来た」（一一二～一一六頁）。『東亜日報』は同月二十四日から二十八日にかけて、それを翻訳して紹介した。一九二二三年十月六日、巧は日記風の随筆として、「副業品共進会」についての感想を書いている。

朝鮮の工芸品にも改良の余地は沢山あると思ふ。然し朝鮮在来の手法を廃めて直ちに日本式の手法を採用することは改良でなく破壊である。木工でも焼物でも日本式のものと在来のものとの味をよく考へて見るがいゝ。霄壌の差である（三六二頁）。

これらの指摘は、単なる朝鮮神社（後の朝鮮神宮）の建設に対する評価や副業品の製造に関する判断を超えて、日本の朝鮮支配というものが「朝鮮」そのものの「破壊」につながっていることを鋭く突いたものであった。
　巧はいわゆる「危険思想」の持ち主でもあったようだ。たとえば次のようなことを書いているからである。

景福宮は大院君でなければ竣工しなかつたであらう。偉大な建築は偉大な人間によらなければ出来ない。明治神宮にはどこにも偉大さを見ることは殆んど出来ない（一二一～一二二頁）。

日本は大東京を誇り軍備を花にかけ万世一系を自慢することは少し謹しむべきだと思ふ（一三三頁）。

林の涼しい処で星加、高市両君と落ち合つた。二人は若い予備少尉だけに軍人や軍隊の話をした。軍隊に関した話は一体興味がないのだが、気持の具合で妙につり込まれ相槌を打つたり喋つたりして思はず雑談に時を過した。星加君は云つた、「今度戦争があつたら金鵄《きんし》勲章を得るか死ぬかどつちかにする覚悟だ」。彼は真面目に時々このことを語る。
僕は云つた、「君が金鵄勲章を貰つて凱旋する時、僕は非戦論者の故を以て監獄に居るであらう」。これだけは僕の本音だ（一二八頁）。

略奪的林業への批判

浅川巧は一九二二年一月十九日の日記の中で、次のように書いている。文中の「戸沢博士」というのは、戸沢又次郎で林業試験場の場長である。

事務所に出て砂防植栽に関する試験調査事項を考へた。腫物の化膿した皮膚を膏薬で被ひ、壊れた温突を張りくるむ様の治山事業所謂砂防工事を主とした事業には賛成しない。山と植物の生命に助勢して山林を発育さすことを眼目にした仕事でなければ朝鮮の山は救われないと思ふ。従つて試験調査や自然現象の観察もこの方面に留意し度い。今迄の工事を眼目とした砂防工事には賛成出来ないと云ふて戸沢博士の気に触れたが、自分の主張の云ひ足りない処を仕事で現はし度く思ふ。正しいことでも主張を持して争ふことには不純がある（一七頁）。

巧は、「従来の砂防造林やその工事には随分自然と縁の遠い仕方が多い。自然が告げた方法を実証して見たい」（四〇頁）と思ったのである。しかし、戸沢は巧に対して、三月三十一日、砂防植栽をやめるよう命令してきた。それに対して、巧は、「現場へ出ても来ないで折角油が乗つて仕掛けてゐる仕事を止めろとは不都合だと思ふ。そのために俺は事業の計画書を出して印を取つてある。そのことも忘れてゐるらしい。兎に角予定通り進行させて行く。後は後のことだ」と決心して、それを日記に書いた（四五頁）。

そして、四月七日には、「彼等には自然の或物を握らう、不思議を解ふ、活きた力に触れ様と云ふ欲求が殆んどない。学校で習つた人形の様の知識を弄んで偉がつてゐる。一体何学校を卒業したと云ふことを看板にして飯を食はうと云ふ考へが救はれない考へだ」と改めて戸沢らを批判している（五〇頁）。それから約半年後の九月十一日、巧はついに結果を見せて、場長を納得させた。

場長の実行の結果を見た今日は機嫌よく同意して居た。現今行はれて居る芝張工事は全く土木工事であつて林業のためにする砂防植栽の地拵でない。林業家の行ふ砂防は地盤と植物との関係から這入つて植物の生存によつて地盤を安泰にし土壌を肥やす様にしむける方法をとるべきで、矢鱈杭を打ち込んだり石垣を積んだり芝を張りつけたりして、階段工事が水平だとか何とか云ふて全く土方か職人の仕事と心得て居る者が多い（一六一〜一六二頁）。

それより前の八月二十九日の日記には、王子製紙の藤原銀次郎社長の晩餐会に呼ばれたときの感想を綴っている。

彼等はこれから朝鮮の国境の森林を、ねらつて居ることは明かだ。北海道も彼等によつて裸かにされた。樺太だつてもういくらも余さないだらう。それでこれからは鴨緑江上流から西比利亜《シベリア》に見込をつけて居るだらう。（中略）

兎に角あんな工業は森林を荒らすにきまつて居る。此処十数年で朝鮮の森林をも松毛虫の様に食ひ尽すであらう。製紙事業は今の世に必要にきまつて居るから利用するのは一向差支へないが、これにとものふて跡地の荒れない様の斫伐法と森林が永続する様の造林法が実現されることが必要だと思ふ（一四八～一四九頁）。

巧は七十年以上も前に、今のことばでいう「持続的開発」の必要性を説いていたのである。なお、巧が憂慮したとおり、一九三五年春、藤原は京城（後、吉州に移転）に北鮮製紙化学工業株式会社を創立して略奪的「開発」を行なっている。

朝鮮の美術工芸のために

日記（随筆ふうの日記も含む）は、浅川巧がいかに日本の朝鮮文化政策に根本的な批判をもっていたかを明らかにしている。彼は、一九二三年十月六日に書いた「副業品共進会」を「共進会のすべてが朝鮮の破壊である気さへする」（三六一頁）と批判している。なぜなら、共進会によって、かつての王宮・景福宮にある「李朝石彫の代表作とも云ひ得る獬豸《かいち》は生れながらに与へられた座を奪はれてしまった」し、それは「光化門の毀たれる前兆」と思われたからである。そして、新築された朝鮮総督府の庁舎を「俗悪なことは云ふまでもないが余りひどいので見る度毎に腹が立つ」と書いている（同上）。また、参考館に展示された日本の作品を見て、「朝鮮の作品が此の参考品の様になることは朝鮮の破壊である」と言い切っている。さらに、会場のふんいきについても、「いかにも日本人だけでしてゐる共進会と云ふ気がする。そして巡査、巡視、消防手、監守など名と服装だけ変つた見張り人が鼻をつき合はす程に入り込んでにらんでいる」とこきおろしている（三六二頁）。

最後を次のように結んでいるのは、巧らしい、積極的な生き方の現れているところである。

もっと落ちつきのある、和らぎのある、しかも朝鮮の産業に意味を有する会をしなくては駄目だ。民族美術館はいつか新らしき工芸品についての会もしたらい丶と思ふ（三六二～三六三頁）。

日記は、巧がいかに熱心に窯跡めぐりや骨董屋めぐりをしていたかも記録している。窯跡をめぐって陶器の破片を集めたのは、「焼き物の時代を知る参考」にするためであった。日記には、柳宗悦らとともに行った冠岳山の窯跡めぐりや、友人たちと行った水落山の窯跡めぐり、伯教や加藤灌覚と行った蒼洞近くの窯跡めぐりなどが記録されている（一一頁、一七七～一八一頁、一八九～一九一頁）。

巧と同様の方法によって、はじめて李朝陶磁器史の時代区分をし、「朝鮮古陶磁の神様」として知られたのは兄・伯教であるが、その影には弟・巧の協力があったのである。一九二二年八月六日の日記に次のような記述もある。

兄は『白樺』の原稿〔「李朝陶器の価値及び変遷に就て」〕を書いて居た。兄の書いて居るものは問題はよし考へ方もい丶が、時が迫つて居るので書き落しのために出した後で後悔することも多いと思ふ。少し手伝つて読んでやつたりした（後略）（一一一頁）。

後の『朝鮮陶磁名考』につながる研究を始めていたことも、日記によって確認される。一九二二年八月二十六日には、「午後は家に帰つて朝鮮焼物名彙を拵えた。これは訂正増補して行つたら焼物の分類上便利だと思ふ」と書いている（一四二頁）し、翌年七月二十日には、『李朝窯芸品名彙』を書き上げたことを記録している（二三八頁）。一九三一年四月に巧が死んで九月に『朝鮮陶磁名考』として出版されるまでの八年近く、原稿はたびたび加筆訂正が行なわれたことであろう。

巧が骨董屋をめぐって、自分の金で、あるいは借金をしてまで優れた作品を集め、その多くを人に知られることなく朝鮮民族美術館に収めていたことも明らかになった。一九二二年一月十二日の日記には、こういうことが述べられている。

午近い頃から柳兄が来たので二人で美術館の物品の整理をして「チゲ」（背負子）を傭つて送り出した。僕が此の家を立ちのかなければならんために嘉納家の一室に預けるのだ。美術館の計画が具体的になつてから満一年だが、その間にぽつぽつ持ち込んだものが実に二十「チゲ」と荷車一台あつた。僕の部屋も荷を出したらすきく〵して淋しくなつた。僕の四五年間の蒐集品も美術館に加へたので何となく淋しさと身軽になつた愉快さを感じた。淋しさを自ら慰めるためには使用し馴れたり又特に好きな数点を預かつて身近に置く様にした（一三～一四頁）。

彼にとっては、自らの物も神様から「預かつ」たものであった。

五月二十三日の日記には、「美術館のためにも本や壺を買つて昨日貰つた俸給を全部遣つてしまつた」とあり（七四頁）、六月二十一日の日記にも、「骨董屋等が来て今日貰つた俸給の大部分を取つて行つてしまつた。然しこれで借金の大部分がなくなつた訳だ。去年の暮三百円近い借金があつたのを済し崩した訳になる」（八八頁）と書いている。朝鮮民族美術館のために、彼は文字どおり、なけなしの金をはたいていたのである。

朝鮮および朝鮮人へのまなざし

浅川巧が朝鮮をどのように見ていたか、どのような朝鮮人と、どのように交友していたか、日記はそれらのことを今まで以上にくわしく教えてくれている。

朝鮮の風物に対する巧の優しい目、朝鮮の民族文化に対する励ましの声は、日記のいたるところに出てくる。たとえば、一九二二年一月二十八日、旧正月の日記の次のようなところである。

道へ出ると美しく着飾つた子供達が喜々として往来してゐる。朝鮮人の子供の美しさは又格別だ。何となく神秘の美しさがある。今日は何となく朝鮮の天下の様の気がする。この美しい天使の様の人達の幸福を自分達の行為が何処かで何時か妨げてゐたら神様どうか赦して下さい。俺の心には朝鮮民族が明瞭に示された。彼等は恵まれてゐる民族であることも感じられた（二〇頁）。

そして、次に引用するのは、それぞれ同年六月十二日、八月六日、十一月八日の日記の一節である。

朝鮮人の旅芸人の踊や軽業や人形使ひを見に行つた。原始的で粗野でゐて何処かい、処がある（八四頁）。

朝鮮人の大勢は川原で飲み食ひして太鼓や鐘を鳴らして踊り狂つて居た。実に愉快さうだつた。僕も一緒に踊り度い様の気分になつて見とれた（一一二頁）。

田添氏と京城に出て公会堂の雅楽の会へ行つた。（中略）民族の歌よ、盛になれ。民族よ、これ等の楽を復興せよ。王を護つた調べは民族を励ますであらう。王の動駕の曲はそのまゝ民族の進展の曲になれ。高麗の軍中楽は民族奮起の楽になれ。賀宴舞踏の曲を民族打揃つて奏する平和の日よ来れ（一九六頁）。

柳宗悦が朝鮮の美を「悲哀の美」と見たのとは対照的である。

巧の優しい目は、風物に向けられただけではない。ごくふつうの朝鮮人に対しても向けられた。そして、それは何の努力もなしに注がれたごく自然の眼差しである。その点こそが、柳宗悦や安倍能成が、わかっていてできないことであった。

妻を亡くして一時、独身に戻った巧を慰めてくれたのは、同僚の、姓は不詳、名は点釗の一家であった。巧もまたその一家を愛していた。

夜は点釗の母と三人の妹が来てシヤツやズボンの手入れをして呉れた。暖かな温突に女達が頭を灯火に集めて静かに針を運ばせてゐる。俺の家族の様な気がする。平和だ。温かい家庭の他何も知らない朝鮮の娘達マルタ、マリアよ、朝鮮を救ふ力は御身達にある様な気が何となくする（二一八頁）。

巧は六月十九日、点剣一家や尹某、同僚の高木五六とで共同生活をする相談をした。その後、点剣は、易者に占ってもらった結果、方角が悪い、ということで計画への参加を取り止めたが、かわりに朝鮮人の若者、姓は不詳、名は三福が加わることになった。彼について巧は次のように評している。

朝鮮人はなまけものだと評する人があつたらその人はこの三福を見たら即座にその評を訂正しなくてはなるまい。俺はこの外にも勤勉な朝鮮人を多く知つてゐる。自分は朝鮮人の前途に望みを嘱してゐる（一一二四頁）。

巧は自ら下人用の下房に住み、三福を主人用の内房に住まわせた。

巧はいつも虐げられた朝鮮人の味方であった。一九二三年の九月末あるいは十月はじめに書かれた日記風の随筆「朝鮮小女」には、次のような感想がある。

共進会に二十日余り通つてゐる間に看守の朝鮮小女と仲よしになつた。僕の姿を見ると集つて来る小女等が七、八人あつた。彼女等ハ大抵十五六才で二十になつたものはゐなかつた。高等普通学校〔女学校にあたる〕を卒業した者や中途で廃めたものが多いので日本語もよく解つてゐた。

彼女等は二三人づゝ集つてよく日本人の女看守や守衛に対する不平を話し合つて居た。又実際日本人の態度は僕等から見ても腹の立つ様なことが多かつた（三九三頁）。

日記には、朝鮮史に名を残した有名人も出てくる。たとえば、数少ない民族紙の一つであった『東亜日報』の社長・金性洙である。巧は金の家の庭作りを知り合いの植木屋に頼んでやった。そして、自分の家の庭の木や野草もやった。そのお礼に、一九二二年四月二日、金は巧を朝鮮料亭に招待している（四七頁）。

青年運動の指導者の一人で『東亜日報』の「創刊の辞」を書いた張徳秀には、柳の原稿「失はれんとする一朝鮮建築の為に」を届けている。『東亜日報』に翻訳し掲載してくれるように依頼したのだろう。

廉想渉（中央）

一九二二年一月十六日には、柳や詩人・呉相淳、小説家・廉想渉とともに南宮の墓参りに行っている（一五頁）。天才詩人と言われ、朝鮮の政治や芸術についての論文も発表していた南宮璧は、一九二一年に亡くなっていたのである。

若き日の文豪・廉想渉、詩人・呉相淳、詩人・卞栄魯、哲学者・金万洙ら、文学結社・廃墟社同人たちの名は、一九二二年から二三年にかけての日記（日記風の随筆を含む）に出てくるだけでも数回に及ぶ。

総督府の博物館に行つた。柳、小場、水谷川、金、卞、呉諸兄と一緒に博物館を見た（一九二二年一月六日、一一頁）。

柳、金万洙、呉、廉諸兄と南宮君の墓参をした（一九二二年一月十六日、一五頁）。

南宮君の碑の件で卞君に会つた（一九二二年三月九日、三六頁）。

金万洙君が友達を連れて来て苗圃で会つた（一九二二年九月十九日、一六九頁）。

支那人の家で食事をして出ると酒幕に居た呉君が僕を見つけた。連中は金、廉、卞、呉の四名だった（一九二三年九月二十三日、三九二頁）。

夜、呉、廉、卞の三君来り音楽会についての打合せをした（一九二三年九月末あるいは十月はじめ、三九五頁）。

なお、『廃墟』の同人たちは、「日帝によって廃墟化された祖国を取戻し、そのうえに万象が新しく咲きいずる活気に満ちた『国権の復活』を誓って雑誌の標題を『廃墟』にした」と言われている（金浮東、九四頁）。

六　朝鮮民芸の美論

愛と智慧の書――『朝鮮の膳』

巧は生前、『朝鮮の膳』を著し、死んだ直後に『朝鮮陶磁名考』が出版された。そして、一九七八年、蝦名則によって『浅川巧著作集』（全三冊、八潮書店）が編集されたときに、論文などを集めた『小品集』がまとめられた。著作は三冊あるといってもいい。

『朝鮮の膳』は、一九二九年三月、民芸叢書の第三編として、東京の工政会出版部から刊行された。同部は、技術者の地位向上、工業教育の振興などに縦横の手腕をふるい、古陶磁器鑑賞家としても名をなしていた倉橋藤治郎が主宰していた。『朝鮮の膳』では、原色版に当時日本一の名人といわれた半七製版の田中松太郎の手を煩わせた（笠原）。

この本は、その後、稀覯《きこう》本となり、古本屋では数万円という高値がつけられるようになった。一九七八年に『浅川巧著作集』に収められ、影印本が印行された。そして、一九九六年には『浅川巧全集』（草風館）に再録された。

この本を開くと、まず、祖父・故四友への献辞がある（一二五頁参照）。

そして「序」があるが、そこで巧は次のように書いている。

その日常生活に私を近づけ、見聞の機会を与へ、私の問に親切に答へて呉れた朝鮮の友、数へきれない程多数の方々を一括して茲に謝意を表し、尚親しみの一層加へらる、ことを希つて歇《や》まぬ（一九九六年、四〇五頁）。

この本は四友の慈愛と朝鮮の友との交わりの中から生まれ、彼等に捧げられたものであった。戦前の日本人の書いた本の「序」で、朝鮮人に対してこのような謝辞と希望を述べた例を、わたしは他に知らない。

巧はまた、「序」の中で、本書刊行の目的を次のように述べている。

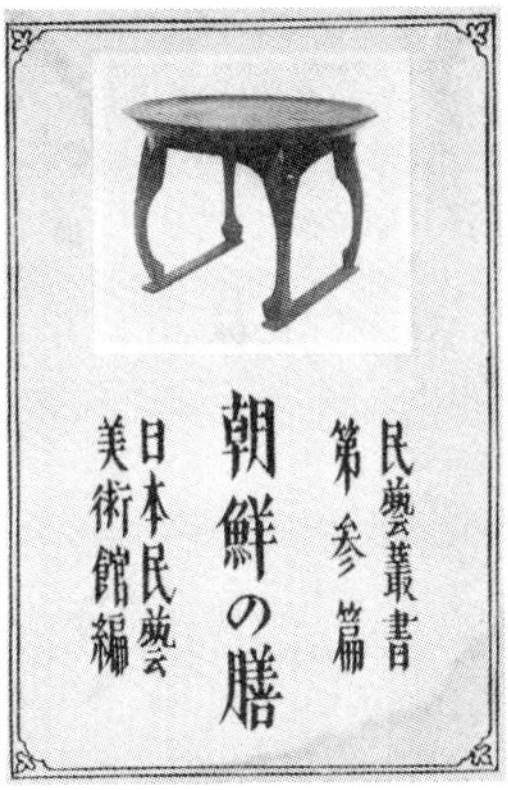

『朝鮮の膳』の表紙

これに記すところは、系統的の研究とか、論拠の整然とした考証とか云ふ種類のものでなく、朝鮮の人達との長い間の交際が生んだ極めて通俗的の叙述に過ぎない。併しそれでも朝鮮の若い人達の間に既に忘れられた事項も少なくない様である。本書に載せた写真を示せば、斯くも立派な器物が自国に在つたかと驚く青年すら稀でない。これ等のことはこゝ、暫く過ぎたら更に不明になると思ふ。本書は見たり聞いたりした事実を出来るだけ忠実に記載した積りである（四〇四頁）。

本文は、一頁を二十字十行詰めとゆっくり組んであり、五十五頁という短いものである。そして、その間に、写真三十三枚と、それに関する解説、二枚の説明図が差し込まれている。

本文の内容を各節ごとに紹介する。

第一章の冒頭で、巧はまず、自らの工芸観を述べ、ついで、膳をテーマに選んだ理由を説明している。

正しき工芸品は親切な使用者の手によつて次第にその特質の美を発揮するもので、使用者は或意味での仕上工とも言ひ得る。（中略）

朝鮮の膳は淳美端正の姿を有ちながらよく吾人の日常生活に親しく仕へ、年と共に雅味を増すのだから正しき工芸の代表とも称すべきものである（四〇九頁、四一三頁）。

第二章では、「膳の範囲」と「膳の歴史」について述べている。膳は、「はじめは食物を調理する俎の用にも混用したらし」いと推測している（四一七頁）。ここで巧は、「尚朝鮮人は室内で椅子を用ひず坐つてゐる関係もあり、膳には余り支那の影響を受けてゐない様にも思へる」と述べている（四一七〜四一八頁）。当時の多くの日本人は、朝鮮のものすべてに中国の強い影響を認めて、朝鮮人の民族性は事大主義だとし、朝鮮の内在的発展や朝鮮の独自性を認めようとしなかった。しかし、巧はそうした偏見から自由であったのである。

また、「使用者を器物の仕上に関与させるためには寧ろ撰択の余地を多くして置き、尚仕上げる迄の行程の一部を使用者の為に遺すことも面白い事と思ふ」と述べ（四二〇頁）、白盤と称する、塗料を施していない半製品の膳を紹介している。巧の工芸観をよく現している部分である。

第章節では、地方色の著しいものとして、統営盤、羅州盤、海州盤をあげ、それ以外に狗足食盤があることを紹介して、それぞれの分布地域と構造について言及している。巧の調査と観察がいかに行き届いていたかを示すものである。

第章節では、膳の形態によって、冊床盤、円盤、四隅盤などがあることを紹介し、半月盤や宮中で使われた大闕盤のような珍しい盤があることも紹介している。

第五章では、膳の用材について述べている。ここは、林業技手である巧の独擅場であり、「朝鮮の膳の有つ面の温い味は、一つは実に此雑木から来てゐる」と指摘している（四三七頁）。

『朝鮮の膳』の挿絵

第六章では塗料について説明している。朱塗りがほとんど宮中に限られていること、生漆にくらべて火漆の質が劣ることを述べている。

第七章は工作の順序である。巧がしばしば訪れた匠人の仕事場で観察したところを述べている。ここでは、巧の労働観が次のように吐露されている。

何仕事でも終生倦まずに働き通せたらその人は幸せだと思ふ。人類全体もその人からお蔭を蒙ることが多いであらう。蓋し資本の向ふを張る労働でなくて資本があつてもそれに自由にされない仕事、又なくても勝手に仕遂げられる仕事でなくては人間に平安を来たらさないであらう（四四六頁）。

資本主義による疎外を見通して、警鐘を鳴らしていたのである。

第八章では、膳の変遷について考察している。「往古机、俎等『まないた』と膳とは共通であつて、ともに（朝鮮語で）『トマ』と呼んで居たかも知れない」と述べ（四五四頁）、さらに、膳が『宮園儀』や『高麗図経』などに、どのように書かれているかを紹介している。また、膳の型における今後の傾向が、「形の円いものは角に、線の曲は直に進」むこと、膳の工作に「次第に機械が応用されること」を予想して、そのような事態を招かないよう、後継者を育て、雑木林や漆田を作ることを提案している。

以上のように論じきたって、最後を次のように結んでいる。

ブレイクは云つた「馬鹿者もその痴行を固持すれば賢者になれる」と。疲れた朝鮮よ、他人の真似をするより、持つてゐる大事なものを失はなかつたなら、やがて自信のつく日が来るであらう。このことは又工芸の道ばかりではない（四六五頁）。

「他人」が日本であり、「持つてゐる大事なもの」が朝鮮固有の民族文化であること、そして、「自信のつく日」が独立の日であることは明らかであろう。

「跋」は、柳が次のように書いている。

君が二十年近くも朝鮮にゐる事、それも他の人と違つて朝鮮人と日々交りがある事、特に君が鮮語に巧みである事、さうして君が朝鮮の工芸を熱愛してゐる事、それも日々用ゐてゐる事、是等の条件を悉く具備してゐる人を僕は他に知らない。君が書かずば誰がそれを為すだらう。他にも学者はあるかも知れない。併し工芸に就ては知つてゐる人は無いのだ。まして夫等のものを正しい意味で愛してゐる人はないのだ（一九八一年、六二一頁）。

柳は、『朝鮮の膳』の書き手として巧がふさわしい理由をいろいろとあげているが、「正しい意味で愛してゐる」ことをもっとも重視していたように思われる。実際、この本を読む人はだれでも、行間にあふれる朝鮮の膳、ひいては朝鮮に対する巧の愛を感じるに違いない。

巧が死んだとき、幾人かが巧を追悼する文章を書いて、『朝鮮の膳』にも言及した。次に紹介するのは、安倍能成のものである。

『朝鮮の膳』について感心することは、その知識が確実であり、豊富な経験を煎じつめて一つも空虚な処がなく、一一実物に当つてそれを知りぬき味ひぬいてゐることである。本文は僅かに六十ページ足らずであるが、実に簡潔にして珍しく正味の豊かな書物である、さうしてその文章も又無駄のない好文章である。殊に私の敬服するのはこの短い書物が、啻《ただ》に巧さんの頭のよさと鑑賞の確かさとを示すのみでなく、そこにおのづからなる智慧——単なる智識でない——の流露して居ることである。朝鮮の文化を対象とする学者で、朝鮮の人間にも生活にも芸術にも一向興味のない人がある。精確な知識の書である上に愛と智慧との書である、この著述の様なものに対しては、世間の学者と称する者も自らその及ばざる所を痛感してよい。いはゆる学術的論文の形式と考証らしい体裁とを備へただけで、その学術的価値が直に肯定せられると思ふのは大きな間違いである（一九三二年、二八九〜二九〇頁）。

洪淳赫は『東亜日報』一九三一年十月十九日に「浅川巧著『朝鮮の膳』を読んで」を書いた。洪は、一九二七年に早稲田大学を出た、徽新高等普通学校の教師で、かつて柳の「朝鮮の美術」と題する論文を「最も理解ある鑑賞家の論述」と評価した（一九二八年、一一九頁）ことのある人である。

朝鮮の美術工芸についての研究が、朝鮮人自身によってよりも、外国人の間でより旺盛であることを認めないわけにはいかない。彼らの中には、朝鮮の美術工芸を中国と日本との間をつなぐ一個の媒体としてみる皮相な観察をする人もあるが、一歩進んだ、理解と憧憬とをもった研究と鑑賞もまた少なくない。その独特な価値を探ろうとする人も多い。

朝鮮の美術工芸の中で、最も世人の人気をひくのは陶磁器である。したがって、これに対する資料蒐集と研究発表は少なくない。われわれはこれによって朝鮮のものをいっそう価値あるものとして理解するようになった。ところで、近来、陶磁器以外の工芸品でだんだんその価値を明らかにされてきたものがあるが、それは木工品である。わたしは、これについての資料を蒐集した本として『李朝時代木工作品集』（隅田〔正しくは岡田〕三郎助・大隈〔正しくは大隅〕為三共編　小場恒吉解説　巧芸社発兌）を、研究書として標題の『朝鮮の膳』をあげることができる。前者は昨年四月の出版であるから古いものではないが、後者は、一昨年三月の刊行で、著者浅川巧氏は今春四月二日、四十二歳を一期とし、『朝鮮陶磁名考』を遺著として、他界の人となった。
氏は朝鮮の美術工芸に最も多くの理解と憧憬をもった学徒として、柳宗悦、浅川伯教（氏の兄）、浜口良光等諸氏と心を合わせ、朝鮮民族美術館（景福宮内）を作り、李朝を中心とした各方面の美術工芸品を蒐集、研究していた。

わたしが浜口氏とともに清涼里に訪ねたのは、はや四年前のある寝つけない夜であった。彼はわれわれの訪問を喜び、そのときわたしに、当時彼が執筆中であった朝鮮の膳に関するもので、宮中で使ういわゆる大円盤の裏板にハングルで書かれた文句の解釈についてたずねた。氏の朝鮮の美術工芸に対する深い愛と理解、知識と経験は、わたしをして恥ずかしくさせ、敬服せざるをえなくしたが、それ以上に驚いたのは、氏の朝鮮語と朝鮮文に明るかったことである。

『朝鮮の膳』の插絵

その翌々年、一九二九年に『朝鮮の膳』は出版された。以来、いくらも年を重ねないうちに、氏は故人となった。しかし、彼が忠実な学徒として最後まで研究と執筆を怠らなかったことや、たとえ外国人であるとはいっても、彼の残した業績、とりわけ朝鮮の学徒に与えた教えを考えるとき、彼の代表作であるこの本を読んでいない、志を同じくする人に紹介することも、意味のないことではないと思う。

洪は、ここでまず、巧が「朝鮮の美術工芸を中国と日本との間をつなぐ一個の媒体としてみる皮相な観察」から抜け出し、「その独特な価値を探ろうとする人」として評価をしている。そして、巧の「朝鮮の美術工芸に対する深い愛と理解、知識と経験」に敬服し、朝鮮語に明るかったことに驚いている。また、「朝鮮の学徒に与えた教え」を謙虚に受け止めようとしている。

続けて洪は、『朝鮮の膳』の内容を詳しく紹介し、本文中に差し込まれた写真についても紹介している。そして、巧に関する次のようなエピソードを伝えている。

〔写真に写っている膳が〕三十二個、そのうちの五個を除いては、すべてが朝鮮民族美術館蔵になっていた。聞くところによると、その大部分は著者の所蔵で、すべて美術館に寄付したものだという。このように、蒐集研究家として、個人蔵にしたものが一つもないところに、氏の面目を見ることができるのである。

洪は、『朝鮮の膳』と巧について、このように紹介し、また論じて、最後を次のように結んでいる。

著者の真意が、われわれをして、新しいものを真似するより、自己の良いものを固持せよ、というところにあることをもって、読書層を限定するものではないことを述べておく。この本が、外国人の手によって、あれだけの材料と研究をわれわれに提示したことだけでも、ありがたく、また、〔朝鮮人として〕恥ずかしいことである。あえて、本の欠点をとらえて批判しようとは思わない。

洪は、あえて批判することをさけて、『朝鮮の膳』の一読を勧めた。この本が、朝鮮人に、朝鮮人であることに衿持をもたせるような、換言すれば、朝鮮人の民族意識を鼓舞するようなメッセージに満ちていたからである。

実際、『朝鮮の膳』を読んで、朝鮮の工芸に開眼したという在日朝鮮人がいる。東京にある朝鮮大学で哲学を教えていた金哲央である。彼は、この本との出会いをこう回想している。

それは解放〔一九四五年〕の数年後のことであるが、東京の学校に入学した私は、散歩の途中、偶然目黒区駒場の日本民芸館の前を通りがかり、見なれぬ建物の姿にひかれて入って見たことがある。まだ、一日に何人も訪れる人のない頃であった。がらんとした展示場で一人はじめてみる朝鮮の壺に見とれていた学生が朝鮮人であることを知った管理人の婦人〔浅川咲〕は、別れを告げる筆者に「ちょっとお待ち下さいませんか」というと、小走りに裏の住居から一冊の本を持ってきて「これは亡くなった私の主人が書いたものですが、よろしかったら読んでいただけませんか」というのである。名を知らぬ学生にたぶん朝鮮人というだけの理由で貸し与えられたのが、この『朝鮮の膳』であった。

こうしてもこの本は私の朝鮮工芸品への目を開かせる一つの契機になったのである（一九七九年 2、一五八頁）。

次に、巧の死後における朝鮮の膳に関する研究状況について、簡単に紹介しよう。

一九六三年、木工作家の黒田辰秋は次のように書いている。

今迄に私の目に留った朝鮮木工に関する書は、温かい愛情と誠実さとを以て書かれた故浅川巧氏の『朝鮮の膳』の名著一冊があるだけである」（二〇頁）

一九七五年に韓国のセクル社から出版された梨花女子大学教授・裵満実の『李朝家具の美』の第二編が膳になっている。巧の『朝鮮の膳』と読み比べると、次のことに気づく。巧の本が出版されてからほぼ半世紀後に出ただけに、「精確な智識の書」という側面では、『李朝家具の美』が『朝鮮の膳』に勝る部分がある。たとえば盤型などについての調査はより広汎に行われているということである。しかし、今日ではすでに見られなくなってしまった半月盤のような珍しい型の膳などについては、『李朝家具の美』も『朝鮮の膳』にそのほとんどを負っている。いずれにしろ、『李朝家具の美』の「第二編膳」に引用されている文献の中で最も多く引用されているのが『朝鮮の膳』である。『朝鮮の膳』が今でも、第一に参照されるべき、第一級の文献と目されているのである。

そうした事情は、日本でも同様である。柳宗悦の弟子で、今は松本民芸家具の会長になっている池田三四郎は、一九八三年に『李朝木工』（東峰書房）を出版している。その中で、多くの頁をとって『朝鮮の膳』の内容を紹介しており、その理由を次のように書いている。

今迄読んできた文献の中で浅川氏ほど朝鮮木工に対して愛情とその真の見方を語っているものが少ないからであり、その当時から半世紀以上を経過しているとはいいながら、最初の日本人として朝鮮木工の本質に触れている意見は今もって愈々はっきりと感じられる大切な古典である（一九八三年、一七頁）。

正しき名称と用途――『朝鮮陶磁名考』

この本は、一九三一年九月、つまり巧が死んでから五か月後に、東京にある朝鮮工芸刊行会から出版され、工政会出版部が発売にあたった。表紙には朝鮮産の黄紙を使うなど苦心の作であった。「出版当時から名著の誉れ高く、この種の本としては珍らしく重版（五〇〇部位）となりましたが、この方は普及版という形で普通の装幀で出しました」と、当時、工政会出版部にいた笠原洪平は記憶している。

目次は次のとおりである。

凡例
一、緒言
二、器物の名称
一　祭礼器　二　食器　三　文房具　四　化粧用器　五　室内用具
六　道具　七　容器　八　雑具　九　建築用材料
三、陶磁器に関係ある名称
一　窯場及製陶用具　二　陶磁原料　三　陶磁の種類　四　陶磁器部分の名称

五　陶磁器数称　　六　陶磁器に記されたる記号　　七　陶磁器の造られた地名
八　日本陶磁器の名称と朝鮮語
四、結論
五、索引

「序」と「跋」は、柳宗悦が書いている。「序」は、本書を次のように位置づけ評価している。

どんな著書も多かれ少なかれ先人の著書に負ふものである。だが此著書ぐらゐ自分に於て企てられ又成されたものは少ない。未だ何人も思ひみず、試みず、又恐らく為し遂げ得ない仕事であると思ふ。（中略）啻に之によつて在来の幾多の名称が修正せられ、それが本来の内容に立ち帰るのみならず、又之によつて研究に幾多の新しい暗示を受けるであらう。そうして此書あるが為に未知の謎が解ける場合は多いであらう（一九八一年、六二九～六三〇頁）。

この本は、巧が「緒言」で明らかにしているように、「十余年来心掛けて学び得た李朝陶磁器の名称を集録したもの」であった（五六〇頁）。実際、巧は、この本で書いた内容の中間報告のような形で、一九二二年十月に、京城日報社が主催して李朝陶磁講演会を開いたおり、「朝鮮人が用ふる陶磁器の名称」という題で講演をしたことがあったし、一九二八年七月に催された李朝陶器講演会でも、「朝鮮の器物およびその用途」について講演したことがあったのである。

一九二八年に、柳、浅川兄弟、倉橋藤治郎の四人で出版を計画した幻の本・『朝鮮李朝陶器』で巧が書くことになっていたテーマが、「李朝窯跡分布考」と「朝鮮陶磁名彙」であったことは先述したとおりである。後者が『朝鮮陶磁名考』の原型であったろうことは想像に難くない。

さて、この本をまとめた目的については次のように書いている。

作品に近づいて民族の生活を知り、時代の気分を読むと云ふ様な目的にあつては、先づ第一に器物本来の正しき名称と用途を知つて置く必要があると思ふ。

朝鮮民族美術館は当然の仕事として、器物本来の名称を知り、それを伝へたいのである。日本の茶人達が狂喜した程美しい茶碗も、朝鮮人不断使ひの飯碗の中から選択され、名工さへもその前に自らの力の不足を歎息した程の優れた茶入も、源を質せば当時ありふれた薬味入から抜擢されたものであると云ふ様な点を、出来るだけ判然させて置き度く思ふ。かく詮索したからと云ふて、名器の価値は増すとも減ずるやうな心配はない筈である。加之夫等は生れながらの名前で呼び掛けるならば、喜んで在りし日の昔を語り、一層親しみを感じ得ると思ふ。又延いてはその主人であった朝鮮民族の生活や気分にも自ら親しみある理解を持てることは

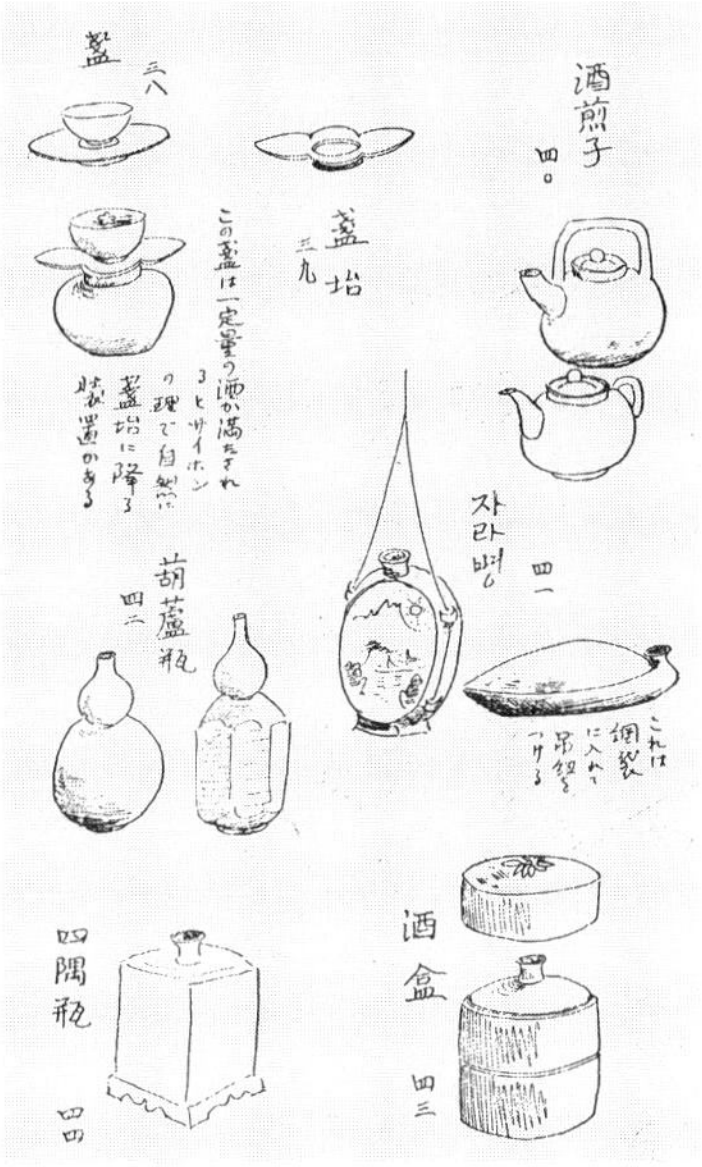

『朝鮮陶磁名考』の插絵

必然である（五五九〜五六〇頁）。

「器物本来の正しき名称と用途」を知ることは、自分の国のそれについてでさえ、ずいぶんと力のいる仕事であろう。いわんや、日本人が朝鮮のそれを調べることは、そうとうな労力と根気を必要としたに違いない。しかし、それ以上に感動するのは、巧の「生れながらの名前で呼び掛ける」態度である。彼は器物に対してさえも、そうした態度をとったのである。それは、朝鮮の家族制度を日本のそれと同じにし、朝鮮人の「生れながらの名前」を奪った（創氏改名）朝鮮総督府のしわざとは対照的なものであった。

そして、巧が自分の本の読者に期待したことは、「朝鮮民族の生活や気分にも自ら親しみある理解」をもつことであった。これまた、「朝鮮民族の生活や気分」を日本人のそれに同化させようとした日本の朝鮮支配政策に対する根本的な批判であった。

また、この本の「緒言」にも、『朝鮮の膳』の「序」同様に、「この企ては親しき交わりの間に私を教えてくれた朝鮮の共多数の方々の愛の記念ともし度く思ふ」ということばが見える。

本文では、祭礼器・食器・文房具・化粧用具・室内用具など「器物の名称」と、窯場及び製陶用具・陶磁原料・陶磁の種類・陶磁器部分の名称・陶磁器数称など「陶磁器に関係ある名称」が明らかにされている。

「結語」では、こう述べられている。

陶磁業は経営困難のものであるが、民族の盛な時には自然によきものが生れ、又優れたものを生む事はよき時代を来らすことにも関係ある様に思はれる。朝鮮の過去には各時代とも世界を独歩し得る立派な陶磁器のあつたことは事実である。焼物位ひ世界に誇つても下らないと云ふ人もあるかも知れないが、これは前にも述べた様に、全体が盛んでなくて焼物のみがよくなることは出来ない筈であつて、それ等を生む尊い物の燃えた証拠となることを忘れてはならぬ。

　履き馴れた草鞋や木履を脱ぎ捨てた民衆は、自らの手で優れた履物を作り得る技能を有ちながらその手を休め、資本主義に対抗しつつもその所産であるゴム靴のみを履くと云ふ、今は不合理な時代である。これは思想の方面でも同様だと思ふ。極端な道徳律の圧迫から解放はされたが、拠るものがなくなり、徒に迷ひつつも旧来のものに極端な憎悪をさへ感じてゐる有様である。然らば旧道徳に復帰すべきかと云ふとそれも出来ない。斯の如く拠るべきものの確信なくして敵の捕虜となつて居る様の状態は忍び難いことである。これを焼物に於て見るなれば、高麗焼の再興や、分院窯の模造を企図したり、味もない只白色の沙鉢を輸移入して使つてゐると云ふ有様である。過ぎし時代の模倣の如きものは真の産業として発達すべきものでないことは明らかである。今茲に当然生るべき焼物が何であるかは想像し難い。然し吾々に課せられた

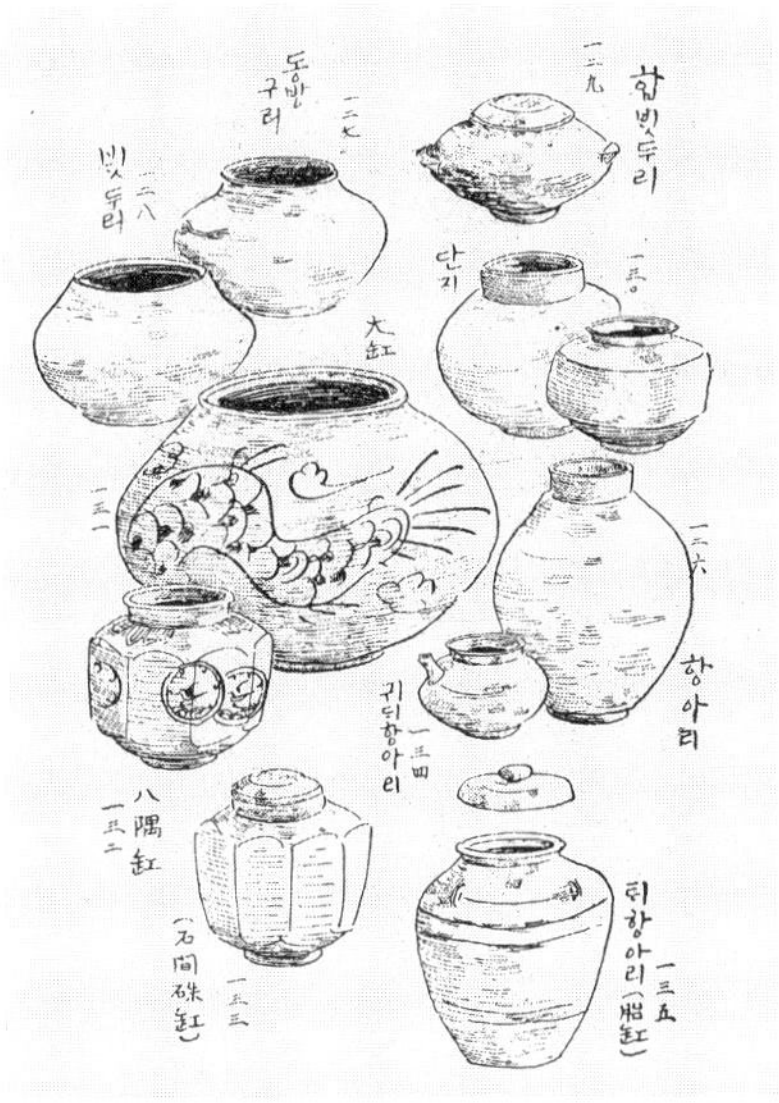

『朝鮮陶磁名考』の挿絵

任務はある。それは此の国土に恵まれてゐる原料と民族の有つ技能とを時代の要求に応じて生かすために祈り、考へ、且つ働くことである。民衆が醒めて自ら生み、自ら育てて行く処にすべての幸福があると信ずる。

（千九百三十年一月十九日於清涼里）

（七四二～七四四頁）

ここには、巧の朝鮮観ひいては哲学が凝縮して現れている。

まず、巧は、陶磁器の盛衰が民族の盛衰と関係があることを指摘している。ということは、巧が朝鮮民族の盛衰に深い関心をもっていたということになる。

次に、朝鮮に「民族の盛な時」「各時代とも世界を独歩し得る立派な陶磁器のあつたこと」を認めている。柳は、「各時代とも世界を独歩し得る立派な陶磁器のあつたこと」を認めていたが、「民族の盛な時」があったことをみとめず、朝鮮の歴史を「悲惨の歴史」の連続ととらえて、「悲哀の美」論を展開した。このことの意味はけっして小さくない。なぜなら、日本人の朝鮮蔑視、あるいは朝鮮植民地支配を合理化する根拠の一つは、ほかならぬ「悲惨の歴史」観にあったからである。

第三に、巧は、資本主義と復古主義をともに否定している。そして、「此の国土に恵まれてゐる原料と民族の有つ技能とを時代の要求に応じて生かすために祈り、考へ、且つ働くこと」を提案している。伝統を現代に生かそうというのである。

第四に、巧は、民芸運動が単なる趣味の運動ではなくして、「民衆が醒めて自ら生み、自ら育てて行く」全人間的な運動でなければならないと考えている。「よき時代を来たらす」運動だと考えていると言い換えてもよい。

「跋」では、柳がこう書いている。

かくの如き卓越した著書から明確に予想される仕事が、死によつて断たれた事を限りなく悔む。「彼がゐたら」といふ思ひは、永へに私の胸に繰り返されるであらう。私は彼の友達の一人であつた事を栄誉に想ふ。

彼の知友は此本につゞいて彼の書き遺した朝鮮工芸に関する幾多の論文を一冊に編まうと計画してゐる。私はその折改めて彼の人と為りやその一生に就て書き添えたい考へである（七四七〜七四八頁）。

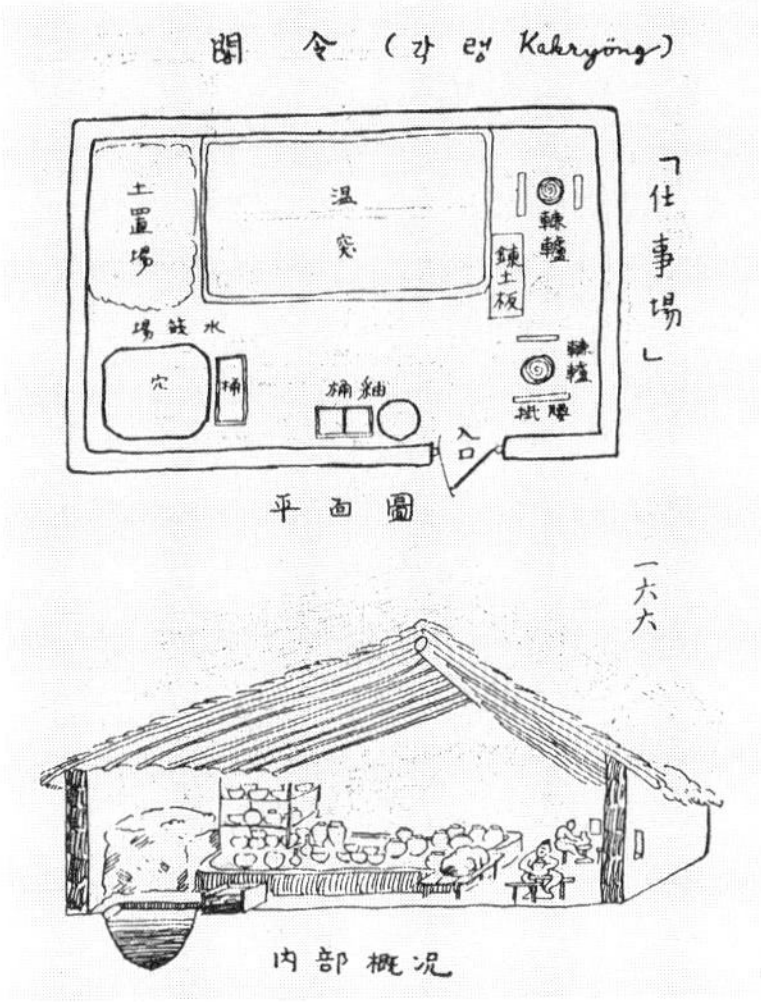

『朝鮮陶磁名考』の插絵

また、柳は、別のところで、有名な学者で、三・一独立宣言文の起草者でもあった崔南善が『朝鮮陶磁名考』の「原稿を見て感嘆してゐた」という話を伝えている（一九三一年2、五七頁）。

安倍能成も、巧とこの本について、「およそ著者位に衒学癖のない人も稀であらう」、「朝鮮の学徒が故国の文化に眼を開く時、この書の如きは恐らく併合以来日本人のした仕事の中で、最も多くの感謝を期待せらるべき一つであらう」と書いている（一九三二年、三一六〜三一七頁）。

事実、韓国では一九八〇年前後にこの本の影印本が海賊版で出版された。

一方、日本では一九七九年に『浅川巧著作集』が出て、この本も影印本として収録された。そのとき、金哲央は、「この本を特徴づけ、魅力あるものにしているのは、代表的な器物の美しい写真と多数の説明図に付けた朝鮮語とその訳語、および索引である。読者はますます李朝陶磁のとりことなるであろう」と評した。説明図一八四枚、索引二十二ページに朝鮮語とその訳語が付いているだけでも、この本の特異な価値がわかるのである。金はさらに、「暗くけわしい日帝時代に、浅川巧のような人の生き方とその仕事があったことを知ることは、朝鮮工芸への理解を深めるばかりでなく、今後の朝・日両民族のありようについて多くのことを考えさせるのである」と書いている（一九七九年2、一六〇頁）。

『朝鮮陶磁名考』が出版されてから、六十六年が過ぎたが、日本はもとより韓国・北朝鮮でも類書がない。そして、この本の価値の高さを物語るように、一九九六年、日本では『浅川巧全集』に収められ、韓国では浅川巧著・沈雨晟（民学会会長）訳『朝鮮の膳・朝鮮陶磁名考』が出版されている。

民芸の美――『小品集』

巧が著した民芸関係の単行本は、『朝鮮の膳』と『朝鮮陶磁名考』に終わった。しかし、そのほかにいくつかの論文があり、それらの論文も浅川巧の名をとどめるにふさわしい内容をもっていた。そこで、一九七八年、蝦名則はこれらを集めて『小品集』を編み、『浅川巧著作集』の一巻とした。そこに収録されたのは、次の諸論文であった。

窯跡めぐりの一日
窯跡めぐりの旅を終へて
分院窯跡考
朝鮮の棚と箪笥類に就いて
朝鮮茶碗
朝鮮窯業振興に関する意見
金海

これらの論文が一九九六年に刊行された『浅川巧全集』に収められていることはもちろんのことである。

それぞれの論文について、簡単に紹介する。

「窯跡めぐりの一日」は、『白樺』の一九二二年九月号（李朝陶磁紹介号）に掲載されたもので、同年一月五日に柳らとともに冠岳山の窯跡を調査したときの記録である。

「窯跡めぐりの旅を終へて」は、『アトリヱ』の一九二五年四月号と五月号に連載されたものである。一九二四年の暮れから、二五年の正月にかけて、兄の伯教や中国陶磁の研究家で薬学博士の中尾万三、大連の陶磁器研究家・小森忍らとともに、三島手の一大生産地であった鶏龍山と青磁の一大産地であった康津などの窯跡を調査したときのことを、柳宛の手紙の形式で書いたものである。

在日朝鮮人の窯跡研究家である徐万基は、『探訪　韓国陶窯址と史蹟』の中で、「鶏龍山周辺古窯址の最初の発掘調査は、日帝時代一九二七年秋、朝鮮総督府にいた野村健、神田惣蔵の両氏によってなされ」（六二頁）と書いているが、巧たちはそれより一年半も早く調査をしていたのである。なお、巧は、一九二八年に、ラングドン・ウォーナーとその夫人、柳宗悦や伯教と一緒に鶏龍山を再訪している。

康津の大口面を見た感想については、次のように書いている。

実に大口面の地は全面青磁を以て蔽はると云ひたい程に沢山の破片です。之れを集めて標本に売るなり模様の佳い所をとつて帯止めやカフス釦を拵えても、少しは此の者の人達の生活を豊かにすることが出来ると思ひました。又思ひます。此の世界的な高麗の窯跡地を組織立つた調査をして公にし保存すべき部分は保存しなくてはならぬ、と（一九九六年、三〇二〜三〇三頁）。

巧は、母方の祖父・千野真道が養蚕や養鯉を勧めたように、人びとの「生活を豊かにすること」を考えていたのである。また、窯跡の歴史的重要性に着目して、その遺跡の保存を訴えていたのである。

このとき巧に同行した中尾は、後に大口面調査の記録を『朝鮮高麗陶磁考』に収録している。そして、巧が朝鮮の地名などに詳しかったこと、また、「朝鮮語に巧みに、其の職掌とは別に、趣味の豊かな工芸の品に対する見方の極めてすぐれた人であつた」ことを書いている（一五二頁）。中尾によると、この窯跡は、一九一四年に李王家博物館の末松熊彦によって発掘された。康津より約七里のところにあり、「是等村落付近、古窯趾の無き処は殆ど無き有様である」（一四頁）。

わたしも、一九七五年ころに訪ねたことがあるが、巧の書いたとおり、道路にも青磁の美しい破片が散乱していた。徐万基によると、康津郡一帯には約一五〇の窯跡があり（五一頁）、青磁の窯跡の集中度では断然トップである。

「分院窯跡考」は、『大調和』の一九二七年十二月号に発表されたものである。「日本に於て瀬戸物又は唐津物と云ふ言葉が陶磁器の別名に用ゐられて居る様に、朝鮮では分院器又は分院沙器の名が有名になつてゐる」で始まっている（三一四頁）。分院窯跡についての日本人による初めての研究である。土井浜一によると、原稿には、挿絵や次のような「序文」もついていたという。

1928年8月4日、忠清南道鶏龍山の古窯にて。左より巧、宗悦、伯教、ワーナー夫人

「此の稿を分院窯跡調査のため行を共にしたる諸君に贈る。

初回の調査は大正十一年九月中旬〔十七日〕柳、赤羽、小田内、今、伯教の諸兄、次回は昭和二年四月下旬伯教兄と同行せり、二度ながら道行くひまもなく終始語り、興じ、盛なりし窯場の昔を偲びあひ、優れたる陶磁器の破片を拾ひては喜びあひたり、今追憶するだに楽し（一九三四年、九五頁）。

小田内とは小田内通敏、今とは今和次郎で、ともに民俗学者である。一九二二年八月から朝鮮総督府の委嘱により、朝鮮の農村家屋を調査していた。
そして、本論文は、次のように締めくくられている。

三百戸の住民のために祈らずにはおられない。

「思ふ様な自由の仕事も出来ず、民衆を喜ばせる特権をも封じられて此の世を去つた代々の陶工等の霊よ、君達の裔は今自由の時が来てゐるにも拘らず働けない悲しみのうちにある。而も時代は君達の作つた様な善き作品を熱望してゐる。彼等を護り正しき道のために男々しく起たせて呉れ。若し数人の良き働き人等が醒めて起つならば復興は敢て難事ではないと信ずる」（三四〇頁）。

ここでも、巧は「復興」を主張している。彼にとっての窯跡の調査は、たんなる歴史の研究にとどまらなかったのである。

この論文は、昔も今も分院についてのもっともまとまった論文として、多くの研究者によって頼りにされている。その意味で巧は分院を日本で有名にした最大の功労者といえよう。たとえば、小山富士夫ほか『朝鮮陶器』（雄山閣、一九三八年）で「李朝」を分担執筆した奥平武彦は、分院については「遊ぶこと数次」であったにもかかわらず、ほとんどを「浅川巧氏の記さるゝところを借りて」紹介している（四八～五一頁）ほどである。そして、「李朝陶磁史考」（一九四二年）の著者である田中豊太郎も、「分院地方の窯跡は私も親しくその地を踏んだが、今日まで私の知る調査記録としては、故浅川巧氏が嘗て雑誌大調和の誌上へ発表された『分院窯跡考』（昭和二年十二月号）を最も信頼出来る踏査記と思ふので、本篇にも参考資料とした」（四頁）と明記している。

徐万基によると、分院があった一九八四年当時の広州付近では、浅川伯教・巧らの調査によって約六十か所の窯跡が発見され、また、「近年になり」韓国の学者・崔淳雨や鄭良謨らの調査によって約二百五十か所の窯跡があることがわかったという（七三頁）。しかし、巧の作った分院窯跡の略図に代わるものはいまだにないようで、徐が広州の踏査に出掛けたときも、巧が六十年前に作った略図を片手にしている（一五〇頁）。

わたしも一九九七年になって、巧の書いた「分院窯跡考」を片手に分院を訪ねた。ソウルから高速道路に乗り、約一時間、広州インターチェンジで下りると、そこが樊川で、目の前に窯跡を保存するためのドームが立っている。そこから車で二十分も北東に進むと分院里である。慶安川がダムでせき止められて八堂湖となり、道路工事などで窯跡の大半は破壊されたようすがうかがわれる。しかし、分院小学校周辺には、いまでも破片が散乱していて、拾うことができた。

分院窯跡地記念碑

「朝鮮の棚と箪笥類に就いて」は、『帝国工芸』の一九三〇年二月号（朝鮮工芸特集号）に発表された。その名称・構造・用途について書いたものである。巧がもう少し生き長らえたら、『朝鮮の膳』『朝鮮陶磁名考』に匹敵する本をこの分野でも残したに違いないと思わせるほど、骨格のよい論文である。

「朝鮮茶碗」は、『工芸』の一九三一年五月号に発表されたもので、絶筆である。「茶人の高麗茶碗と称するものは其昔は朝鮮の飯碗であつた」（三四一頁）、「珠光青磁や井戸の茶碗も、その姿から推して李朝初期のものが多いと思ふ」（三四六頁）としたことで知られている。

「朝鮮窯業振興に関する意見」は、死後、『工芸』一九三一年七月号に発表されたもので、柳の推定によれば、一九二六、七年ごろに執筆されたものである。一九二六年といえば、伯教が朝鮮総督府の援助のもとに、高敞で製陶試験に従事する一方、富田儀作が経営する朝鮮窯芸社の嘱託として、朝鮮在来窯の指導に関する調査を行っていたときである。あるいはそうした伯教の行動に触発されてまとめられたものかもしれない。

いずれにしろ、巧はきわめて具体的に窯業の振興を考えていたのである。「美しきものを作り出して、民衆を正しき理解に導くことを常に心掛け、善き意味の流行の源とならなければならない」という理想を掲げる（三五一頁）だけでなく、緻密な「年次計画」を立てて第一年度の予算案を出すなど、きわめて実際的であったといってもよい。これは林業試験場で培われたものかもしれない。

「金海」は、巧の三周忌に浅川巧記念号として出された『工芸』一九三四年四月号に掲載されたものである。金海の窯跡を調査したときの紀行文で、末尾に三月十六日とあるが、年代は不明である。しかし、文中に、一九二七年に行った分院の道馬里の調査結果と比較しているところがあるので、一九二七年以降に書かれたことは間違いない。これは金海窯跡について書かれた記録としては最初のものである。

これらの七篇を通読すると、まず、一九二七年以前と以後の作品の違いに気づく。巧のいわば前期の文章である「窯跡めぐりの一日」「窯跡めぐりの旅を終へて」は、記録文あるいは報告文になっている。

また、巧と柳との関係をみても、報告者と研究者の関係になっている。たとえば、柳が書いた「李朝窯漫録」（『白樺』一九二二年九月号）には、柳が、巧の所有していた三百余種の水滴などを観察することで書いた部分があるし、「工芸の道」（第二回）の「口絵〔朝鮮の膳〕解説」（『大調和』一九二七年五月号）では、「私は此解説に於て畏友浅川巧君のよき報告に負ふところが多い」と明記しているのである（五六頁）。

ところが一九二七年以降に発表した「分院窯跡考」（一九二七年）や「朝鮮の棚と箪笥類に就いて」（一九三〇年）、「朝鮮茶碗」（一九三一年）になると、それはすでに、調査結果や文献を駆使したりっぱな論文となっている。朝鮮の棚や箪笥を「古雅」「堅牢」「至便」と評して、柳のいわゆる「悲哀の美」論とは異なる朝鮮の美論を展開してさえいるのである。柳の出る幕はなくなっているのである。

巧は、朝鮮に住むという地の利を生かして、朝鮮の美術工芸論に関するかぎり柳を超えはじめていたのである。実際、『工芸』一九三二年一月号（李朝陶磁特集号）に発表された柳の「本号の挿絵」には、たとえば、「扁壺　三島手、白絵線彫である。野外用の酒入れであつて、浅川の『朝鮮陶磁名考』に依れば偏提、山壺など、書く」（二六一頁）とか、「俵壺　朝鮮では長本、張本等と書く事は、前述の浅川の本に記してある」（二六三頁）とかのことばが見える。また、同号の「編輯余祿」には、「この号の編纂に於ても、其貴重な遺著『朝鮮陶磁名考』に負ふ所が甚だ多い」と明言されている。

巧が柳に与えた影響がいかに大きなものであったかについては、在日朝鮮人の歴史家・李進熙が次のように述べているが、正鵠を射たものだと思う。

柳宗悦についていろいろな批判が出ていますが、とくに「悲哀の美」が、かれのすべてであるかのような議論ですね、あれはいただけない。確かに柳は一九二〇年代のはじめに「悲哀の美」を書き、それが大きな影響をあたえてきた。しかし、一九二六年に「下手ものの美」を書くころから、見方が変っていくでしょう。朝鮮のやきものや木工品に健康な美を見出したのがきっかけとなって、日本で民芸運動をはじめるわけですが、そこのところをしっかりみないから、柳はすでに一九二〇年〔代〕の後半は、「悲哀の美」論を克服しはじめているのに、今まで悲哀をよすがとして朝鮮や朝鮮文化を論じているというおかしなところがあるでしょう。

ところで、柳のそれを転換させるのはソウルにいた浅川巧、伯教兄弟ですよね（李ほか、一二五頁）。

先の七篇を通読して気がつくもう一つの点は、巧の人柄の良さ、あるいは妙好人的なところである。随所にあらわれているが、ここではそのうちの一つを「朝鮮茶碗」の中から紹介する。

四五十個の大小碗を自分の前に置きし五十前後の男が、市場の片隅に坐つて居眠りをしてゐる。そのうちに老婆が来て男を呼び起し、

「一つ何程か」

「一つが三銭」

老婆は暫くか丶って選択した揚句、

「二つ五銭で呉れ」

「一文も掛値はない」

と云ふてその交渉は不調に終つた。

私も一つ佳いのにありつきたいと側から見て居た所なので、老婆の去つた後近づいて三つを選み出し、先程からの問答で値段は判明して居たので十銭白銅を渡して、「勝手に選択したから当方から一銭負けて遣る」と云ふと、男は「こんなことは生れて始めてだ」と喜んだ。然し私も驚かざるを得ない。窯元から七八里も距てた所で、これだけ立派な碗が選り取りの三銭とは勿体ない気がする（三四四〜三四五頁）。

そしてまた気がつくことは、巧が会った朝鮮人たちはことごとくといってよいほど、巧に親切なことである。人の良さそうな巧に会うと、人もまた、親切になったのかもしれない。一例のみあげる。

「その土〔陶土〕のある処を誰か若い者にでも案内させて呉れまいか」と頼んだら、老僧自ら「俺が行つて遣る」と云ふて支度をして先に立つて勇んで案内して呉れた（二八一頁）。

やり残した仕事

死後活字になったもので、これまでに紹介していない文章に、『工芸』一九三四年四月号〔浅川巧追悼号〕に発表された「朝鮮の漬物」と浅川咲編「巧の手紙」がある。「朝鮮の漬物」は彼の目が台所にまで及んでいたことの証である。

また、活字にならないままで残された原稿として、論文「病虫害」「シベリアハンノキ、ヤマハンノキ〔の〕播種養苗に付て」「雑草の話」「肥料の話」「苗圃肥料としての堆肥に付て」「盛岡の朝鮮松」があり、小説「自動車」「祟」「雷山小過」があった。以上は、巧の友人であった土井浜一が調査をして、『工芸』の浅川巧追悼号に「巧さんの仕事の跡」として発表したものであるが、いずれも散逸してしまって、今は見ることができない。

巧が書き残したものとして、現在、所在がはっきりしているのは、鈴木正男が保管している「朝鮮古窯跡調査経過報告」と題するノートと柳宗悦宛の手紙、浅川文彦が保管している浅川政歳宛の手紙四通と葉書五枚だけである。

「朝鮮古窯跡調査経過報告」は、本文がノート十六ページ分で、図が三つ付けられている。書き出しは次のようになっている。

朝鮮に於ける古窯跡調査は全体から見る時、今漸く其の緒に就いたばかりであるが、今日迄の経験により調査上の自信が出来た様に思はれるので、其の経過の大要を報告することゝした。

調査上の手掛りをつくるため、先づ朝鮮全土に分布する窯跡を推定し、それによつて着々調査の歩を進めて来たが、此の推定は大いに役立つている。

推定の主なる資料は李朝の初、中、末に亘り、各時代に於ける重要な文献と現在の地名に拠つた。文献の主なものを挙げると、

書名	時代	世紀
世宗実録（地理志）	端宗	一四五四

経国大典　成宗　一四七〇
新増東国輿地勝覧　中宗　一五三〇
政事新書　英祖　一七七一
朝鮮地誌　李太王　一八九五

等である。

次に地名は越智唯七氏編纂（一九一六）の新旧対照朝鮮全道府郡面里洞名称一覧、及、陸地測量部発行五万分ノ一図と普通民間に伝はつてゐる局部的の地名とに従つた。而してそれ等は窯場に因んだ名称を有し、明かに窯業のために発達したと思はれる部落名のみを拾ひ上げたのである。

以上の材料を綜合して之れを図上に示せば、別紙朝鮮古窯跡分布図の如くになる。

是等に関する詳細の記載は何れ更めて報告すること丶し、目下取纏中に属する。

推定による窯跡地は常に心掛けて之を踏査し来た訳であるが、本年十月末までに其の存否を確め大体の調査を遂げたものは大略次の如くである。


以上のように書いたあとで、京畿道、忠清南道、全羅北道、全羅南道、慶尚北道、慶尚南道、黄海道、平安南道、江原道、咸興北道の計十道（朝鮮全道は十三道）、四十六面（村にあたる）の窯跡について、それぞれ青磁・三島手・白磁の別、象嵌・絵の有無を書いている。

そして、次のように続けている。


以上の各箇所に於ける窯跡は何れも一ケ処宛でなく、少なきも二三ケ処、多きは数十ケ処を算し、其の区域二三里にも互るものもあるので、踏査したケ処と雖も、精査せば、其の接続地は勿論、区域内に於ても種々新らしき事実を発見し得る箇処もある様に思ふ。各窯跡地に関する詳しい状況は逐々報告すべき筈であるが、差当り高麗青磁、三島手及白磁の各代表的窯跡として次の三ケ処を選定し、各々の概況を次に記述して盛なりし古窯の俤《おもかげ》を紹介する。

全羅南道康津郡大口面

忠清南道公州郡反浦面（鶏龍山）

京畿道広州郡南終面付近（分院）

続けて、高麗古陶窯跡図（康津郡大口面）とその説明、公州郡鶏龍山窯跡図とその説明、広州郡分院付近窯跡分布図とその説明がある。

いわば三大窯跡の踏査記録である。巧は先に紹介したように、一九二四年の末から一九二五年の初めにかけて康津の窯跡を、一九二四年の末から一九二五年の初めにかけてと一九二八年に鶏龍山の窯跡を、一九二二年と一九二七年に分院の窯跡を調査している。この原稿がもしも完成していたら、『朝鮮三大窯跡めぐり』とでもいうような本格的な本になっていたであろう。

ところで、わずかに満四十歳で死んだ巧には、まだ多くの現実的可能性が秘められていた。まず、彼自身が書いているところをみよう。巧は、『朝鮮の膳』の「序」に、「四方棚、机、文匣、箪笥、鏡台、小箱、枕、状差などに多くの種類と優秀な作を見る。これ等に関しても機を得て書き留めて置き度く思ふが茲には差し当り膳を選んだ」（四〇三頁）としている。実現すれば、立派な『朝鮮の木工』が著述されたであろう。

次に、巧がやり残した仕事について、柳の嘆きを聞こう。彼は、一九三一年五月に浅川巧の遺稿「朝鮮茶碗」への「編者付記」で、次のように書いている。

もつと生きてゐてくれたなら幾多の本が同君によつて書かれたであらう。近くは「朝鮮紙の研究」「朝鮮の筵席」「銀象嵌」等を題目に書いてくれる事になつてゐたのである。朝鮮窯跡の調査は令兄伯教君の努力と共に、一大研究を成したであらうが、今は各所から集められた無数の陶片と覚え書とが努力の跡を語るのみである（一九八一年、六二五頁）。

そして、『工芸』一九三五年三月号掲載の朝鮮草工品の挿絵に触れて、「浅川が生きてゐたら、此の仕事を拡める計画だつたのに、遺憾此の上ない」と書いている（一九八一年、五八七頁）。

また、水滴の蒐集家・土井浜一や朝鮮の童話に詳しかった浜口良光も、「李朝工芸の絵模様」「李朝の水滴」「朝鮮の自然と児童の生活」とでもいうような文章が巧によって書かれたに違いない、と想像している。

巧さんが生前あの丹念さで、コツ〳〵集めて居られたものゝ中に、朝鮮の工芸品から写し撮つた模様の拓本がある。此れは又実に大部なもので、実に入念に、細かい神経を用いて集められたものである。恐らく将来纏めて本にする考へでゞもあつたのだらうと思はれる。吾々も是非此れを本にしたいと希望してゐる。「朝鮮陶磁名考」と共に朝鮮の工芸を知るのに最も必要な、なくてはならぬ参考資料だと思つてゐる（土井、一九三一年、七六頁）。

今日は浅川巧さんの七回忌に当る。何だか感慨無量だ。巧さんが生きてゐられたら、同じく水滴を沢山蒐めてゐられた関係上、聞く可き多くのこと、又参考に資す可き豊富な資料もあつたかと思ふ。或は自分のこんな原稿〔「李朝の水滴」〕を書かなくとも、巧さんの手に依つてあの簡明な文章と、堂に入つた挿絵とに依つて、素晴らしい本が既に出来てゐたかと思ふ（土井、一九三八年、一〇七頁）。

ある時、私は朝鮮の自然と児童の生活と云ふ事について、書かなければならない事が出来たので、随分日数を費して調べた。しかしうまくまとまらない。

ふと巧さんを思ひ出して聞きに行つた。すると巧さんが、

「そんな材料ならなんぼうでもあるよ」

と前置して、

春から秋へかけて、子供たちは野外を蝶のやうにとびまわつて、松の若芽の皮をむいて甘皮をたべたり、昼顔の根をほじつて乳色の汁を吸つたり、何々の草を摘んだり、何々の木の若芽を摘んだり、甚だしいのはキンポウゲやトリカブトのやうな猛毒のものまで摘んだり、（茹でて水にさはしてたべる）翁草をとつて人形を作つたり、石を糸の先につけ、それを棒の先にしばりつけ、それで水面を打つて魚をとつたり……等々約七八十種も思ひ出しく〳〵して話してくれた。私はかりに其の中に三分ノ一を覚えてゐる事が出来れば十分責を果せると思つて、終電車を気にして暗記出来さうな部分は書き止めもしないで急いで帰つたが、今思へば其時の自分の怠が非常な悔である（浜口、一九三四年、七四頁）。

巧は朝鮮の子どもの遊びや玩具、あるいは民話に通じていたという証言もある。巧のやり残した仕事を惜しむのは、けっして昔日の柳宗悦たちだけではない。

七　巧をめぐる人びと

朝鮮人同僚たち

巧がどのような朝鮮人とどのように付き合っていたかということは、巧と朝鮮との関わりを考えるうえで、きわめて重要な問題である。わたしはかつて、柳宗悦が愛したのは「朝鮮の芸術と、その芸術を生み出した朝鮮人であり、独立を求めて闘う朝鮮人ではなかった」と書いたことがあった（一九九六年、一三六頁）。また、安倍能成は、「自分が日本人である以上、到底朝鮮人を満足させることの出来ぬことも分かり」、日本へ戻ったと書いている（一九六六年、五五六頁）。そして、柳宗悦と安倍能成は、巧が何よりもまず朝鮮人との交友の中で、「人間の価値」を発揮したことを評価しているのである。

一九二二年～二三年にかけてのそれについては、一四五～一四九頁ですでに紹介したので、繰り返さない。ここではまず、朝鮮人同僚とどのように係わったかを述べることにする。

一九六四年六月二十日、ソウルの忘憂里において巧の墓が三十年ぶりに修復されたとき、元同僚たちは、次のように語っている。

浅川さんはつねひごろパジチョゴリの朝鮮服をつけ、食事もいっさい韓国式。ことばもなめらかな韓国語だった。酒は韓国のどぶろく「マッカリ」しか飲まなかった。官舎は韓国人の同僚たちのクラブのようだったという。当時の同僚の一人、方鏡〔正しくは鐘〕源さん（六八）は「浅川さんは男のコジキに会うとかならず村役場に連れていってなにか仕事を見つけてやりました。女のコジキに会えばポケットにはいっているお金をみんなあげてしまいました。浅川さんはそんな人でした」と遠いむかしのおもかげをしのんでいた（『東京新聞』六月二十八日夕刊）。

金二万は、一九一九年から一九六三年まで林業試験場で働き、「木おじいさん」と呼ばれた人で、定年退職後も嘱託・顧問として働き続け、一九八五年十一月七日、八十五歳で亡くなった人である。その間、樹木品種保存と薬草園造成の功績により大統領表彰をされたこともある（『ソウル新聞』一九八五年十一月八日）。その金二万が一九七九年四月十二日に、次のように語っている。

金　二万

浅川氏は、韓国語を非常にじょうずに話し、常に韓国語で話した。三寸〔三親等〕、四寸という韓国の親戚関係の寸数などもたいへんよく知っていた。韓国人同僚に対する態度に差別はなく、日本人同僚から「あなたは韓国人か」と悪口をいわれ、迫害されたほど、韓国人を愛した。それだけでなく、彼は朝鮮服を好んで着て、夕方にはパジ・チョゴリに木履をはいて帰った。長いキセルを好み、中国の帽子をかぶり、縄で編んだ袋を背負い、市場にいって、韓国の骨董品・陶磁器などを日常的に買い集めた。そのおかしな様子のために、倭奴（日本人の蔑称）警官から取り調べられたこともよくあったという。

浅川氏は、林業試験場内の官舎に住み、平素、韓国人に親切で、韓国人を愛したために、正月や節季のときは、たくさんの韓国人同僚が遊びにいった。自分は飢えても、困っている人を助け、何人かの韓国人の学生には奨学金を与えていた。対象は主に国民学校の生徒であり、中学生も二、三人いたと思うが、たいていは林業試験場の職員の子女であった（崔民之）。

技手である巧の給料は、当時の中学校教師の初任給程度であったという。しかし、彼はそれでも日本人であった。したがって、給料の六割という「外地手当て」が与えられていたのである。彼が朝鮮人に奨学金を出していたのは、もちろん困っている人を見捨てておけない性格によることに間違いないが、それと同時に、自分が朝鮮人よりも余分な手当てをもらっていることに対する贖罪の気持ちもあったのではないだろうか。金二万の証言を続けよう。

浅川氏はいつも、自分は飢えても、より貧しい韓国人同僚や労働者を助けたので、死んだときも葬儀の費用さえなかった。また、「わたしは死んでも韓国にいるだろう。韓国式に埋葬してくれ」と遺言した。したがって、韓国の伝統によって葬礼をし、里門里の共同墓地に葬ったが、のち忘憂里共同墓地に移葬した。現在、墓は、その当時、浅川氏から多くの恩恵をこうむった人の子弟で、林業試験場の職員でもある韓相培氏が管理している。

わたしは、良い人であったと尊敬している。浅川氏は、その当時の、韓国人に傲慢で、韓国人を苦しめた他の日本人と違って、韓国人に親切で、同じ人間として愛してくれた。

当時の朝鮮人にとって、もっとも関心があったと思われる独立という問題について、巧はどのように見ていたのだろうか。この点について、金二万は次のように語っている。

独立運動に対する関心は、なかったと思う。浅川氏自身が中学程度の学校しか出られず、非常に貧しく生きてきたので、韓国人労働者や同僚たちを暖かく世話をしたのではないかと思うが、独立運動に対して、深い理解があったとは思われない。

なお、金二万の証言には、次のようなものもある。

浅川氏はいつも日本人たちとそりがあわず、林業試験場をやめる考えだった。そうして、何年だったか、彼が亡くなった年（一九三一年）であると記憶しているが、彼はその年の植樹記念日の四月三日がすぎたら辞職することを決心して、記念植樹の準備をしていたが、かぜをひき、肺炎になって、四月二日に死亡した（以上、崔民之）。

死の直前、一九三一年三月十二日の浅川政歳宛の手紙に、「仕事の研究は随分有意義と考へて大いに奮闘してゐる」（二四八頁）と書いたように、巧が仕事に情熱を失っていなかったことを示す資料もあるから、金二万の証言をそのまま受け入れるわけにはいかない。しかし、その可能性を完全に否定することもできないのである。なぜなら、一九二二年十一月十五日の日記に、「苗圃の空地を料金を取つて貸付する様にしなくてはならん」という庶務主任・場長と、「苗圃の空地を耕作のために貸付したのは、新墾地ではあり土地改良の目的であつて寧ろ当方から頼んで耕作して貰つたのである」と争った巧は、「始末書位何通でも書いてやる」「役人なんてぶち廃めてしまへと云ふ気になる」と書いたこともあったからである（一九九頁）。

ともあれ、巧がもしも、満州事変（一九三一年九月）の後まで生き長らえ、林業試験場に勤め続けたとすれば、彼は、職場の官僚的雰囲気と日本人同僚の朝鮮人同僚に対する差別、そして、朝鮮総督府の皇民化政策（創氏改名、日本語の使用、神社参拝など）に、憤激しないではいられなかったであろう。

市井の朝鮮人たち

巧と市井の朝鮮人たちとの交わりについても、いくつかのエピソードが残されている。柳宗悦は次のように記録している。

嘗て青物を女が売りに来たことがある。「あ、買つて上げよう、いくらだ」「之は一つ廿銭ですが」そばで奥さんが云ふ、「今お隣りではねぎつて十五銭で買へましたのよ」「あゝ、さうか、それならわしは廿五銭で買つてやる」。貧しい女をさうしていたはつた。奥さんはわざ〳〵高く買ふ夫の行為にほゝえんだ。彼の所へは時々人知れず台所に贈り物が届けられた。みな貧しい鮮人達の志の現れだつた。朝鮮人は日本人を憎んでも浅川を愛した。（こんな逸話が浅川には多いのである。集めたら何よりのい丶伝記とならうと思ふ）（一九八一年、六三八頁）。

「集めたら何よりのい丶伝記とならうと思ふ」という柳のことばに深く共感しながら、姉・小宮山栄の証言を紹介する。

朝鮮服を着てね、まことに風采はあがらない顔でした。ですから、「ヨボ、ヨボ（朝鮮人に対する蔑称）」と朝鮮人だと思われて。電車に腰をかけていると、「ヨボ、どけ」なんて席を立たされると、黙ってどいて席にかけさせました。

あるときは、青年が学校にいってたけん、父が亡くなったので学校をやめた、なんていう話を聞きますと、そりゃかわいそうだといって、月謝を出してやって、しまいまで学校に出してやりました。それから、部落の人が初物だといって、もろこしを持ってき、大根を持ってきて。一所懸命庭をはいてくれたり、お風呂をくんでくれたりしたんですよ。そういう人には、お小遣いをあげたんです。月給日になると、もらいにくるんですが、あるときは月給が遅れて、「明日お出で」なんて言っているときもありました。素朴で、飾りもないし。

電車の中で座っている朝鮮人に対して、日本人が席を空けさせるというようなことは、当時は日常茶飯のことであった。そうした中で巧は、朝鮮人と間違われ、「ヨボ、どけ」と言われたときに、「わたしは日本人だ」と抗弁しないで、黙って立ったのである。それが巧の思想とも言うべきものであった。

中央学校の生徒であった崔福鉉は、同校の教師であった赤羽王郎に連れられて、日曜日には郊外スケッチに出かけた。そして、「心も軽く、身も軽くたどりつく処は、浅川先生のお宅であつた。先生は真に喜びを知るもの、如く喜んでくれた」と書いている（八五頁）。崔らとの交友は、赤羽が一九二三年一月に朝鮮を去った後も続いた。崔はこう回想している。

我等には最初の不幸が訪づれた。「朝鮮の友よ！　元気でゐてくれ。朝鮮の耕者《たがやすもの》として生長してくれ。我が友よ！」の意味のお手紙を最後として、我等の赤羽先生は永遠に朝鮮を去られたのであつた。遂に荒地に落ちた悪しき種子は間もなく枯れてしまう憐な我々であつた。大抵の友は一人〳〵中央〔学校〕を去り、卒業まで居残つたのは、金（教奐）君と私位のものであつた。其後は金君が先生〔巧〕のお宅で自炊してゐた時分なので時々遊びに行つた。先生にもお逢ひした。先生はよく私が朝鮮語で語る朝鮮のお伽噺を聞かれては子供のやうに無性に喜ばれるのである（八六〜八七頁）。

崔は巧との付き合いの中で、自分たちが「顧みなかった古きものを愛するやうになり、失はれた朝鮮の美しさを見出し得らる、やうな気がした」（八六頁）。

巧は妻・みつえを亡くしたあと、金教奐を下宿させていた。その金と思われる人物が土井浜一の文章に出てくる。朝鮮工芸会（後述）の一行が、一九三六年八月十五日に、京畿道議政府に銀象嵌屋を見学に行ったときのことである。途中にあった郡役所に「巧さんが面倒を見られた金君のゐる事を思ひ出して」案内を頼みにいったというのである（一九三六年、五八頁）。巧の遺徳を知ることができる。

話を崔福鉉に戻す。彼は、一九三一年に広島高等師範学校を出ると、朝鮮に帰って教師をしていたようである。そして、一九三四年四月に発行された『工芸』の浅川巧追悼号に、「浅川先生の想出」を寄稿している。そして、崔と巧との親しい付き合いを象徴する次のようなエピソードを紹介している。一九二七年ころの話である。

私が広島へ行く直ぐ前に作品第一号が生れた。或日先生を事務所にお訪ねして、此の消息をお告げすると誠に喜んで下さつた。子供のために名をお作りになつたのである。それは「創漢」と呼んでゐる。広島からは年一回は帰つたので大抵先生のお宅へ御挨拶に上つた。何時も御元気で、身内のもの、やうに喜んで下さるのである（八七頁）。

崔　福鉉

朝鮮人である崔がわが子の命名を日本人に頼むということとは並々ならぬ尊敬と信頼の証である。息子を日本の高等師範学校に留学させるほどの家なら、その祖父や父をはじめ、名前をつける人を欠くはずはないからである。

そうした信頼に応えるように、巧は子どもを「創漢」と名付けた。「漢」は、崔氏門中の行列字（朝鮮では門中の間柄が同級の場合、名前の一字を同じにする習慣がある。その一字をいう）である（姜姫淑）。巧は朝鮮の習慣を尊重したのである。

なお、崔福鉉は、朝鮮独立のあと、教育家として一家をなし、母校の後身・中央高等学校の校長、ソウル特別市教育委員会教育監（教育長）などを歴任して、一九七九年に亡くなった（霞関会、二四九頁。経済通信社、七七〇頁。姜姫淑）。なお、その息子・創漢は若くして亡くなったという（姜姫淑）。

ところで、一九三〇年十二月の朝鮮工芸会の集まりで、巧たちは、膳屋に寄ったあと、妓生の家を訪問した。そのときの様子については、安倍能成が「或る日の晩餐」という随筆に書いている。膳屋の「人の好さゝうな主翁は親しさうにT（巧）君を迎へて居た」、妓生の家の主人が「養蜂の指導をやつてゐる人でT君の知合らしい」とある（一九三四年2、一二〇頁、一二七頁）のを見ると、巧の交際の範囲の広いことに驚かされる。

また、土井浜一は、巧の家の裏の尼寺に「新しき村」の会員たちといっしょに食事に行ったときの印象を、「尼寺では一切朝鮮語の達者な巧さんが世話して下さつた。巧さんと尼さんとの対話は実に親しく馴れたもので、側で聞いてゐても気持のいゝ、程愉快に聞かれた」と書いている（一九三四年、八〇頁）。巧は、膳屋の主翁、妓生の家の主人、尼寺の尼さんの友でもあった。

巧はまた、子供や青年も好きだった。浜口良光はこう証言している。

京城に出ると菓子を買つて来て近所の朝鮮の子供たちにやつた。又朝鮮の青年を愛してよく導いた。巧さんから学資の補助を受けて通学したものは四五に止らない（一九三四年、七六頁）。

信州白樺派の小林多津衛も、咲か園絵に聞いた話として、「暮にボーナスを貰うと世話になった多くの人にお礼の品を用意したあと、御菓子をたくさん買って正月訪ねて来たり近所に遊んでいる子供にあげる。毎年用意していたとのことでした。ボーナス、人の為にみんな使ってしまったとのこと」と書いているし、『李朝木工』の著者・池田三四郎は、「浅川巧さんが歩いていると、朝鮮の子供たちが集まってくる。その子供たちは洟《はな》をたらしているんだね。すると、浅川さんは、いちいち洟を拭いてやった」という逸話を聞いたことがあるという（一九九七年）。

朝鮮語にヨボということばがある。もともとは「あなた」あるいは「もしもし」というほどの呼びかけの意味であるが、日本人が朝鮮人を蔑視して、朝鮮人を呼ぶことばとしても使われるようになった。このことばについて、咲は次のように話していたという。

主人は朝鮮の人を呼ぶとき、物売りに対しても、決してヨボといってはいけない。ヨボシップシォといわねばならない、といっていました……。（金哲央、一九八二年）

「ヨボシップシォ」は丁寧語である。

ところで、巧が付き合っていたのは無名の朝鮮人だけではなかった。小宮山辰也によれば、書の好きな小宮山貢（栄の夫、辰也の父）に贈ったものの中には、大韓帝国時代に総理大臣を務めた李完用や宮内大臣を務めた朴泳孝の為書きもあったという（一九七九年1）。また、巧の著書『朝鮮の膳』には、「大官の某氏」が巧にくれたという朝鮮の膳の写真も掲載されている。巧の交際範囲はいわゆる上流階級にも意外と広がっていたのである。

日本人の友人たち

浅川巧について考えるときに大事なのは、彼が日常的に朝鮮人と親しい交わりをもっていたということである。しかし、彼がどのような日本人たちと親しくしていたかを見ることもまた、巧の人となりを考えるうえで、参考になるであろう。

巧が比較的ひんぱんに交友したのは、なんといっても、朝鮮にいる日本人たちであった。第二章で紹介した、伯教の「友人たち」と重なるが、ここで改めてやや詳しく見てみることにしたい。

赤羽王郎。本名・赤羽一雄、王郎は通称である。一八八六年、長野県に生まれた。上野の美術学校を中退し、一九一一年から長野県で教師になった。『白樺』を愛読し、自由教育を実践した、いわゆる「白樺教師」である。ところが、その自由教育が村民の反発をかって辞職されられ、長野を去った。

長野にいたとき、柳宗悦の講演会を開催したりした縁で、一時、千葉県我孫子の柳邸に寄宿していたが、一九二一年、柳に勧められて朝鮮へ渡った。赤羽は柳の紹介状をもって現れ、巧の家に止宿した。彼はまもなく、三・一独立運動の震源地の一つとして知られた中央高等普通学校（日本の旧制中学校にあたる）に勤めることになった（赤羽の経歴については、主として今井、一九八八年による）。

学校では日本語と美術とを教えたが、生徒から「チョク（赤）先生」と朝鮮風に呼ばれるほどに慕われた。中央学校時代の赤羽については、中央学校の後身である中央高等学校の校長・崔炯錬（一九六九年当時）が次のように書いている。

> 中央高等普通学校では、政策上あるいは体面上、やむをえず日本語と日本史を担当する教師には日本人を採用した。日本人教師は、みな実力があり、精神面においても、われわれの民族精神に積極的にもとらないばかりか、むしろ、学校の精神を讃え、学校の教化に感服したようだった。日本語と図画を担当した教師・赤羽一雄は、宿舎を学校の舎宅、つまり古下先生〔宋鎮禹〕と幾堂先生〔玄相允〕が住んでいたその部屋に定め、学生に対する態度と、授業面において自己の真心を捧げることでは、きわめて温情的であり、その私生活においては韓人のように、パジ・チョゴリ〔朝鮮服〕にチョッキまで着、キセルを使うなど、韓人と呼吸を同じくした（三二―三三頁）。

赤羽王郎自画像

赤羽は巧とともに、パジ・チョゴリを着て教会に通った。そして、分院の窯跡もめぐった。李朝陶磁展覧会や泰西名画展覧会もいっしょに準備した。赤羽は、巧に多大な共感を抱いていたのである。

赤羽はしばしば学校の生徒を巧の家に連れてきた。先に紹介した崔福鉉も、その一人である。崔は、「〔浅川〕先生と赤羽先生とは我等にとつては、終世忘れることの出来ない尊い存在である」と書いている（一九三四年、八四頁）。

しかし、赤羽は、一九二三年、突如として中央学校を退職し、朝鮮を去った。先の崔炯錬によると、その理由は、次のとおりである。

総督府学務課では、文化政治を標榜したにもかかわらず、裏では監視を厳しくしていたが、中でも特に中央学校に注目し、学校の動向を査察し密偵するために、日本語教師の名で中沢新助を推薦し、強制的に採用させた。中沢が中央学校でどれほど探偵行為をしたかはわからない。しかし、同じ日本人教師の赤羽は、中沢をたびたび面罵し、また中沢の行為を鄙陋とし、ここに学校を辞職した（三二三頁）。

それから五十年後、赤羽から当時の話を聞いた今井信雄によると、彼は、学校をやめた理由の一つとして、次のようなことを挙げていたという。

辞任の理由は、教育が行詰ったからである。目にある日本人の横暴に耐えている生徒に〈参ってはいけない、立派な行為をもって日本人に勝ち抜け！〉とはいえなかった。トルストイの無抵抗主義を口にすることは、現地人の懐柔策として誤解されるおそれ（傍点ママ）があった。生徒に慕われれば慕われるほど、統治政策下にある学校生活は、心の重荷になった（一九八八年、一三一頁）。

日本に帰った赤羽は、その後、沖縄や鹿児島で教育にたずさわり、一九八一年に九十五歳で亡くなった。伝記に、今井信雄『この道を往く――漂泊の教師　赤羽王郎』がある。朝鮮の林業試験場に止まった巧に対する赤羽の評価が残っていないのは残念である。

安倍能成は、京城帝国大学の哲学教授として、一九二六年から四〇年までの足掛け十五年間を朝鮮で過ごした。そして、その間に、朝鮮の自然と人間と文化とについて、数多くの随筆を書いた。『青丘雑記』（一九三二年）、『静夜集』（一九三四年）、『草野集』（一九三六年）、『朝暮抄』（一九三八年）、『自然・人間・書物』（一九四二年）、『槿域抄』（一九四七年）などに収められている。また、京城での生活についての回顧は、「京城の十五年」という題の下、自叙伝『我が生ひ立ち』（一九六六年）に収められている。

安倍は、ヒューマニストであった。彼は、朝鮮の自然と人間と文化を観察し、随筆をとおして、朝鮮と朝鮮人とに対する理解の必要を穏やかに説きつづけた。敗戦直後に出した『槿域抄』の「序」でも、彼は次のように訴えている。

朝鮮は今国として我々と離れたが、朝鮮人と我々日本人との関係が永久に断絶するわけでもあるまいし、又現在も全然断絶して居るのではない。この書が朝鮮の自然、人間、文化に対する私の関心を示すものとして、日本及び朝鮮の友人諸君に読まれることは、私の切なる願である（四頁）。

この本について、韓国の宗教哲学者の池明観は、「日本のある片隅に、韓国を見る日本知識人のヒューマニズムが消えていく灯火のように細く燃えていた証拠だ」（五六頁）と、高く評価している。しかし、安倍自身は、「柳宗悦君を惜しむ」という文章の中で、朝鮮のことを振り返り、自分に次のような不足があったことを認めている。

私は朝鮮に十数年を過ごした者であるが、私が私自身に対しても又在鮮の日本人に対しても、一番に物足らず思ったことは、日本人が朝鮮人の長所、美点を認めなかったことである。凡そ教育ということは、相手の美点長所を発見せずにはできることでなく、日本の朝鮮統治に、殊にこの教育的精神の欠けて居ことは争われない。私が途中で朝鮮を去ったのも、自分のこの精神の欠如が、私の朝鮮生活を不安にしたからでもあった。

芸術や工芸や文化を通じて、その国土や国民を愛することは、お互に欠点の多い人間を、殊に他年の秕政や外国人の愛に乏しい政治によってわるくされた、朝鮮人民を愛することよりも容易である。柳君のように我がままで、自分に随順する者か自分を尊敬するものかでなければ容れられぬ人物にとって、朝鮮の工芸を通じて朝鮮と朝鮮人とを愛し得たのは、幸福だったといえるかも知れない（蝦名、三九頁）。

安倍は「朝鮮人民を愛すること」ができなかったのである。そして、朝鮮人の友人をもてなかったのである。また、安倍が朝鮮の自然・人間・文化について書いたものは多いが、朝鮮の政治、とりわけ総督府の植民地支配政策を批判的に書いたものはない。さらに、彼は家族を東京においたままであった。安倍はついに、朝鮮に入り込めなかったのである。安倍はそうしたことを自覚していただけに、自分より深いところで朝鮮人と付き合っていた浅川巧にいっそう感心したのであった。

ところで、安倍は一九二六年に朝鮮に赴任してまもなく浅川巧と知り合った。巧が死んだ一九三一年まで、四年間の短い付き合いだった。しかし、その短い間に巧の価値をとらえ、巧が死んだとき、「浅川巧さんを惜む」を書いて、「人類の損失だ」と嘆いたことは、本書の序章で紹介したとおりである。そして、『工芸』が浅川巧追悼号を発行したときには、「浅川巧君の追憶」を寄稿して、「巧さんの様に自分の心を朝鮮の心に結びつけ、よし少数ではあつても真心の中に真心を置いて行つた人を余り知らない」と述べた（一九三四年1、七七～七八頁）。

また、一九六〇年に発表した「李朝陶磁篇に寄す」でも、伯教について書く場であるにもかかわらず、巧についても、次のように書いている。

それにつけても君の愛弟浅川巧君が若くして死んだのは、惜しみて余りある痛恨事である。巧君の李朝陶磁や朝鮮工芸に対する眼も知識も、兄君の伯教君によって啓かれ導かれたことはいふまでもないが、伯教君は中々勝れた直観力は持って居るけれども、もし巧君が生きて居て伯教君の経験を纏めることができたならば、李朝陶磁ばかりでなく、朝鮮工芸はしっかりした学問的文献を残し得たらうと思って、長息大を禁じ得ない（二頁）。

京城帝国大学教授の美術史家・上野直昭《なおてる》や哲学者・速水滉も、安倍と前後して巧と親しくなった。上野は、一九六六年に発表した「安倍能成追悼」という文章の中で、安倍の「浅川巧君を惜む文（「浅川巧さんを惜む」）は、今手元にないが名文だと思つてゐる」と書いている（二六四頁）。彼はこういう形で、安倍の巧評に共感を示している。

高橋保清は、三井物産の京城支店に勤めていた。巧らが朝鮮民族美術館を設立しようとしたとき、三井物産京城支店が二百円の寄付をしたのは、高橋の働きかけによったものと思われる。

朝鮮銀行に勤めていた土井浜一と巧との出会いについては、土井自身が一九二八年七月三十一日のことであったと書いている（一九三四年1、七九頁）。土井が、その前日まで開かれていた朝鮮民族美術館主催の李朝陶磁器展に、自分の所蔵品を出品したことに対して、巧が柳とともに礼をいいにやってきたのである。朝鮮の工芸に関心をもち、「新しき村」の会員でもあった土井は、その二日後に巧の家で開かれた「新しき村」の京城支部会員の集まりに出席した。そして、会が終わったあと、皆で、巧の家の裏山にあった尼寺・清涼寺で、朝鮮料理を食べながら、武者小路実篤に寄せ書きした。土井と巧とは以来、親友となった。

なお、「新しき村」の京城支部会合の記念写真が日本民芸館に残されている。柳、巧、土井のほかに、和気有明、山中鯉一、花栗実郎、蜂谷喜郎が写っており、不参者として、安心院公迎と鮫島宗也の名が記されている。

土井は、朝鮮在住時代に「李朝陶磁器の絵模様」「朝鮮新工芸を見るの記」「李朝の水滴」などを書いた。そして、一九四五年、日本に引き上げてきてからは安倍の紹介で国立博物館に入り、朝鮮部門を担当しながら（のち学習院に転勤）、「李朝陶磁と水滴随想」あるいは、「柳さんと朝鮮」「伯教さんとの宿縁」などを書いている。

ところで、土井は『工芸』一九三八年一月号の特集「李朝の水滴」を一人で埋めている。そして、繰り返し、浅川巧と『朝鮮陶磁名考』に言及している。また、最後のところでは、こう書いている。

今日（一九三七年四月二日）は浅川巧さんの七回忌に当る。何だか感慨無量だ。巧さんが生きてゐられたら、同じく水滴を沢山蒐めてゐられた関係上、聞く可き多くのこと、又参考に資す可き豊富な材料もあつたかと思ふ。或いは自分がこんな原稿を書かなくとも、巧さんの手に依つて、あの簡明な文章と、堂に入つた挿絵とに依つて、素晴らしい本が既に出来てゐたかと思ふ（一九三八年、一〇七頁）。

また、土井は別の文章で、巧の文章は「李朝の工芸品を見る様」だと述べている。巧が李朝の工芸品

新しき村会合記念、右より二人目巧、三人目柳、
五人目土井（1928年8月2日、清涼里巧宅前にて）

に「古雅」「堅牢」「至便」を見たように、土井は、巧の文章にもそれらの特色を見ていたのである。

浜口良光が巧とはじめて会ったのは、一九二二年の六月である。彼は東洋大学で柳宗悦に学び、その影響で朝鮮に強い関心をもつようになった。そして、朝鮮の美術工芸を研究するために朝鮮に渡り、その三日後、柳の紹介状をもって巧を訪ねたのである。彼はまもなく儆新学校の教師となった。

浜口は、朝鮮語を学んで、朝鮮の民謡を採集し、一九二六年に「朝鮮民謡の味」を書いた。そして、巧の死んだあとに『朝鮮陶磁名考』の校正刷が出ると、巧にかわって校正した。その後、「朝鮮工芸概観」「朝鮮民芸文献抄」「朝鮮の紙」「李朝時代の工芸品・考証」などを発表した。彼は、童話に対する関心も強く、日本語の新聞『京城日報』にしばしば童話を書いた。ときにはそれがラジオでも放送された。

一九四五年の敗戦まで、浜口はけっきょく二十三年間を朝鮮で過ごした。そして、日本へ引き揚げてからも、『朝鮮の工芸』『李朝の美―民芸』をはじめ、「朝鮮の庶民料理―柳先生を偲んで」や「俳人伯教宗匠」などを書いて、朝鮮の民芸を日本に紹介し、柳や伯教の仕事を記録に留めたのである。

靴屋の渡部久吉は、メソジスト教会をとおして巧と付き合うようになった。松山生まれで、教会の音楽隊の世話役であった。柳兼子の音楽会が開かれたときには、巧を助けて準備に奔走した。

日本（当時は内地といった）に住む日本人では、学生時代からの友人・浅川政歳と小宮山清三がいたことは先に述べた。彼らのほかには、陶芸家の富本憲吉がいる。富本は、一九一二年の秋に東京で開かれた拓殖博覧会に設けられた朝鮮コーナーで朝鮮の陶磁器を見て以来、それに関心をもっていた（安堵久左、一九頁）。そして、その延長線上で、一九一四年に伯教と知り合った。

一九二二年九月下旬、富本は朝鮮の博物館や窯場・窯跡を見学するために朝鮮を訪問した。そして、十月三日から約半月、巧の家に滞在した。巧はそのときのことを十月二十二日の日記にこう書いている。

富本兄は十数夜も清涼里に来て一緒に寝た。夜晩く二人で並木のある大通をとぼ〳〵と歩いて話しながら帰つて来て寝につくのは何時も十二時すぎだつた。しかもその上寝話に興奮したりした。愉快だつた（一八四頁）。

一方の富本は、そのときのことを「京城雑信」（『窯辺雑記』に収録）に、次のように書いている。

本陣をいよいよ清涼里に決めた。

静かな村であり浅川君の家が朝鮮式のものであり、電車から家までの道が実によいからだ。（中略）昨日黄金町と云ふ日本人町の近くで思ひがけなく盲目の一鮮人が細い短い尺八に似た笛を吹いて居るのに遇つた。浅川君が五銭やるとさみしい頼りなささうな顔を少しゆるめたが、また直ぐにひきしまつた様子にかへつて吹き出した（五七〜六九頁）。

また、「李朝陶磁写生巻」と題したものを残している。そのうちの二巻は柳宗悦や浅川兄弟らが中心になって開催した李朝陶磁器展覧会に出品された壺などのスケッチ、もう一巻は、清涼里や南大門などの風景のスケッチである（三重県立美術館、五六頁）。

ところで、富本と付き合いのあった内川千治によると、富本はよく「浅川巧がいたので、柳も朝鮮に関するいい仕事ができた」と言っていたそうである。

柳宗悦については、本書のいろいろなところで述べているので、ここではくりかえさない。「柳と朝鮮」の関係についてさらに詳しく知りたい読者は、拙著『「妄言」の原形――日本人の朝鮮観』（木犀社、一九九六年）を参照してほしい。

おそらく柳をとおして、巧は武者小路実篤と知り合った。巧は「新しい村」に親近感をもっていた。「かつては村に入らうかと思つた」ことさえあった（一一六頁）。村の京城在住会員であったことは前述のとおりである。

一九二二〜二三年の日記には、何度か武者小路のことが出てくる。「武者のよく云ふいまによくなる、こゝ二、三年の辛抱だと云ふ様のことは考へて居てしならんことだ。人生の意義は行つた先きにあるのでなく行く道中にある。道程の一歩一歩が成就であり到達である」（一九二二年八月十四日。一二六頁）。「実際武者さんには会ひ度い気がしてゐる。そして色々聞いたり思つてゐること云つて見度い気がしてゐる」（八月二十一日。一三五頁）。「武者の女と関係したこと知つて一寸がつかりする。然しあの男にはそれも許されてある気がする」（一九二三年七月十八日。二二八頁）。

武者小路の仕事に共感しながらも、巧は、彼に対する批判的な態度も崩していない。

林業関係では、同僚の石戸谷勉、東京帝国大学教授の中井猛之進が親しかった。石戸谷とは共著を出しているが、彼の履歴は九七頁の追記のとおりである。

中井は、一八八二年、岐阜で生まれた。東京帝国大学理科大学を出て、母校の植物学科の助手になった。一九〇九年、朝鮮に植物採集に出掛け、同年、「朝鮮植物誌Ⅰ」（『東京帝国大学紀要理科』）を書いた。その後も朝鮮の植物に関する多くの論文・著作を書き、一九一七年には、東大教授になっている。そのかたわら、一九一三年から四二年まで、朝鮮総督府の嘱託として、ほとんど毎年、夏休みは朝鮮で、植物・森林を調査研究した。また、洪水対策にも取り組んだ。一九四三年にジャワの植物園長になり、一九四六年に帰国したあとは、国立科学博物館館長などを勤めて、一九五二年になくなった（編、発行、不明『風樹録』による）。門弟・前川文夫によれば、「先生は一口で云うならば、今までの型の植物分類学の分野でずばぬけた巨匠であつた」（同上、八頁）。

中井とは、おそらく巧が朝鮮林業試験所に勤めはじめた一九一四年に知り合ったと思う。そして、巧が死ぬ一九三一年まで、付き合いは続いた。仕事を通しての付き合いではあったが、互いに一人の人間として認め合っていたようで、東大教授の中井は技手にすぎない巧の家に泊まるのを楽しみにしていたという。一方、巧もしばしば中井を訪ねたようで、一九二二年十二月二十八日の日記には、「朝（小石川）植物園に行つた。中井さん一人で研究してゐた。園内を簡単に廻つて午頃辞去」（二一九頁）という記録が残っている。一周忌にあたる一九三二年四月に開かれた巧の追憶会にも追悼文を寄せ、一九三四年四月に発行された『工芸』の浅川巧追悼号にも、「浅川巧君へ」という文章を寄せている。

彼の黄色い様な茶つぽい様な麻の服を着て朝鮮語をしやべる時はどう見たつて内地人じやないよ、くやしくたつて駄目だよ、ソラ君、前に君と鄭君とが東京へ来たじやないか、日比谷に平野屋のあつた頃だつたから古いものさ、彼所へ僕が案内したら、平野屋の女中が鄭君を内地人、君を朝鮮人と思つて君はトテモもてなかつたじやないか、だから君のヨボ的風采つて奴は間に合せじやない、真に逼つて居るのだから、内地人だつて威張つたつて駄目ダイ、矢ツ張り朝鮮で名を成し朝鮮で終る様に出来てたんだよ（八二頁）。

「ヨボ」という蔑称を使っているところなどは問題である。しかし、中井の真意は、巧が深く朝鮮を愛し、朝鮮人の中に溶け込んでいたことをユーモアたっぷりに評価することにあった。この文章はまた、中井と巧との官位にとらわれることのない気さくな関係もうかがわせてくれる。

この文章に触れて、中井とも面識があった哲学者の鶴見俊輔は次のように述べている。

リンネの植物分類学やってた大家なんですよ。その人が東大の若い教師だったころ、朝鮮にいって浅川巧の家にとまったりして、ゆっくり、そこで暮している。で、楽しげな思い出をずうっと書いてるの、追悼号に。中井猛之進は日本の学問で言えば正統です。浅川巧は、そういう学歴をもっている人ではない。そこに行って、もう心を許して語り合って、浅川巧を人柄として良く書いているわけね。浅川巧はおもしろい人物だったに違いないんだ〔鶴見ほか、二二五頁〕。

巧の友人たちは、いずれもそれなりに朝鮮を愛した善き人たちであった。

朝鮮工芸会

一九二八年ごろ、朝鮮趣味を語る会、のちの朝鮮工芸会が生まれた。会員の一人であった京城帝国大学教授の上野直昭は、次のように書いている。

只数人の金にも名声にも縁のない善良な小市民が集って朝鮮を愛し、朝鮮人を愛し、殊に朝鮮の工芸に興味をもち、専ら其美を発掘し、内地に迄弘めて柳宗悦君等の民芸運動と、互に親しみ合ったグループであり、カマを持たぬ陶芸家〔伯教〕あり、銀行員〔土井〕あり、セロをひいたり、彫刻をしたりする靴屋〔渡部〕あり、先生〔浜口〕ありと云った風で、中心もなく分派もない会であった〔二六四頁〕。

また、生まれた経緯と第一回の会合の様子、そこにおける巧の役割などについては、浜口良光がこう回想している。

これは多分兄さんの伯教さんの提議だつたと思ふが、ある時「吾々は集る機会が多いけれど、雑談で終つてしまふのは惜しいから、何か朝鮮趣味を語る会を作らう」と云ふことになつた。で第一回は朝鮮の室内遊戯の会と云ふことになつて清涼里のある料亭に集つた。それは浅川さん兄弟、安倍能成さん、速水滉さん、上野直昭さん、土井浜一さん、渡部久吉さん、それに私と云ふ顔ぶれであつた。（これは朝鮮工芸会の濫觴となつた）この時巧さんは、前に王宮に仕へてゐたと云ふ上品な老人をつれて来て、昔の遊戯の話をしてもらつて、それを通訳してくれた。しかし其話は大体巧さんの知つてゐる範囲で、唯疑点を明にしてくれる位のものであつた。この時巧さんが見せてくれた遊戯の道具は随分多数で、全部記憶はしてゐないが、平安朝式に似た双六もあつた。花札式のものもあつた。一寸麻雀に似た骨牌（コルペイ）と云ふものもあつた。子どもに智識を与へる為に作られたらしい地図地名入のもの及官位官名入の廻り双六に類したものもあつた。その外現今一般に行はれてゐる巡警図、将棋、擲柶（朝鮮のすごろく）など、何れも味のいゝものであつた。

第二回は何であつたか第三回は巧さんの案内で朝鮮料理の下手物を食ひ歩かうと云ふのだつた。それには私は病気で加らなかつた（一九三四年、七四～七五頁）。

ここで注目されるのは、巧が見せてくれた「遊戯の道具は随分多数」であったということである。なぜなら、柳は、「朝鮮の美術」という論文の中で、「朝鮮の生活が一般に楽しさを欠いてゐた」とし、その実例の一つとして、「子供が玩ぶ玩具の極めて少ない事実」を挙げているからである（一九八一年、一〇七頁）。巧が見せた多数の遊具は、柳の見解が間違ったものであることを教えてくれるものであった。

この会の会員には、ほかに、高橋保清や蜂谷喜次郎がいた。ときには、短歌会・真人社を主宰していた市山盛雄（野田醬油京城出張所に勤務）らも加わった。市山の記憶によれば、朝鮮民謡を聞く集いなどもやったということである。

会はほぼ毎月一回開かれ、伯教の家に人を呼んで話を聞いたり、持ち寄った品を競売したりした。土井は、「この会合には工芸品や古本などを持ち寄って競売し、この売上の半額を会合費に充当し、半額は提供者に返し、その額の多寡、善悪の批評、不平、不満を顔にも、話にも出さぬのがこの会の特徴であった」と回想している（蝦名二六三頁）。ときには、家族ぐるみで朝鮮民芸美術館を掃除したり、ハイキングに行くこともあった。

一九三〇年十二月七日の工芸会の集まりの様子については、安倍能成が「或る日の晩餐」と題する随筆に書いている。この日は、T（巧）の提案で、「ソルランタン（牛肉を煮詰めた汁）を食つて妓生《キーサン》（歌と踊りで酒席に興を添える女性）の家を訪問しようぢやないか」ということになった。同行したのは、安倍とW（渡部）と、D（土井）である。彼らは、ソルランタンやトック（雑煮）を食べたあと、酒幕（一杯飲み屋）へ寄り、さらに巧の知り合いの妓生の家を二軒も廻り、歌や踊りを楽しんだ。安倍はこのときの巧について、こう評している。

この仲間の中でも朝鮮語が出来て、朝鮮人の中に友達があり、自由に朝鮮人と応酬の出来るのは、H君の弟のT君だけである。彼はおよそ通人とか粋士とかいふたぐひからは最も縁遠い人種であつたが、又一方に税吏《みつぎとり》や娼婦の友にもなり得る、自由な囚はれざる真の基督教徒らしい骨頭を具へた人物であつた。この人に妓生の知合があるのは不思議の様で不思議でない（一九三四年2、一一九〜一二〇頁）。

なお、安倍は、この文章を『静夜集』に収めるにあたって「付記」を書いている。

T君即ち浅川巧君はその翌年（昭和六年）春俄になくなつた。T君が死んでから、私達をかういふ風に引つぱり廻してくれる人は居なくなり、私達もその後かういふアヴァンテュール（?・）を試みる機会を得ない（一九三四年2、一三〇頁）。

工芸会は巧が死んだあとも続いた。そして、いろいろと巧の遺族を労り、その生活を助け、巧の遺稿を整理して本にしようと努力した。そして、巧の命日には墓参を欠かさなかった。一九三七年四月の工芸会について、土井はこう書いている。

明日は京城の工芸会の人々と、巧さんのお墓に参ることになつてゐる。此のことは、吾々仲間の毎年の行事になつてゐるが、今はお参りするのだか、遊びに行くのだか解らない位に一つの楽しみになつて了つてゐる。巧さんもそれを悦ばれることと思ふ（一九三八年、一〇八頁）。

このようにみてくると、工芸会というのは、自由人たちの、無邪気な、楽しい、朝鮮趣味の会であったことがわかる。しかし、植民地の民とされた朝鮮人の目に、それはあくまでも、植民者たちの異国趣味の会、植民地支配の現実をみない、気楽なものに映ったに違いない。

八　朝鮮の土となる

突然の死

一九三一年二月から三月にかけて、浅川巧は養苗についての講演をするために、朝鮮の各地を巡回していた。彼から浅川政歳への手紙によって、巧が二月十七日には慶尚南道の釜山に、三月十二日には忠清北道の忠州にいたことがわかる。

巧は健康に自信をもっていたため、この長期旅行で無理を重ねたらしい。三月十五日ごろ清涼里の自宅に帰ったときには、かぜをこじらせていた。

このころ、巧の家に二人の来客があった。一人は赤羽王郎の教え子・崔福鉉である。彼は広島の高等師範学校を卒業した挨拶に訪れたのである。もう一人は、当時、メソジスト教会の牧師で、民芸運動の活動家でもあった外村吉之介である。彼が、柳の紹介状をもって巧を訪れたのは三月十七日のことだったと思われる。外村は、こう回想している。


東大門のあたりから電車に乗って、清涼里で下り、堤のない浅い川添いに行くと、あたりに林があり、冬の陽ざしの中で女の人たちが白い洗濯物を叩いているのが詩の世界のようであった。家に着いてみると煉瓦建てで内部は和風だった。寒い日で、硯の水か今朝から凍っているということだったが、初対面の人々といきなり親しくなって、温かい思いをした。器物が朝鮮の木工品や陶磁であったのは云うまでもないが、当時自分らが珍重に思っていた李朝の数々が安らかに日用されているのに驚きもし喜んだ。それらは相当多くて今憶えている物はほとんどないけれど、白磁の大根卸しが柱にかけてあるのが美しくて強い印象をうけた。

当時の巧の官舎

咲子さんがよく話され、「主人は家思いで出張するとよく手紙がきて、園べいはどうしているかと書いてよこすんですよ」などと、屈託のない愉しさであった。しかし巧氏は少し元気がなかった。その時もう風邪を引いておられて、翌日の集会には一緒に出られなかった（一九七四年2、三五〜三六頁）。

「翌日の集会」というのは、おそらく三月十八日から開かれたメソジスト教会の第二十四回西部年会であろう。

同月二十六日、巧は林業試験場で映写会を行っている。おそらく各地の山林を写したものであったであろう。そして、その日、自宅に「肩をすぼめて帰ったきた」。娘の園絵と仲の良かった、巧の姪・上杉美恵子はその日も巧の家で遊んでいたが、その様子を見て、驚いて家に帰り、両親に巧の健康状態が悪いことを話したという（一九七九年 2）。

翌二十七日、巧は急性肺炎で床についた。しかし、二十九日には四十度近い高熱をおして、柳宗悦から依頼されていた『工芸』五月号のための原稿「朝鮮茶碗」を脱稿した。

たぶん三十日、巧は浅川政歳宛に簡単な葉書を書いた。

拝啓

春寒料峭の候益々御清穆の段奉賀候。陳者小生感冒にて先日来より臥床、仲々面白からず閉口致居候。御無沙汰の段不悪御思召し被下度右不取敢御報せまで。

匆々（二四八頁）

巧の病状はさらに悪化し、四月一日午前十時すぎ、親戚や親しい友人たちに「ヤマイオモシ」の電報が打たれた。

柳宗悦は、四月一日夕、「病重し」との知らせに接した。彼は最近、巧と会って帰ったばかりの民芸運動の弟子・外村吉之介に「浅川巧君病重しとの電報あり、之から急遽渡鮮する。四月一日夕　宗悦」と葉書に書いた。それから、「同君の為切に祈りを希ふ」と書きたして、それをポストに入れた（外村、一九七四年2、三六頁。柳、一九八九年、四二二頁）。そして、取るものも取りあへず、其夜京都を立つて朝鮮に急いだ。柳はどうしても巧に会いたかったのである。しかし翌二日夜、汽車が大邱を過ぎたとき、再び電報をうけて、巧が二日午後六時に死んだことを知った（柳、一九八一年、六二四頁）。

柳は眠れない一夜を車内で過ごし、翌朝、京城の清涼里にかけつけた。柳は玄関で出迎えた伯教の手をとって慟哭した。そのときの様子を、浜口良光は次のように記録している。

急を聞いて急ぎ来鮮された柳さんは伯教さんと手をとり合つて慟哭された。孔子が顔回の死の前に慟哭して、彼の為に慟哭せずんば誰にか慟哭せんと云つたその心持と全く一つであられたに違ひないと思ふ（一九三四年、七六頁）。

一方、山梨県韮崎の浅川政歳の家には、一日の午後二時ころ、「タクミハイエンヤマイオモシ」の電報が届いた。続いて、七時ころ、今度は、「キトクスグキテホシイ」という電報が追いかけてきた。政歳は急ぎ朝鮮に向かった。

彼は、巧の死後、巧からもらった手紙や写真をはりつけ、それに説明を添えて『浅川巧兄回想』と題する一冊のアルバムを残している。その中に、巧の死の前後の事情と、電報を受け取って朝鮮に向かったときのことを書いた文章もある。

朝鮮の禿山を青くするために、林業試験場の新らしい計画の第一着手として、先づその仕事の徹底を期するの必要があつた。そのために巧兄は全道に講演行脚の幾日かを持つた。そして皈《き》場して活動写真の映写をしたのが、三月二十六日であつた。その頃同兄は、可成身体に無理をしてゐたので、その夜明日から欠勤したき希望を洩して同僚と別れた。二十七日から床についた同兄は、急性肺炎のために微熱と苦悩のうちに只管《ひたすら》全快の日を待ち望んだ。

病は峠を越へて、分離の徴候が見えた。医師も家人も友人も愁眉を開いた。然し遂に、肺炎菌の毒素は脳を冒した。又立つ能わざるに至つた。四月二日午後六時此の世に別れを告げた。彼が病気中「責任がある……」と繰返したそうだが、彼は凡ての仕事にそう感じたのかも知れない。柳氏達の雑誌「工芸」に載せる原稿は仰臥のま丶執筆した。それが恐らく絶筆であらう。

「死なない自信を持つた」と云ふ彼の言葉は、此の世に限りない執着を持つてゐたことを表明するもので、同兄として死んでも死に切れなかつた事であらう。

昭和六年四月一日午後二時。

丁度その時、津金しん姉が来訪してゐた。病重しとはあつても急性肺炎なら又万一を期待しつ丶清涼里宛病状により行く旨の返電を打つ。第二の電信に依りて遂に凡ての希望を投げうつた。余りに突然のことだ。か丶ることに出会わそうとは余りに夢のやうだ。とにかく十一時近くの上りで、東京回りで渡鮮の途につく。巧兄につながるいろいろなことが胸に浮ぶ。二日早朝岩間方に立寄り、事情を報告する。正午頃の特急桜号に乗る予定だつたが座席の干係で失敗し、午後八時の普通急行下関行にのる。

途中大船で経過を知りたい旨の電信を列車中にて打つたが、京城着迄返電なし。

京城へ四日午后七時についた。

同じ列車で大北氏も着城したので共に自動車で清涼里にゆく。

その夜見る京城の街の灯も却つてうらめしい。巧兄亡き清涼里そんなことを今迄想像したことがあつたか。一年前の十月巧兄と共に遊んだ此処にその人を弔ふべく旅しやうとは余りに悲しいことだ。

伯教氏から前後の事情を話された。今迄互に力になり縁あつて兄と呼ぶ様になり、兄あるが故に人生の幸福を感じ来りし身の淋しさ深し。

「淋しさ」といふもの、真実の意味、味ひを今度こそ心の底迄満喫した。

浅川巧はこのようにして、一九三一年四月二日午後五時三十七分に死んだ。

伯教は巧のデスマスクを描いた。この絵は金成鎮の手を経て、現在、故郷の山梨県高根町に所蔵されている。

翌三日には、多くの人が弔問に訪れた。その中には巧がしばしば通った清涼寺の尼もいた。その様子を土井浜一は、次のように回想している。

部落の鮮人の間に神様の如くに敬愛されてゐた巧さんの死が伝へられたのか、清涼寺の尼さんも三人連れでお悔みに来た。そして霊前にいとも鄭重に香華を捧げながら静に泣いてゐたが、咲子夫人が出て来られて挨拶された時、

「浅川さんがシンダンジ〔日本語の「死んだ」と朝鮮語の「んでしょう」とのチャンポンか〕、アイゴー〔朝鮮人が泣いたりするときに発する感嘆詞〕」

と、声を出して全く泣いた時は、はたの目にもいじらしく、もらい泣きをしてしまつた（一九三四年、八一頁）。

なお、巧が死んだ家は、林業試験場の道路をはさんで向かい（南側）の産業試験院の構内にあったが、老朽化したため取り壊された（二一一頁参照）。

巧のデスマスク

葬式と朝鮮人

浅川巧の葬式は、四月四日、林業試験場の正門前の広場（今は交通の激しい三叉路であるが、当時は林業試験場の構内で、東側の道路は行き止まり、車の行き来はほとんどなかった）で執り行われることになった。

この日、柳宗悦は浜田庄司と河井寛次郎宛に手紙を書いた。浜田には「突然浅川の死に逢ひ、随分がつかりしてゐる。一目でも逢ひたいと思ひ駆けつけたが、僅か半日の差で駄目だつた」（柳、一九八九年、四二二頁）と書き、河井には次のように記した。

僅か半日の差で間に合はなかった。片腕をとられた思ひでゐる。後始末をしてからでないと帰れないので、七日には間に合はない、山為さん、大宅君等によろしく御伝へを乞ふ。

昨夜納棺をすませ、今日は野辺送りである。巧さんらしく朝鮮の服を着せ朝鮮の葬式で、朝鮮人の共同墓地に葬り、土まんじゅうを築く事になった。巧さんを慕ふ鮮人達で棺がかつがれる（下略）（三重県立美術館、七一頁）。

この日は雨であった。配られた刷り物によれば、式次第は次の通りである。

巧の葬式風景

故浅川巧告別式執行順序

日時　昭和六年四月四日（土）午後三時半
場所　京城府外清涼里林業試験場構内斎室前

司式者　田中　牧師

奏　楽　　　矢田　夫人
賛美歌　一四四　　一　同
聖　書　詩篇第二三篇　曾田嘉伊智
祈　祷　　　同　人
賛美歌　四〇九（故人愛唱）　聖　歌　団
履　歴　　　浜口　良光
説　教　　　田中　牧師
祈　祷
賛美歌　三五五　　一　同
弔　詞
教会総代　三井　栄長
林業試験場長　戸沢又次郎
同僚総代　福永　鴻介
友人総代　柳　宗　悦

弔電披露　　　　　　　　　　　高木　五六
頌　栄　　四六二　　　　　　　一　同
祝　祷　　　　　挨拶　　　　　浅川　伯教

司式者の田中牧師は、名を功といい、一八九〇年の生まれ。関西学院神学部、エール大学神学科などを卒業して、京城メソジスト教会の牧師になっていた人である（日本基督教会同盟、五二八頁）。

また、式の中で聖書を読んだ曾田嘉伊智は、メソジストの伝道師であるが、それよりもむしろ「朝鮮孤児の父」として有名な人である。彼は、一八六七年に山口県で生まれ、一九〇五年に朝鮮へ渡った。かつて台湾で行き倒れていたとき朝鮮人によって助けられたので、その恩人の母国に心をひかれたのである。朝鮮に渡った曾田は伝道師となり、一九一九年の三・一独立運動に際しては、逮捕された朝鮮人の救援に尽力した。一方、一九二一年に鎌倉保育園の京城支部長となり、以来、孤児の養育にあたった。彼は一九四五年の敗戦後も特に韓国残留を許された。一九四七年、日本での伝道のため帰国したが、日韓国交樹立以前の一九六一年、特別の計らいで韓国に戻り、翌年、韓国で死んだ。社会葬で送られ、ソウルの楊花洞外人墓地に葬られている（鮫島、参照）。

のちに巧と同じように朝鮮の土となった曾田が朗読した詩篇第二十三篇は、「ダビデの歌」である。敬虔であった巧にふさわしいものであったといえよう。

主はわたしの牧者であって、

わたしには乏しいことがない。
主はわたしを緑の牧場に伏させ、
いこいのみぎわに伴われる。
主はわたしの魂をよみがえらせ、
み名のためにわたしを正しい道に導かれる。
たとえわたしは死の陰の谷を歩むとも、
わざわいを恐れません。
あなたがわたしとともにおられるからです。
あなたのむちと、あなたのつえはわたしを慰めます。
あなたはわたしの敵の前で、わたしの前に宴を設け、
わたしのこうべに油をそそがれる。
わたしの杯はあふれます。
わたしの生きているかぎりは、
必ず恵みといつくしみが伴うでしょう。
わたしはとこしえに主の宮に住むでしょう。
（日本聖書協会、七七六頁）。

また、賛美歌四〇九番（現在は四六六番になっている）は故人の愛唱したものだった。

一　やまぢこえて　　ひとりゆけど

主の手にすがれる　身はやすけし

二　まつのあらし　たにのながれ
　　みつかひのうたも　かくやありなん

三　みねのゆきと　こゝろきよく
　　くもなきみそらと　むねは澄みぬ

四　みちけはしく　ゆくてとほし
　　こゝろざすかたに　いつかつくらん

五　されども主よ　ねぎまつらじ
　　たびぢのをはりの　ちかゝれとは

六　日もくれなば　石のまくら
　　かりねのゆめにも　みくにしのばん

葬式に参加した小宮山辰也は、そのときのようすを次のように回想している。

葬式はうすら寒いときでした。今でもそのときのもようがまざまざと湧いてきますね、柳先生は納棺式のときに、いっしょに賛美歌を歌いましてね、お棺の蓋をしたことを覚えています（一九七九年1）。

葬式の参席者の中には、のちに陶芸家として知られるようになる池順鐸の姿も見えた（綾野、七四頁）。

出棺のときがきた。巧の死を悲しむ朝鮮人のようすを柳宗悦はこう記録している。

巧の墓を取り囲む朝鮮人たち

彼の死が近くの村々に知らされた時、人々は、群をなして別れを告げに集つた。横たはる彼の亡軀を見て、慟哭した鮮人がどんなに多かつた事か。日鮮の反目が暗く流れてゐる朝鮮の現状では見られない場面であつた。棺は申し出によつて悉く鮮人に担がれて、清涼里から里門里の丘へと運ばれた。余り申し出の人が多く応じきれない程であつた。その日は激しい雨であつた。途中の村人から棺を止めて祭をしたいとせがまれたのもその時である。彼は彼の愛した朝鮮服を着たまゝ、鮮人の共同墓地に葬られた（一九八一年、六三六頁）。

朝鮮人によってこれほどまでに死を惜しまれた日本人としては、前述の曾田嘉伊智や、水原でキリスト教を伝道した乗松雅休《まさやす》、朝鮮の孤児を育てた田内千鶴子、朝鮮人朴烈の妻であった金子文子がいるくらいではないだろうか。

葬儀の翌日（四月五日）、柳宗悦をはじめ、朝鮮工芸会の浜口良光・高橋保清、親戚の浅川政歳・大北茂右衛門、教会の友人・三井栄長（山梨県出身、朝鮮総督府農務課技師などをへて、不二興業会社社長）らが墓参りに出かけた。『浅川巧兄回想』には、巧の墓の前で悄然とたたずむ柳の写真や、墓の後ろに整列した朝鮮たちが写った写真が収められている。

墓前に佇む柳宗悦

巧の訃報を聞いて、霊前には手紙や電報が届いた。その中には東京帝国大学教授で植物学者の中井猛之進の手紙もあった。彼はこう書いている。

あなたの功をして益々偉大ならしむる様、言ひかへれば朝鮮の山を早く青くする様最善の道を尽くすやうに致します（安倍、一九三二年、二八七頁）。

葬儀と墓参りを終えた柳は、四月八日、釜山から下関に向かう連絡船に乗った。そして、その船中で、巧の遺稿「朝鮮茶碗」についての「編者付記」（『工芸』一九三一年五月号）を書いた。そのときたまたま船に乗り合わせた歌人の市山盛雄によると、柳は、巧の遺族が「朝鮮人に任せて朝鮮式に葬った、とは思い切ったことをしたものだ」と驚いていたという。なお、朝鮮工芸会で巧に二、三度会ったことのある市山は、「いい人だ、あのくらいいい人はいない」と回想している。

九日、柳は京都の自宅に帰ると、外村吉之介に葉書を出した。それには、「浅川の死は、小生には兄弟以上の出来事でした」と書いている（一九八九年、四二三頁）。

葬式の後始末がすむと、残された咲と園絵をなぐさめるために、いろいろな人が入れかわり立ちかわりやってきた。その様子について、園絵と咲の浅川政歳宛の手紙は、こう書いている。四月二十二日付の園絵の手紙は、気丈さが目を引く。

お手紙を戴きまして有難うございました。

私もあれからお手紙をお出しして家の事をお知らせしやうとは思ひながらそは〳〵落つかぬ日を送つて居りました。どうぞおゆるし下さいませ。又御渡鮮の節はいろ〳〵お世話になり有難うございました。今度の事はほんたうに思掛けぬ事で、今でも何だか夢のやうな気が致しました。あんなに御丈夫だつたお父さんも、今は床の間で花につつまれながらにこ〳〵笑つてはいらつしやるけれど、ただあんなに変つてしまつたかと思へば、新な涙にさそはれます。お母さんは毎日〳〵泣いてばかり、わたしは何と言つてなぐさめてよいか其の言葉さへありません。

家では強い事ばかり言つてなるべく悲しそうな顔を見せない私も、学校の行き帰りに一人で歩いて居りますと、つく〴〵とさびしさ悲しさが思はれます。殊にお役所の人を見ますと、お父さんがいつも御元気にああしてつとめていらつしやつたのにと、一そう生前の父が思ひ出されます。此れも神様のおためしと思ひすべてをあきらめましせう。

家は少しもさびしくはありません。いろ〳〵の人が入かわり立かわり来て下さいますから……。

叔父様御安心下さい。私はお母さんと一しよに仲よく強くこれからくらして行くつもりです。

では又家の処置がつきましたらお知らせいたします。

さよなら。

叔父様

咲の四月二十八日付けの手紙には、呆然自失ぶり、巧に対する思慕と哀惜がよく表れている。

おぢ様——長らく御手紙も差し上げず御許し下さいませ。幾度かペンを執り筆を持ちても気も心も狂はんばかりの今の状態、万感胸にせまりて新なる涙はつくる処を知りません。余りに急激に余りに大なる打撃に只呆然自失の有様で御座います。

叔父さん、巧はどうしてかくももろくも散り失せたでしやう。花にさき立つて失せました。今更申すまでもなき事乍ら惜しみてもく堪へられません。神の御試練御摂理とは申せ余りにも悲しい痛手で御座います。世の無常を切にく感じました。

みめぐみ深い天の父はどうしてこんな悲しい死別かくは御召し取り遊ばしたか、何故私共をも御召し取り下さらないのかと幾夜泣き続けたでしやう。天父のなされることは人間にはわかりません。神の知恵を人の頭でさばかうにもわかりません。平素あんなに壮健だつた御父さんも、今は花に包まれて静かに微笑むうつしゑと変りはてました。うれひの時雨に袖をぬらし、なげきの森をさまよふて、行末如何にと思ひわずらふております。果てしなき人生の荒海に、今や独り舟をすゝめてわたりゆく身には、余りにかぢは弱く御座います。

目にうつる耳にふれるあらゆる物皆々亡き面影の偲ばれてなりません。或る時はにつこりと笑つて立ちました。又の時は私共の御膳のそばに座つて笑つてました。——それはあだなる夢でした。いよよ目も心も冴え澄み渡るがまゝに思慕の念まさり泣き明す夜も幾度でしやう。

巧の仏壇

本当に私も此世でははかない縁でした。惜しまれて死ぬのは其者にとつて花かも知れませんが、残るものハ耐へがたいつらさです。人生にとつて死ほどげんしゆくな絶対のものはありません。そして其の死も、相愛し相信じあひし独りを失ひたるのちに来るかなしみこそくらぶべきものはないと思ひます。私共のうけた痛手はおそらく終生癒えるものでは御座いません。

園ちやんも実に薄幸な子供です。人間おそらく幼にして若くして親に別れる悲しみこそ不幸な事は御座いません。真に可愛そうでなりません。いぢらしくてなりません。悲しみの中にも学校の勉強やら通学にまぎれる様子で、毎日元気にしておりますから、御安心下さい。時には「御母ちやん今日も泣いていたでしやう。もうあきらめなさい」と云ひます。しかしあきらめられぬのは私ばかりでしやう。

勝手な事ばかり書きました。御許し下さいませ。

先日ははるぐの処を御こし下さいまして、うれしく存じました。思ふ心の一つも御話出来ず御別れしなければなりませんでした。

病み始めから終りまで眠もろくに取らず、食も頂けなかつた私は、いろ〳〵の悲しみが一度におし寄せてどうしていました事やら、御葬式の前後はほとんど夢の中の夢でした。叔父さんに御言葉もかけずほんとうにすまなかつたとつく〴〵すまなく思ひます。御土産も差し上げずほんとうに御許し下さいませ。御なさけこもる御手紙、御やさしい数々の御言葉に幾度か泣き続けたでしやう。御墓に詣でては心のかぎり泣きつゞけました。御手紙は墓前にて再々読みました。今は空しい巧も地下で皆様の御心情を涙してうけたでしやう。渼芹洞の兄〔伯教〕もこの間大阪より帰城いたしました。今度は兄様もどんなに嘆きどんなに悲まれた事でしやう。貴兄様と御同様に――。兄の大なる打撃今もなお手につかぬ胸中を察しては、又涙のかはく間も御座いません。

官位にも学歴にも権勢にも富貴にもよることなく、その人間の力だけで生きぬいて行つた巧でした。「よき夫である巧さんが奥さんに残された悲しみ、よき子を先き立てられた母君の嘆き、またよき弟と同時によき友達を持つといふ最大の幸福を突如として奪はれた兄君伯教君の心を思ふ時、巧さんの死を悲しまずにをられない。けれども巧さんの死をこれ等の人々の為にのみ悲しむのではない。巧さんのやうな正しい義務を重んずる、人を畏れずして神のみを畏れた独立自由なしかも頭脳のすぐれて鑑賞力に富んだ人は実に有難き人である」

こんな記事を城大の安倍教授によつて続けて新聞に書いて下さるのです。御よろこび下さい。これからもまだ二三日続けて書いて下さることと思ひます。悲しみの内にもなぐさめとなりうれしさとなつて、この淋しいやるせない心持をいたはつて下さるやうに思ひます。園ちやんと二人の淋しい清涼里に毎日とまりに来る母上の御心を思ひ、二人を力づけて泣かないと仰有《おつしや》る御心を察しては又一しほ涙が出ます。

工芸会（これは私共の心の合ふ方々が時々催す会の名）の方々の心からなる御親切に兄とも相談して

墓前に立つ会葬者

二人の住むささやかな家を建てることにきめて頂きました。

（保険金で）

このものすごい生活戦線にたつて行くと云ふことは女の身として容易な事ではないと思ひます。ことに手に何物もつかぬ私は自活の道もなく、今後の方針に胸を痛めております。い丶御かんがへも浮びましたなら御教へ下さいませ。京城には母もあり兄もあり姉もある私に尚おぢさんのいらつしやることを深く〳〵陰ながら力強く思ひます。私共の行末を御まもり下さいませ。御導き下さいませ。やがては立ち去るべき官舎にしばし止まることでしやう。

しばらく庭の草や木に目もとめなかつた間に春はめぐつて来ました。連翹も美しく咲き揃ひました。

ライラックの美しい花が今さかりです。小さなすみれにまで亡き巧の心が残つてゐる様に思つて、一つ〳〵に悲しみがわき上ります。御蔭様で私も園ちやん、それに母も元気で、残る仕事の片つけに今しばし日を費すこと丶思ひます。くだらぬことのみ書きつゞけました。思ふ心の一つも言ひ表はせぬつたなき文を何卒御察し下さいませ。

皆様の御健康をはるかに念じて淋しい筆をとゞめます。母上様にくれぐれもよろしく。母よりもよろしく申上げております。

清涼里にて

咲

政歳様

ちか子様　御もとに

この手紙に引用されている安倍の記事とは、『京城日報』に断続的に連載された「浅川巧さんを惜む」という随筆のことである。安倍が巧の死後二十二日めにあたる四月二十四日に執筆したこの追悼の文章は、四月二十八日、五月一日、二日、五日、六日と五回にわたって掲載されている（詳しくは本書二三二頁以下を参照のこと）。

巧の死後、遺族の家によく泊まりにいった上杉美恵子は、咲が仏壇にむかって話していたことを記憶している（一九七九年2）。

幸い、巧の生命保険金は、「二人の住むささやかな家」を建てるには十分だった。そこで、京城府竹添街（現在のソウル市冷泉洞）に家を二軒建てて、そのうちの一軒を他人に貸して生計の足しにすることにした。

巧が死んでから三か月が過ぎた。柳宗悦は『工芸』七月号に、河井寛次郎宅で発見された「朝鮮窯業振興に関する意見」を掲載すると同時に、次のように書いた。

朝鮮のものを見るにつけ今更彼の事が思ひ出される。私にはとりわけ一緒にしたい仕事があつたのである。始めて親しい一人の友達を失つて、嘗てない経験をなめてゐる。彼の遺志を少しでも遺したく、見出されたその遺稿を此号に載せた（一九三一年3、五〇頁）。

一九三二年一月、土井浜一は、『工芸』の李朝特集に「李朝陶磁器の絵模様」を書いた。それは、巧に対する追悼文でもあった。

巧さんが今日迄発表された研究「朝鮮陶磁名考」や「朝鮮の膳」や其他諸雑誌に書かれた文章を見ると、実に簡潔な要領を得た文章で、別に技を労し、其の為に時間を要したと思はれる箇処は一行一句見受けないが、然し、実に明瞭で味のある文章である。それは恰も李朝の工芸品を見る様な感じがある。（中略）此の巧さんの声が此の号に出ない事は本当に淋しい気がしてならない。

此の巧さんが生前あの丹念さで、コツヽヽ集めて居られたものゝ中に、朝鮮の工芸品から写し撮つた模様の拓本がある。此れは又実に大部なもので、実に入念に、細かな神経を用ひて集められたものである（一九三二年、七五〜七六頁）。

柳宗悦は、巧の一周忌のための朝鮮行に際して、巧の存在が自分にとっていかに大きなものであったかを改めて感じていた。

浅川巧君が死んでから早くも一周忌になる。里門里の丘に友達がよつて碑を立てたく思ひ、追悼の会を兼ねて之から渡鮮する。机の上に於いてある写真を見るにつれても此一年の間、どんなに屢々「ゐて

伯教デザインの墓標

くれたら」と思つた事か。活きてゐてくれたら同君が企図した朝鮮の地方工芸の復興も大分進歩してゐる頃であらうし、本誌も幾つかいゝ原稿を得たであらう。朝鮮窯芸史もまとめられたに違ひない。併しそれ等の仕事よりも、自分には友達としての同君の存在がどんなに深い道徳的意義をもつてゐた事か。命日に当り今更そのことを想ふ（一九三二年、六七頁）。

碑を立てたいという柳の思いは一周忌には間に合わなかったようである（上杉、一九九七年）が、おそらくはそれから間もなく、巧の里門里の墓には伯教のデザインによる白磁の壺をかたちどった墓標が建てられた（今は忘憂里の墓に移されている）。咲によれば、「故人が晩年にソウル市内の道具屋で買求めた、李朝染付秋草模様の面取壺（一二二頁で述べた「巧の面取壺」のこと）の姿に象《かたど》り、蓋はこれに相応しい形で新に意匠、台座の面には十長生の文様を浮彫りとした」ものである（李完錫、二五頁）。正面には「巧之墓」の文字も見える。

そして、元同僚の金二万の耳には次のような話が伝わってきた。

夫人と娘一人を残して死んだが、彼女らがびっくりするくらい頻繁に墓参りをするので、彼女らが〔両手、両膝を〕ついた場所、八か所の芝が死んだ。それを見て、韓国人たちが感銘をうけた（崔民之）。

一九三二年四月十六日、巧が所属していた京城メソジスト教会で、朝鮮工芸会主催の「浅川巧氏一周年記念講演会」が開催された。演題と講師は次のとおりである。

鑑賞と開眼　浅川伯教
鑑賞と実行　安倍能成
美と工芸　柳宗悦（『京城日報』一九三二年四月十五日）

同日、柳兼子の音楽会も開催された。そして、その収益金一三〇円は巧の墓碑を作る費用として寄付された（追記、二四六頁）。伯教がデザインした白磁の壺形の墓碑が作られたのは、それからまもなくのことであったと思われる。

また、それと前後して、追憶会ももたれたようである。そのときのことを中井猛之進は、「浅川君！君の一周忌の追憶会の節には君の知つての通り僕は君をウント褒めたネー、あれはチト褒め過ぎたかも知れなかつたが僕の心持はアーしなければ居られなかつた」と回想している（八一頁）。

一九三三年ころ、咲は伯教から、将来のために手に職をつけることを勧められた。そこで、単身、京都に戻り、学生時代の友人の紹介によって、千家十職（千家の指定により茶道具を作った十家）の一つである友湖で御仕覆（お支服とも書く。茶入れ袋を作ること）を学ぶことにした。咲が京都に行っている間、園絵の面倒は伯教と同居していた巧の母・けいが面倒をみた。

もともと手仕事の得意な咲は、一年余りで修行を終え、京城に戻った。そして、御仕覆を家計の足しにできるようになった。また、津田よし江にお茶を習った。咲は、戦後も津田のお茶の社中である清和会の人たちとのお茶の研究会に出席し、津田の命日にはかならず社中の人たちとともにお茶会をし、墓参をした（浅川さき子、一二八頁）。
津田よし江は、「内鮮一体」の運動家として名高い津田栄・剛《かたし》兄弟の母であり、朝鮮人女性を「皇国女性」化させることで銃後を守った津田節子・美代子の義母である。そして、よし江自身も、在朝日本人女性の「皇国臣民」化教育に努めていた女性である。いずれも巧とは対極の朝鮮（人）観をもっていた人たちであるが、咲はこのような人たちをどのように思っていたのだろうか。

「人間の価値」

安倍能成の「浅川巧さんを惜む」が巧の死を「人類の損失だ」と述べたことは、序章で紹介したとおりである。安倍はさらに、巧の林業試験場での仕事ぶりや、著書『朝鮮の膳』『朝鮮陶磁名考』を紹介し、「巧さんの心は朝鮮人の心を摑んでゐた」と評価した。「浅川巧さんを惜む」は、哲学者としてよりもむしろ随筆家として知られる安倍の文章の中でも名文の誉れの高いものである。

フランス文学者の市原豊太は、自分の過去の一時期をだいたいそのまま私小説ふうに綴った『高嶺の雪』の中で、「浅川巧さんを惜む」を読んだときの感想を次のように書いている。

京城の安成先生から祝い状が届き（中略）この手紙に引きつゞいて、「浅川巧さんを憶ふ」といふ新聞記事の切抜きを送つて下さつたが、これは数ある先生の随筆中でも、「寺田さんの追悼」と共に一番の傑作で、何よりも意志がつよく、潔癖で、清貧に甘んじ、芸術家で、且つ朝鮮人を心から愛し又彼らから愛された、人に知られぬこの一農林技手《ぎて》の話は、青山夫妻の首途《かどで》にあたつて、何よりの贈りものだつた（六三〜六四頁）。

「浅川巧さんを惜む」は、一九三二年に安倍の随筆集『青丘雑記』（岩波書店）に収められ、さらに多くの人々の目に触れることになった。これを読んで感動した一人に和辻哲郎がいる。彼は一九三三年一月十六日付の『帝国大学新聞』に寄せた書評「『青丘雑記』を読む」の最後の部分で、次のように書いている。

著者が故人を語るに当たって示した比類なき友情の表現もまた同様に脱我の立場によって可能にせられている。特に人を動かすのは浅川巧氏を惜しむ一文であるが著者はここに驚嘆すべき一人の偉人の姿をおのずからにして描きだしている。描かれたのはあくまでもこの敬服すべき山林技師〔正しくは技手〕であって著者自身ではない。しかも我々はこの一文において直接に著者自身と語り合う思いがある。悠々たる観の世界は否定の否定の立場として自他不二の境に我々を誘い込むのである（二一〇頁）。

安倍能成の文章が
載った教科書

一九三四年になると、「浅川巧さんを惜む」は、分量を約二分の一に縮小し、表現を若干手直しして、岩波書店編輯部編『国語巻六・中学校国語漢文科用』に収録された。旧制中学の生徒たち（現在の高校生たち）の魂をゆすった教材を収めたこの教科書は、一九三七年に改訂版、一九四一年に新訂版が出ている。おそらくは一九四五年まで使用されたものと思われる（平田賢一の調査による）。なお、収録にあたって、タイトルを「人間の価値」と改めている。資料として大事なものであるし、今では読む機会もほとんど与えられていないので、少し長くなるが、全文を引用する。

人間の価値

安倍能成

浅川巧さんは私の朝鮮生活を賑やかにしてくれ、力づけてくれ、楽しくしてくれ、朗らかにしてくれる、尊い友人の一人であつた。少くともさういふ友人になつてくれる、又なつてもらひたい人であつた。この人が春の花の咲くのも待たずに逝つてしまつた。私は淋しい。街頭を歩きながらもこの人の事を思ふと涙が出て来る。私は東京に居て、巧さんが危篤だといふ電報を受取つた。さうしてその翌日の夜には、もうその訃報を受取つてしまつた。人間の生死は測り知られぬとはいへ、これは又余りにひどい。私は朝鮮に帰るのに力が抜けたやうな気がした。

巧さんのやうな、正しい、義務を重んずる、人を畏れずして神のみを畏れる、独立自由な、しかも頭脳が勝れ、鑑賞力に富んだ人は、実に有難い人である。巧さんは官位にも学歴にも権勢にも富貴にもよることなく、その人間の力だけで堂々と生きぬいていつた。かういふ人は、よい人といふばかりでなく、えらい人である。かういふ人の存在は、人間の生活を頼もしくする。かういふ人の喪失が、朝鮮の為に大なる喪失であることはいふまでもないが、私は更に大きくこれを人類の喪失だといふに躊躇しない。人類にとつて、人間の道を正しく勇敢に踏んだ人の喪失ぐらゐ大きい損失はないからである。

巧さんは確に一種の風格を具へた人であつた。丈は高くなく、風采も揚がらない方で、卒然として接すると、如何にもぶつきらぼうで無愛想に見えた。しかし親しんでゆけばゆくほど、その天真な人のよさが感じられ、その無邪気な笑と巧まぬユーモアとは、求めずして一座を暖にする力があつた。

巧さんは、生前よく「人間は恐しくない」といつてゐられたさうである。人間を畏れない巧さんは、即ち自由に恵まれた人であつた。さうしてこの自由の反面に、巧さんの類稀な誠実と強烈な義務心とがあつた。巧さんは僅かに四十二でなくなられたが、この自由とかの精刻との調和を具現し得た点に於て、珍しく「出来た人」であつた。

巧さんの仕事を見ると、それはそれ自身の為になされて、その他の目的の為になされることが極めて少かつたやうに思ふ。

巧さんには、右の手のしたことを左の手に知らしめぬといふ風な所があつた。平生家人を戒めて、決して人に物をやつたことをいつてはならないといはれたさうである。これも、行為を行為そのもの以外の何物にも託すまいとする道徳的潔癖から来たものであらう。

巧さんの感情に細やかだつたことについては、涙の催される挿話がある。巧さんは明治二十三年十一月に八ケ嶽南麓のある村に生まれられたが、この世の光を見られた時にはもう父君がなかつた。小さな巧さんの、父君に対する思慕のいたいけさは、兄君に父君の顔の記憶があることを羨み、母君に向かつて、「出入の杣を父さんといつてよいか」と聞き、又その姉君に語つて、「若しお父さんの顔が見られたら、眼が一つつぶれてもい丶がなあ」といふに至らしめたさうである。

巧さんと兄君との兄弟仲は、世にも羨ましいものであつた。兄君は巧さんより六歳上であつたが、巧さんは小さい時からよくこれに兄事してその意に反くことがなかつたと聞く。嘗て兄君が赤痢を病んで帰養してをられた時、巧さんは兄君の為に、朝早く産みたての卵を付近の農家に求め、又自分で裏の藪から竹を伐つて来て簗を作り、それを水田のはけ口にしつらへて、病後の兄君の為に泥鰌をとらうとしたさうである。

その後巧さんは農林学校を卒業して、秋田県下のある小林区署に赴任されたが、その時母君が餞別に下さつた金を、「卒業したら世話はかけぬ約束だ」といつてどうしても受取らず、ひそかにそれを仏壇に置いて赴任されたといふ。母君はその時の巧さんを「にくい奴だ」といはれたさうだ。この頑固な独立心、さうしてあの細やかな温情、この二つは最後に至るまで巧さんの性格を形づくる本質的要素であつた。

巧さんが朝鮮に渡つて総督府の山林部に勤められるやうになつたのは、大正三年五月、巧さんが二十四歳の時であつた。それから後十八年の歳月は、巧さんを深く〳〵朝鮮と結びつけて、永久に離れられぬものにしてしまつた。しかもこの十八年の勤労を以てして、巧さんは死ぬ前、判任官の技手に過ぎなかつた。精励恪勤にして有能類稀な巧さんの様な人に対する待遇として、誰がこれを十分だといはう。しかし巧さんの如きは、如何に微禄でも、卑官でも、その人によつてその職を尊くする力のある人である。巧さんがこの地位にあつて、その人間力の尊さと強さとを存分に発揮し得たといふことは、人間の価値の商品化される現代に於て如何に心強いことであつたらう。私は巧さんの為にも、世の為にも、寧ろこの事を喜びたい。

兄君は、「生前に何とかして官途をはなれて自由に働かしてやりたかつた」と述懐されたと聞く。兄君の心として、巧さんの才能と気質とを解する人として、この思に誰か同感せぬものがあらう。けれども、巧さんは恐らく自分の技手としての仕事にも、多大の愛着を持つてをられたのであらう。私は巧さんが生前総督府山林部の林業試験所（正しくは林業試験場）でどういふ仕事をしてをられるのか詳しくは知らなかつた。死後になつて、それが種を蒔いて朝鮮の山を青くする仕事であつたときいて、「是あるかな」と思はざるを得なかつた。それは実に朝鮮にとつて最も根本的な仕事であつた。「種蒔く人」であつたことは、外の如何なる役目よりも巧さんにふさはしく思はれる。

巧さんが芸術愛好者であつたことはいふまでもないが、巧さんには芸術愛好者の動もすれば陥りやすい放縦懶惰の弊はなかつた。巧さんの一面には堅固な道徳的性格の犯すべからざるものがあつた。林業試験所の種樹の仕事には、巧さんの参画が実に大であつたと伝聞してゐる。巧さんはその仕事の為に出張中に病を得られたが、それでも努めて役所に出勤し、臥床されてからも、猶床上で事務を見られたといふ。さうして熱が高いのに、病間を利用して依頼された雑誌の原稿まで書かれたといふ。こゝに至つて、私は巧さんの義務心の余りに強かつたことを恨とせざるを得ない。

巧さんは芸術の鑑賞に勝れてゐたばかりでなく、又手先の器用な人であつた。休日の手すさびに試みられたらしい彫刻などには、まことに掬すべきものがある。かういふ素質は巧さんの祖父君から伝へられたと聞いてゐる。祖父君については、巧さんはその著書をこの祖父君四友先生の霊に捧げ、心のこもつた詞を巻頭に掲げてをられる。人は逝いてその書は世に出でようとしてゐる今日、この献詞を読んで感慨を禁ずることの出来ぬのは、私ばかりではあるまい。

芸術を愛する巧さんは、又自然を愛する人であつた。巧さんの終焉の地であつた清涼里の官舎の近くは、京城付近にも稀な清らかな美しい一郭である。巧さんは夜如何に遅くなつてもこの家に帰らぬことはなかつたといふ。さうしてあの森の中の道を歩みつゝ、自然とのひそやかな会話をこの世に於ける上なき楽とせられたといふ。

骨董を愛玩する者は多い、しかし真に芸術を愛する者は少い。けれども芸術を愛するよりも更にむづかしいのは、人間を愛することである。多くの芸術愛好者もしくは愛好者と称する人々は、神経質な、気まぐれな、人間愛好者もしくは嫌悪者であり、我が儘なエゴイストである。しかるに、芸術の愛好者であり、独立不羈の性格者であり、自分只一人の境涯を楽しむすべをかほどまでに解してゐた我が巧さんは、実にまた類稀な、同情の豊な人であつた。さうしてそれは朝鮮人に対して殊に強く現れたのであつた。

巧さんは人の為にしたことをめつたに人には語られなかつた。けれども、巧さんの助力によつて学資を得、独立の生活を営み、相当の地位を得るに至つた朝鮮の人は、一人や二人ではなかつたさうである。巧さんの死を聞いて集つて来たこれらの人々の、慈父の死に対するやうな心からの悲は、見る人を惻々と動かしたといふ。私も亦その一人を見た。彼は巧さんを本当にお父さんよりも懐かしく思つてゐたといつた。さういふ彼の顔には掩はれぬ誠が見えた。巧さんは恐らくその真直な曇なき直覚で、人の気づかぬ朝鮮人の美点を見出されたのであらう。巧さんの心は朝鮮人の心を掴んでゐた。その芸術の心を掴んでゐたやうに。

親族・知人が集つて相談の結果、巧さんの遺骸に白い朝鮮服を着せ、重さ四十貫もあつたといふ二重の厚い棺に納め、清涼里に近い里門里の朝鮮人共同墓地に土葬したことは、この人に対してふさはしい最後の心やりであつた。里門里の村人の、平生巧さんに親しんでゐた物が三十人も棺を担ぐことを申し出でたが、里長はその中から十人を選んだといふ。この人達が朝鮮流に歌をうたひつゝ、棺を埋めたことは、誠に強ひられざる内鮮融和の美談である。

巧さんの生涯は、カントのいつたやうに、人間の価値が実に人間にあり、それよりも多くも少くもない事を実証した。私は心から人間浅川巧の前に頭を下げる（一六〇～一七一頁）。

在朝日本人の詩人・内野健児は、「朝鮮を愛する人々――古いアルバムから」と題する文章の中で、生前の浅川巧に二、三回しか会ったことがなかったが、『朝鮮の膳』を読んで「眼をみはらされ」、安倍のこの一文に接して、「はじめて氏の人となりを聞き得たおもひがして、氏を惜むの情切なるものがある」と書いている（九二頁）。

なお、「浅川巧さんを惜む」は、一九四七年に発行された安倍の『槿域抄』にも収録されている。

『工芸』浅川巧追悼号

巧の三周忌にあたる一九三四年四月、柳宗悦は『工芸』四月号を浅川巧追悼号として発行した。雑誌『工芸』は二十年（一二〇号）の歴史をもつが、その中で追悼号として出されたのは、これだけである。題目と書き手を紹介する。

金海　　故浅川　巧
巧の手紙　　浅川咲子
朝鮮器物の模様に付て　　浅川伯教
拓本の効果に付て　　柳　宗悦
浅川君の追憶
彼の故郷と其祖父　　浅川伯教

亡き巧君の事　浅川琅玕洞
巧さんと私　浜口良光
浅川巧君の追懐　安倍能成
巧さんと尼さん　土井浜一
浅川巧君へ　中井猛之進
浅川先生の想出　崔　福鉉
浅川のこと　柳　宗悦
巧さんの仕事の跡　土井浜一
朝鮮の漬物　故浅川　巧

この特集に収録された文章は、これまで本書のあちこちで引用してきたが、さらにいくつかを紹介したい。

浅川政歳は、巧の生活態度について、「何事も自然であることを喜」んだとしている。

巧君の想ひ出を書くと可成り書くことは多いやうに思ふ。

同君が生前僕等の上に残した行つた多くの印象や、生活態度などが、何日迄も消ゆる事なしに残つて居るのは、何かしら我々の心に迫る何物かゞあるのだと思ふ。

彼の心の良さ、といふものを私は何時も沁々と考へさせられる。

巧君は心から人を憎めない「心の良さ」を持つて居た。どんな場合でも同情と愛とが失はれたことはない様に思ふ。それから、巧君は何でも不自然なこと、無理だと思ふ事は、随分嫌ひだつた。何事も自然であることを喜び、物事をあるが儘に味ひ、あるが儘に行ひ、魂と魂で語り且つ結合せんことを念願として居たと思ふ（六五頁）。

また、浜口良光は、巧と同じように朝鮮語を習得し、朝鮮の美術工芸について研究した人として、巧について、次のように回想している。

「あの朝鮮人は随分国語（日本語）がうまいね」

巧さんの行つたあとで、かう云つた私の友人もあつた。随分久しい間、朝鮮（朝鮮人に対する蔑称）だと思つてゐた朝鮮人すらもゐた。それほど巧さんは朝鮮と云ふものにぴつたりしてゐた。

浅川巧追悼号の『工藝』

凡そ巧さんほど朝鮮を理解し、朝鮮の自然を愛し、朝鮮民族に親しみ、又埋れてゐた工芸品（新と旧とに拘らず）を掘り出して示してくれた人は今までにないと思ふ。これからもきつと出ないと思ふ。

巧さんはさうして朝鮮と云ふものに融け込んで行つた半面、一歩退いて、朝鮮と云ふものを客観的に深く見て、鋭く批評し、一種の経綸さへもつてゐた。つまり山に入つて山其の物を究めると同時に、山を下つて総ての方面から山の全形を見ることの出来た人であった（七二～七三頁）。

ただ一人の朝鮮人の書き手である崔福鉉は、次のように回想している。

思ひ出せば、先生はよく朝鮮服をお召しになられた。物珍しいといふよりは、先生には寧ろバチチヨゴリの方が落着くやうであり、一種の誇りとさへも見受けられた。聞けば先生は今も朝鮮服で清涼の山にお眠りになつてゐられるといふ。誠に先生は生きては朝鮮の生命を生命とせられ、死しては朝鮮の土となられたのである（八七〜八八頁）。

柳宗悦の「浅川のこと」は、巧が人間として立派であったことについて、次のように書いている。

彼が死んで早くも三年の月日が流れた。私も身内の幾人かをなくし、多くの知友とも別れたが、浅川の死ほど私の心に堪《こた》えたものはなかつた。彼のことを想ふと今も胸が迫る。彼はかけがえのない人であつた。とりわけ私には彼が「徳」そのもの、存在として残る。何よりも人間として彼は立派であつたと思ふ。而も彼位ゐ自然にその徳を備へた人も少ないであらう。彼の存在はいつも彼の四囲を温め又澄んだものにさせた。彼を知る凡ての者は、例外なく彼を愛した。彼の心には不思議な力があつた。彼は右にも左にも一様に篤かつた。

浅川の陰徳は鮮人の間には知れ渡つてゐた。僅かな収入の大方半は貧しい鮮人達の為に費された。幾年も此事をつゞけてゐたが、日本人では知る人が少かつた。彼は幾人も学生を貢いで卒業させた。彼は自分の貧乏を知らないかの様だつた。（中略）

浅川の死は将来試みられる筈の幾多の仕事を中絶して了つた。とり返しのつかない恨がうた、多い。彼以外に彼はゐない。彼の巧な鮮語は又他に人も出よう。その永い在住は更に他人に越される事もあらう。彼の如く器物を愛する人は今後も幾人かは出よう。併し彼の様に朝鮮が解つた人はいつ何処に出ようか。歴史に精しい人は沢山あらう、事情に通じる人は幾人か出よう。併し彼の様に鮮人の心に内から住める人がどこにあらうか。浅川は寧ろ鮮人の心で活きてゐたのである。否、鮮人以上に朝鮮の心が解つてゐたのである。此点で朝鮮に対し彼以上の仕事をした人は決してゐない。彼の仕事は基礎が違ふ。彼は彼が朝鮮の服を好んで着たり、多くその食物で暮してゐたことなどはほんの外側の事に過ぎない。彼はもつと朝鮮の心に深く活き浸つてゐたのである。それ故その民族の苦しみも悦びも、彼の苦しみであり悦びであつた（一九八一年、六三五〜六三六頁、六三八頁）。

「鮮人以上に朝鮮の心が解つてゐた」という部分は、柳のペンの走りすぎというべきであろう。しかし、それにしても、「彼の様に鮮人の心に内から住める人がどこにあらうか」という柳のこのことばは、朝鮮にかかわる者に対する最大の賛辞といえるであろう。

柳は、この号の「同人雑録」でも、こう書いている。

此の四月二日は、故浅川巧の三回忌に当るので、此の号を霊前に献げたく、友達が相寄つて編輯したのである。死に面して筆をつゞけてくれた絶筆が、本誌の第五号（一九三一年五月号）に載つた事は読者の記憶に残る事と思ふ。今ゐてくれたら、既に幾度か此雑誌を飾つてくれた事と思ふ。此号には死後見出された二つの遺稿を掲げた。一つは金海を訪ふた時の紀行文で、一つは朝鮮の漬物に関する覚え書である。版に付するのであつたら、更に加筆したとも思へるが私達は見出された是等のもので彼を一入《ひとしお》偲びたい。

紀行文の方は彼の辛棒強い探究心の性格が出てゐて、並ならぬ興味がわく。漬物の方は朝鮮の事物に対する彼の用意深い観察の現れと云へよう。

挿絵は生前彼自らが丹然に試みた拓本の中から選んだ。此の仕事には最初私も加はつて試みたが、後に内地から拓本の道具を調へ、浅川が本式に整理してくれたのである。今となつては之も中絶し甚だ惜しい。暇を得て其志を継ぎたいと私は思つてはゐるが、いつその時を得るであらうか。

浅川の手紙の幾つかを奥さんが編んで送られたのは何よりである。家庭に厚かつた彼の心の一面が、それ等の書翰ににじみ出てゐる。彼の性格の宗教的な一面もかう云ふ手紙で一入解る。（中略）

私も何か心をこめたものを書きたい希ひがあつたが、打ち続く難事の為に、遂に充分な時が得られず、〆切にせかされて書く様になつた事をすまなく感じる。不日、朝鮮模様の拓本も大成し、巧君の名も永く伝へたいものと思ふ。又同君の書いたものを集め一冊にまとめて世に贈りたいものである。何も思ふにまかせず、不充分な号であるが、四月二日の忌日に間に合ふ様に霊前に届けたい希ひである（一九三四年、一〇七〜一〇八頁）。


一九三七年の四月三日には、七回忌が行われた。命日は四月二日であるが、四月三日が神武天皇祭（当時は休日）であったので、集まりやすく、その日にみんなで墓参りをすることにしていたのである。そのころはもう、朝鮮工芸会の人々にとって巧の墓参りは、「お参りするのだか、遊びに行くのだか解らない位に一つの楽しみになつて」いたことは前述のとおりである。

しかし、安倍や柳、そして朝鮮工芸会の人々の巧に寄せる思いに変わりはなかった。たとえば安倍能成は、七回忌に家族ともども出席して、そのようすを随筆「写真に添へて」（『自然・人間・書物』）に書いている。また柳は、土井浜一の「李朝の水滴」（『工芸』一月号）に寄せて、「浅川巧君がゐなくなつた今日、私は朝鮮の工芸に関するかう云ふ原稿を受けることをどんなに悦んでゐることか」と書いている（一九三八年、一二〇頁）。

巧が死んでから十一年後の一九四二年、里門里の墓地を道路が通ることになり、七月七日、巧の墓は京城の郊外（現在の九里市）忘憂里に移されることになった。巧の墓を掘ったところ、その死体はそっくりミイラになっていた。きちんと朝鮮服を着て、ロイド眼鏡をかけて、埋められたときのようすと、ちっとも変わっていなかったという（小宮山栄）。

一九四五年八月十五日、日本は戦争に敗れ、朝鮮は日本の植民地ではなくなった。在朝日本人は先を争って帰国への道を急いだ。なぜなら、ほとんどの在朝日本人は、それまで朝鮮人を圧迫してきたために、朝鮮人の仕返しを恐れていたからである。

しかし、浅川伯教や咲に、そのような恐怖心はなかった。彼らはむしろ朝鮮人によって守られていたからである。こんなエピソードがある。敗戦直後、朝鮮人が日本人の朝鮮からの立ち退きを要求して家に押しかけてくることがよくあった。ある日、咲と園絵の住んでいた家にも数人の朝鮮人がやってきた。しかし、勝気な園絵が、その中に顔身知りの京城大学の学生を認めて、「うちの人たちが朝鮮人とどういうふうに付き合っていたかをあなたは知っているでしょう」と抗議すると、その学生は余人を制して、帰っていったというのである（佐々木潤一）。

とはいえ朝鮮は他人の土地である。同年十二月、伯教の勧めもあって、咲と園絵は帰国することにした。巧の大事にしていた陶器の一部は土に埋め、一部は知り合いの朝鮮人に預けて、小宮山辰也の一家とともに引き揚げ船に乗った。そのときのことを咲は、朝鮮人たちが「みんな涙を流して別れを惜しみ慟哭してつらいお別れをして来た」と話している（安田）。

「知り合いの朝鮮人」黄寿昌は巧の遺品（その中には柳から巧宛の約五十通の葉書、手紙も含まれていた）を大事に保管し、朝鮮戦争時には妻の実家に疎開させたが、米軍の仁川上陸の際に焼失した。手元においた水滴、印鑑、安倍能成の贈呈本などは、一九七三年五月、浅川園絵が来韓したおりに返却したという（森田、一九八三年2）。

追記——柳兼子の伝記を執筆中の松橋桂子の教示によれば、一九三一年五月八日付の土井浜一から柳宗悦への手紙が残っている。そこには、浅川巧音楽会の収益が一三〇円あったこと、それで浅川巧の記念碑を建てることが書かれているという。

九　蘇る浅川巧

浅川巧功徳之墓

柳宗悦や安倍能成ら、あるいは浅川巧を知る朝鮮人たちの巧に対する哀惜の気持ちは戦後も変わらなかった。一九四五年に引き揚げてきた咲と園絵は、一時、京都に住んだが、一九四七年からは、柳の計らいで母子ともども、東京の日本民芸館に勤めることになった。

一九五五年十一月十一日、在日本韓国基督教青年会は、祖国解放十周年を記念して、「愛と誠実を朝鮮の人々に捧げた日本人に感謝するつどい」を開催した。招待されたのは十一人、その中には咲や、巧の葬式で聖書を読んだ曾田嘉伊智がいた。集会では随筆家・金素雲が十一人の略歴を紹介した。故・巧は、在韓二十余年、朝鮮の美術工芸の研究を続け、『朝鮮陶磁名考』『朝鮮の膳』などの著書を遺した、と紹介された（『毎日新聞』一九五五年十一月十一日）。

この会に関わった森田芳夫によると、十一人を選んだのは、金素雲と牧師の金禹鉉であった（一九八二年）。なお、森田は、楠見幸雄名義でこの会のようすを『親和』誌上に報告し、曾田嘉伊智と浅川巧の生涯を紹介している。その中で森田は、一九二八年ころに巧を訪ねたときの思い出を次のように書いている。
朝鮮ずきは徹底していて、奥さんのために朝鮮服や朝鮮のたんすをかっておられた。出張にでかけるという服装は、朝鮮わらじに朝鮮人のつかうあんだ袋を肩からかけておられた（二五頁）。

この集会は、戦後はじめて浅川巧が朝鮮人によって公けに評価されたことを示すものであった。
安倍は、一九六〇年に浅川伯教の著書『陶器全集第十七巻　李朝――染付・鉄砂・白磁』を推薦する「李朝陶器篇に寄す」を書いた。そして、巧についても次のように言及した。

それにつけても君の愛弟浅川巧君が若くして死んだのは、惜しみても余りある痛恨事である。（中略）伯教君は中々勝れた直覚力は持って居るけれども、もし巧君が生きて居て伯教君の経験を纏めることができたならば、李朝陶器ばかりでなく、朝鮮工芸はしっかりした学問的文献を残し得たらうと思って、長嘆息を禁じ得ない（二頁）。

そして一九六四年、浅川伯教が死んだときも、安倍は「浅川伯教君のこと」を『民芸』三月号の特集「追悼　浅川伯教」に寄稿した。しかし、それは伯教を追悼しているのだか、巧を追悼しているのだか、わからないようなものになっている。

それにつけても私は、人物も実に立派で、自分の知識と経験とを丹念に又まめに記述に残す働きのある、彼の弟巧君の早世を悲しみ且惜しむの情に堪へない。たった一人の兄なる伯教君を尊信し愛重して居り、朝鮮陶磁器及び工芸品の研究について、彼の最も有力な協力者であった巧君が、彼より若きこと七歳近くの年齢で、しかも昭和六年四月二日にわづか四十二の厄年でなくなったことが私にはいつまでも口惜しいのである（一一二頁）。

そのうえさらに、「私は浅川伯教君の遺文を見る時、その直覚的洞察のすぐれ、文化的鑑識の鋭いことを見るが、周到な記述に欠ける処があるやうな遺憾を覚え、その周到と的確とを願ふ心が一層巧君の若い死を悲しませるのである」（一一二頁）とことばを連ねている。

また、一九六六年に発行された晩年の著書『我が生ひ立ち』の中でも巧に触れ、「私がこの人を失つたときの痛惜の情は、かつて外の人にしたことのない程のものであつた。（中略）えらい人である……今もなほさう思つて居る」と書いている（五六二〜五六三頁）。

それより先、一九六四年五月のある日、長らく朝鮮に住んでいた旧知の画家・加藤松林人が咲の勧める民芸館にやってきた。加藤は、まだ正式の国交もなかった一九六三年八月十五日、韓国の光復節（独立記念日）に国賓として招かれて韓国に行っていたが、一九六四年五月に再び渡韓する予定であった。それを聞いた民芸館の館

東京駒場にある日本民芸館

長・田中豊太郎が、「朝鮮民族美術館の所蔵品がその後どうなっているか、また、戦後の韓国の民芸などがどうなっているか、聞いてきてほしい。なお、できれば日本で韓国の民芸展などを開く世話をしてもいいので、調査してきてほしい」ということを加藤に依頼するために、加藤に民芸館に来てもらったのである。加藤が咲と話をしたのは、このときのことだった。加藤はこう回想している。

帰りに、玄関の所で靴をはいている時、巧さんの奥さん（咲子さん）が送りに出て来られ、私が、今度、思いがけず、朝鮮へ招ばれてゆく、ということを話しますと——うらやましい、といわれ、何か用事はありませんか、なんでもいゝですよ、と言うと、主人の墓が、——というのです。そんなことから、巧さんの墓参りは予定したのです（一九七九年1）。

このころ、韓国では日韓条約の締結に反対する学生たちのデモが吹き荒れていた。彼らは、日韓条約の締結が日本帝国主義の再侵略の契機になると感じていたのである。デモは六月三日、最高潮に達し、朴正熙大統領はついに戒厳令を発布して弾圧に乗り出した。加藤がソウルに到着したのは、その前日であった。

加藤は、ソウルに着くと、すぐに巧が働いていた林業試験場を訪ねた。そこで、巧の元同僚であった金二万を紹介され、二人は忘憂里に巧の墓を探しにでかけた。しかし、この日は、金が墓の位置を忘れてしまっていたため、ついに探し出すことができなかった。それから約十日後、加藤は再び林業試験場に行った。そのとき、林業試験場の李承潤場長は、加藤に次のように言ったという。

自分は若い頃で浅川さんのことは何も知らなかったが、ここへ来て、この場内のものや付近の村人が、今も浅川さんを非常に徳としているのを知って深く感動しました。そのお墓がわからないなんて、どうしてでも探し出し、此方で気をつけるようにしなければいかんと言っているところです（加藤、一九七三年、一八〇頁）。

そこで、かつて浅川一家と親しかった方鐘源らも加わって、加藤ら一行七、八人は再び巧の墓を探しにでかけた。そしてついに発見した。巧の墓は、山の中腹、漢江の流れを臨むところにあったが、「芝草がはげ、低くなった土饅頭の周りには、大きな榛《はん》の木や松の木が三本、壺形の石碑も、うしろが倒れて半ば土に埋ま」っていた（同右、一七九頁）。

加藤らはさっそく墓を修復し、六月二十日に修復葬を行った。加藤は、こう記録している。

林業試験場からは浅川さんの旧知の狩り出し、車の手配など、李場長がその朝になって中央庁からの呼び出しで造林課長と共に出られなくなりましたが、花束や人夫への振舞い酒など用意され、庶務主任や職員の方々が待っていてくれました。民芸研究所からは社長の李完錫さんと金教授、趙常務、方さんが、そして墓前と山神祭のためのお供物や酒、水、果物、餅、菓子、干魚、花、線香などの他に、膳や器、花立、香炉など、すべて浅川さんに因んで民芸品を揃えて運んでくれました。

その他、朝日新聞の西村さん、共同通信からは折りよく昨年馴染みの荒井さんが先頃からソウルに来ており、支局長の亀山さんと文さん、ソウル日本婦人会長の平田さん、それに浅川さん縁故の金二万さんと方鐘源さん父子、また柳根周さんは友人の陸軍大佐の権さんを車とともに連れて来られ、その他参列者大ぜい、とても賑やかなお祀りになりました（同右、一八〇頁）。

このときの様子が六月二十八日付けの『東京新聞』夕刊の記事になったことは前述のとおりである。韓国林業試験場の人びとが日韓条約に対してどのような考えをもっていたかを私は知らない。しかし、彼らが巧を日本帝国主義の亡霊と区別していたことだけは確かなことのように思われる。

そして、それから二年後の一九六六年六月、序章で紹介したように、「浅川巧功徳之墓」と刻まれた石碑が建てられた。元同僚の金二万が提案し、当時の林業試験場長・李承潤の主管のもとに趙在明科長（のち場長。現在は洪林会浅川巧先生記念事業委員会幹事長）らの協力でなったものであった。石碑建立の理由について、一九八二年当時、場長の金甲成が、「試験研究の分野に残した業績が多大であったばかりでなく、いつも韓国人の側に立って不遇な韓国人を助けるなど、当時、韓国人から多くの称賛と尊敬を受けた人物なので、故人の遺徳を永久に記念するためであります」と書いたことは前述したとおりである。

一九六八年七月八日、咲は、伯教の娘夫婦（鈴木正男・牧栄）とともに、忘憂里の墓に詣でた。二十余年ぶりのことであった。これに同行した韓国民芸研究所所長の李完錫は、このときのようすをこう書いている。

お詣りの時、お墓には美しいレイをかけ、東京から持参されたお花を献じ、また韓国菓子でつくったお華束《けそく》や、その他数々のご供物が彩りを添えた。かくて咲子夫人の万感を胸に秘めて、合掌焼香される尊いお姿に、私たち一同も心から故人のご冥福を祈り、その霊をお慰めしたのである（二一五頁）。

園絵も、一九七二年十月十一日、墓参りをしている（森田、一九八二年）。

巧の韓国の墓は、一九六四年の墓の修復以来今日（一九九八年）まで、父親が巧の世話になったという林業試験場の韓相培が守り続けている。韓は、「私のチョサン（先祖）だと思って（中略）今もその気持ちで墓守をしています」と語っている（河、二〇頁）。

ところで、一九七六年十月十九日、咲は八十二歳で死んだ。咲の死を伝え聞いた韓国林業試験場長の李承潤は、咲の遺骨を巧の墓に合葬したいとの意向をもらした（森田、一九八二年）。しかし、一か月もたたない十一月十三日、園絵も後を追うように六十歳の生涯を閉じた。そのため、巧の墓への合葬はならなかった。この義理の母子の仲の良さは、他人が羨むほどのものであったという。二人の遺骸は、東京都渋谷区広尾にある東北寺の伯教夫婦の墓地に合葬されている。

忘憂里の「浅川巧功徳之墓」

浅川母娘の死をリーチの側で聞いた棚橋隆は、『魂の壺――セント・アイヴスのバーナード・リーチ』のなかで、そのときのリーチのようすをこう書いている。

「民芸館のアサカワ・オバサンが亡くなった。電報が今日届いた。母子がひと月の間に亡くなった。民芸館ヲ手伝ッテクレタ人。親切バッカリ。ガッカリ、ガッカリ。ソノ電報ヨメサセタイ」

落胆して椅子の背にがっくりよりかかり悲しみに沈

高根町にある浅川家の墓と墓誌

んだ（四七頁）。

母子の毛髪の一部は巧の故郷・山梨県高根町五町田の共同墓地に葬られた。一九七七年の春彼岸、浅川家親族一同によって建てられた墓碑には、巧や先妻・みつえの名とともに、咲と園絵の名が仲良く並んで刻まれている。ちなみに巧の戒名は文徳院天巧道智居士である。墓碑の裏面には、小宮山辰也による次のような文章が刻まれている。

浅川巧　蕪庵六世四友翁の孫　祖父　父亡きあと慈母一手の
愛育により成人　朝鮮林業試験場技師〔正しくは技手〕半島緑
化に尽瘁　朝鮮美術史の研究にも没頭　遂に兄伯教と協力し李
王宮内輯〔正しくは緝〕敬堂に朝鮮民族美術館創設　著書「朝
鮮陶磁名考」「朝鮮の膳」など　また私費を投じ多数の朝鮮子
弟を愛育　その人となりは国定中等国語教科書の中の「人間の
価値」と題する一文に尽き　全く知と愛そのものである

合掌

一家をあげて民芸に身をささぐ

菩提寺　曹洞宗　泉竜寺

昭和五十二年春彼岸　浅川家親戚一同建之

ところで、園絵は、柳宗悦を助けて、『民芸四十年』をはじめとする多くの本を編集し、柳の略年譜や「財団法人日本民芸館略年譜」などを作成した。また、民芸館勤務三十年の暮らしの中で、柳と民芸館については生き字引のような存在となっていった。そして、柳が一九六一年に死んでからは、繰り返し柳についての思い出を『民芸』に書いた。その題名と掲載年月は次のとおりである。

その日のこと　一九六一年六月
晩年の柳先生と民芸館　一九六二年五～六月
甦って来られた柳先生　一九六五年五～六月
柳先生と民芸館の茶会　一九六六年五月
予期せぬ出来事　一九六八年十月
十周忌　一九七〇年五月
言葉の行方　一九七一年五月
民芸館にて　一九七二年五月
墓碑銘　一九七三年五月

柳宗悦を追想した文の中では園絵の文章が「いちばん深く詩のようだ」と思った小林多津衛は、園絵に、お父さんの思い出を書くように頼んだことがあるという。一方、園絵も、一九七二年あるいは翌年の訪韓のおり、森田芳夫に巧のことを調べてまとめたい考えを話したという（森田、一九八二年）。しかし、それは実現されなかった。

魅せられた人びと

わたしが知るかぎりでも、浅川巧に魅せられ自分の子や孫に巧と名をつけた人が二人いる。大阪の工芸店・三彩工芸の藤本均（藤本、一二二頁）と、孫に巧と名をつけた、伯教の妻・たか代の弟、三枝善衛（山梨の郷土史研究家）である（中村、二二一〜二二三頁）。藤本均とその息子・藤本巧は、一九七〇年の初夏、巧の墓参りをしている。そして、藤本巧は、その後、『韓くにの風と人』『韓くに古寺巡礼』『韓くにの工人たち』など韓国を主題とした数冊の写真集を出し、「韓くに・工人たち」などの写真随筆を発表している。

巧の死の翌年、つまり一九三二年に、鳥取民芸振興会の事業体として設立された「たくみ工芸店」の命名者は柳宗悦である。鳥取民芸運動の祖・吉田璋也によると、柳は、「工人の工からとったとあり、マークも円の中に模様化された工の字を入れて来ました」という（九〜一〇頁）。しかし、民芸運動家の福村豊によると、それは「浅川巧を偲んでのものといわれている」（七五頁）そうである。

一九六一年に柳宗悦が、一九六六年に安倍能成が亡くなり、一九七六年には浅川咲と園絵も亡くなると、巧もまた、歴史の中に埋もれていった。しかし、知る人ぞ知る浅川巧であった。民芸運動の仲間の中には、早くから巧の墓参りをする人があったのである。山口泉は、一九六八年に「嘗て柳先生の先導をつとめた朝鮮民芸の功労者」浅川巧の墓にお参りした（二一一頁）し、外村吉之介は、一九七四年に、浅川咲から贈られた巧の著書『朝鮮の膳』を携えて韓国を訪問し、巧の墓をお参りをしている（一九七四年2、三七頁。一九八六年、四四～四五頁）。

そして、浅川巧を評価する人が新たに出てきた。鶴見俊輔・李進熙・蝦名則らである。一九七八年三月に発行された雑誌『朝鮮人』十五号に収録された座談会で、哲学者の鶴見と朝鮮史学者の李進熙は、次のように話している。

李（中略）雑器の美の本当の発見者も巧さんというべきでしょう。

鶴見　日韓の交流の中にあげてくる人間として〔李らが発行する雑誌『季刊三千里』は〕浅川巧みたいな人物をとりあげてほしい。どういう人だったか全然、記録がないんですよ。あの人との出合が柳を引っぱっていった。

李　そうなんですね。柳は理論づけを担当したようなもので……。

鶴見（中略）浅川巧はおもしろい人物だったに違いないんだ（一二五頁）。

この座談会が京都で行われていたころ、東京では蝦名が『浅川巧著作集』の刊行を準備していた。そして、一九七八年十二月に八潮書店から刊行した著作集には、『朝鮮の膳』『朝鮮陶磁名考』の影印本と新たに編んだ『小品集』を収めた。刊行にあたって、鶴見は次のような紹介文を寄せている。

浅川兄弟について

柳宗悦の民芸運動は朝鮮の日常雑器によってひらかれた眼を、日本に転じるところからうまれた。日本の民芸運動の誕生の機縁となったこの結びつきをつくった人に、柳の友人としての浅川伯教、巧兄弟があった。

柳はこの人びとにどれほど多くを負うているかを何度となく書き記している。柳の著作を読んでその人に感心するのは、そういうところである。柳は民芸運動が、どのようにして誰によってになわれているかを知っていた。

『浅川巧著作集』が出版されると、何人かが書評を書いた。哲学者で朝鮮文化史を研究している金哲央は、「浅川巧は、けわしい日帝時代、その生き方と仕事によって、朝鮮人の信愛の情をかちうることのできた、ごくわずかの日本人の一人であった。彼の著作集の出版を喜びたい」（一九七九年1）と書き、李進熙は「本書がきっかけとなって、浅川兄弟にたいする関心がいっそう高まることを期待したい」と書いた（一九七九年、一〇三頁）。

こうして、浅川巧の存在が次第に顧みられるようになっていった。民芸運動家の水尾比呂志は、一九七九年十一月に発表した「民画について」という文章の中で、「とくにこの国〔朝鮮〕を限りなく愛してその中に溶け込んでいた浅川巧との親交は柳宗悦に計り知れぬ影響を与えた。百済や新羅や高麗の古美術への讃仰も大きかったが、それにもまして李朝の工芸品に強い関心を抱いたのは、それらの研究に没頭していた浅川巧の情熱と朝鮮の人々への愛によるところが少くなかったと思われる」と書き（頁表示なし）、美術工芸研究家の金子量重も、一九八〇年八月に発表した「柳宗悦と李朝――浅川伯教・巧の影響」の中で、「とくに巧の朝鮮人に寄せた温かい思いやりには、植民地下にある朝鮮民族への日本人の真のあり方を多く学んだに違いない」（三二頁）と書いた。

一九八〇年になると、わたしの「朝鮮の土になった日本人――浅川巧にふれて」を収めた『朝鮮と日本の間』が出版された。そして、一九八一年一月には、『柳宗悦全集・著作篇・第六巻・朝鮮とその芸術』が出版されて、巧の『朝鮮の膳』に寄せた柳の「跋」をはじめ、巧に関して柳が書いた七つの文章が収録された。また、鶴見俊輔が「解説・失われた転機」の中で、柳と浅川兄弟との関係の深さを次のように指摘した。

柳宗悦は、時事問題に敏感に反応した人ではない。その人が三・一運動弾圧以後の朝鮮について積極的に発言し、朝鮮を日本とは別個の一つのくに（民族文化）として見る立場を軍国主義下においてもかえなかったのは、唐突にさえ感じられるかもしれない。それは柳にとって、抽象的な正義の主張ではなかった。柳としたしい浅川伯教・巧兄弟への敬愛、浅川兄弟をとおして知り得た朝鮮人への敬愛からわきでた自然の感情にうらうちされた思想である（一九八一年、六八三～六八四頁）。

「自然の感情にうらうちされた思想」ほど確かなものはない。柳にそうした感情をもたせた浅川兄弟の力を思わないわけにはいかないのである。

一九八二年に拙著『朝鮮の土になった日本人――浅川巧の生涯』（草風館、本書の初版）が出版されたときも、鶴見俊輔は、それに寄せて表紙カバーに次のように書いた。

歴史の中に生きている人間は、どの人も、何かの観念をそのまま体現しているというふうではない。この人―浅川巧も、反帝国主義の観念に見たてられると、それにあてはまらないところが出てくる。しかし、日本国が朝鮮をとって支配下においていた時代に、このような日本人がいたというのは、彼の死後半世紀たった今も、あざやかな事実である。そのころの位階官等にぬりこめられた学会で、東大教授中井猛之進は、学歴なく身分のないこの技手を植物に対する心いれの故に愛した。それまで宗教哲学の研究とヨーロッパ近代の絵画に主な関心をむけていた柳宗悦は、浅川巧の兄浅川伯教に眼をひらかれて朝鮮の民芸にむかい、弟の巧を親しく知って後には巧の眼を信頼してその手びきによって朝鮮の民芸を見て歩いた。朝鮮の民芸への関心にはじまる日本の民芸運動の源流に、浅川巧がいる。

朝鮮人と日本人とは、そのころも今も、心をひらいたつきあいをもちにくい。京城帝大教授だった安倍能成は自分より深いところで朝鮮人とつきあうことのできた浅川巧の人がらについて洞察力のある弔辞をのべた。

こうして、浅川巧の名はさらに知られるようになり、その生涯を評価し、その人となりに魅せられる人々も出てきたのである。

『魂の壺——セント・アイヴスのバーナード・リーチ』を書いた棚橋隆は、巧の文章に、「柳にはない高貴で鮮烈な言葉の響き、整序の音楽性」「美しい言葉を吐くけうの魂」を認めている(四九〜五〇頁)。朝鮮における巧の生き方は、現に韓国で仕事をしている日本人外交官や商社員の心にも反響を呼び起こしたようである。韓国大使であった須之部量三は、一九八一年四月一日、巧の墓に詣でたあと、巧や柳の影響で文化財研究を志した芮庸海と会って、浅川巧に対する韓国人側の評価を聞いた(森田、一九八二年)。また、韓国公使であった谷野作太郎も、著書『アジアの昇龍——一外交官のみた躍進韓国』(一九八八年)の終章を「柳宗悦と浅川巧——結びにかえて」としたうえで、次のように書いた。

ソウル勤務を終え日本へ帰るある支店長殿（M氏）は、送別の宴で、韓国滞在の収穫を一つだけ挙げよと問われれば自分は浅川巧という人を知りえたことだと述べました。（中略）お二人とも、柳宗悦、浅川巧という偉人に出逢って、「日帝時代」にもこのような志の高い日本人がいたことを発見されて私同様救われたような気持になられたに違いありません（三三五頁）。

浅川巧の生涯を知って、韓国の忘憂里にある墓や清涼里にある林業試験場（現在は林業研究院）を訪れた人も少なくない。詩人の茨木のり子は、「言葉少なに、自分のできる範囲内でまわりに尽くし、黙って死んでいったその生きかた」に強く惹かれて（二三九頁）、また、「ハングルを学ぶ者としては大先輩に思われ」（二三一頁）、友人と二人、忘憂里を訪ねた。そのときのことである。二人は墓の場所を尋ねるために韓国林業試験場を訪問したのに、林業試験場の呉育林部長は、青年二人をつけて車で墓地を案内させてくれた、というのである。茨木はこう書いている。

私はたまにはものを書く人間であるとは一言も言わなかったし、名刺も持たなかったし、ふらりと現れた日本の女二人に対して、こんなに親切にして下さっていいものなのだろうか。
これもまた浅川巧先生への追慕の情の反映なのだと、ありがたく頂くしかなかった（二三五頁）。

韓国駐在の日本人有志は、韓国人有志とともに一九九五年から毎年、巧の命日前後に墓参りをしているという（陶芸家・池順鐸の弟子である　好蓮による。山梨県広聴広報課）。

川添修司は、浅川巧の墓を描いた五枚の絵に、散文詩を添えて、『季刊　青丘』一九九五年夏号に発表した。その一節に、「林業をした／巧の顔には／きっと／五〇年　一〇〇年／先を見る眼が／ついていたに／ちがいない」（一一六頁）とある。その通りであろう。

巧の故郷・山梨県高根町も、一九九二年、続けて九五年、九七年に巧の墓参団を組織している。そのほかにも、巧に魅せられ、その墓参りをした人は多い。そして、それを文章に書いた人として、神谷丹路・坂井俊樹・清水九規《ちかみ》・田中雍子・外《と》川《がわ》幸子・河正雄《ハ・ジョンウン》らがいる（本書巻末の「参考文献」を参照のこと）。

本書を読んで、巧の墓に行ってみたいと思われた方が少なくないようである。この機会に簡単に案内しておくことにしよう。忘憂里に行くには、ソウル市内から地下鉄に乗って清涼里で下車し、タクシーに乗り換えて行くのが便利である。清涼里からは東に約四キロなので、十分弱で墓地管理事務所に着く。ソウルの旧市街地の中心・鍾路から三〇二番の忘憂里行きバスに乗って終点で下りてもよいが、市内は交通渋滞になることが多いし、終点から墓地管理事務所まで十分くらい階段を登らなければならないので、これは勧められない。

事務所から先は歩くことになる。忘憂里は小高い丘になっていて、一周五キロあまりの鉢巻き道路が通っている。事務所の側に案内図（この地図は上が南になっている）があるから、それで「三の六」区を探し、見当をつけてから、一〇〇メートルも進むと、鉢巻き道路に突き当たる。左側（南側）の道を遠くに漢江を眺めながら十分余り進むと、道が大きく折れる。さらに十分弱も歩くと薬水（湧水）がある。ここまではずっと緩い登り道である。その二十メートルほど手前、右手に白い石段があって、上のほうに特徴のある壺型の墓標が見える。巧の墓である。

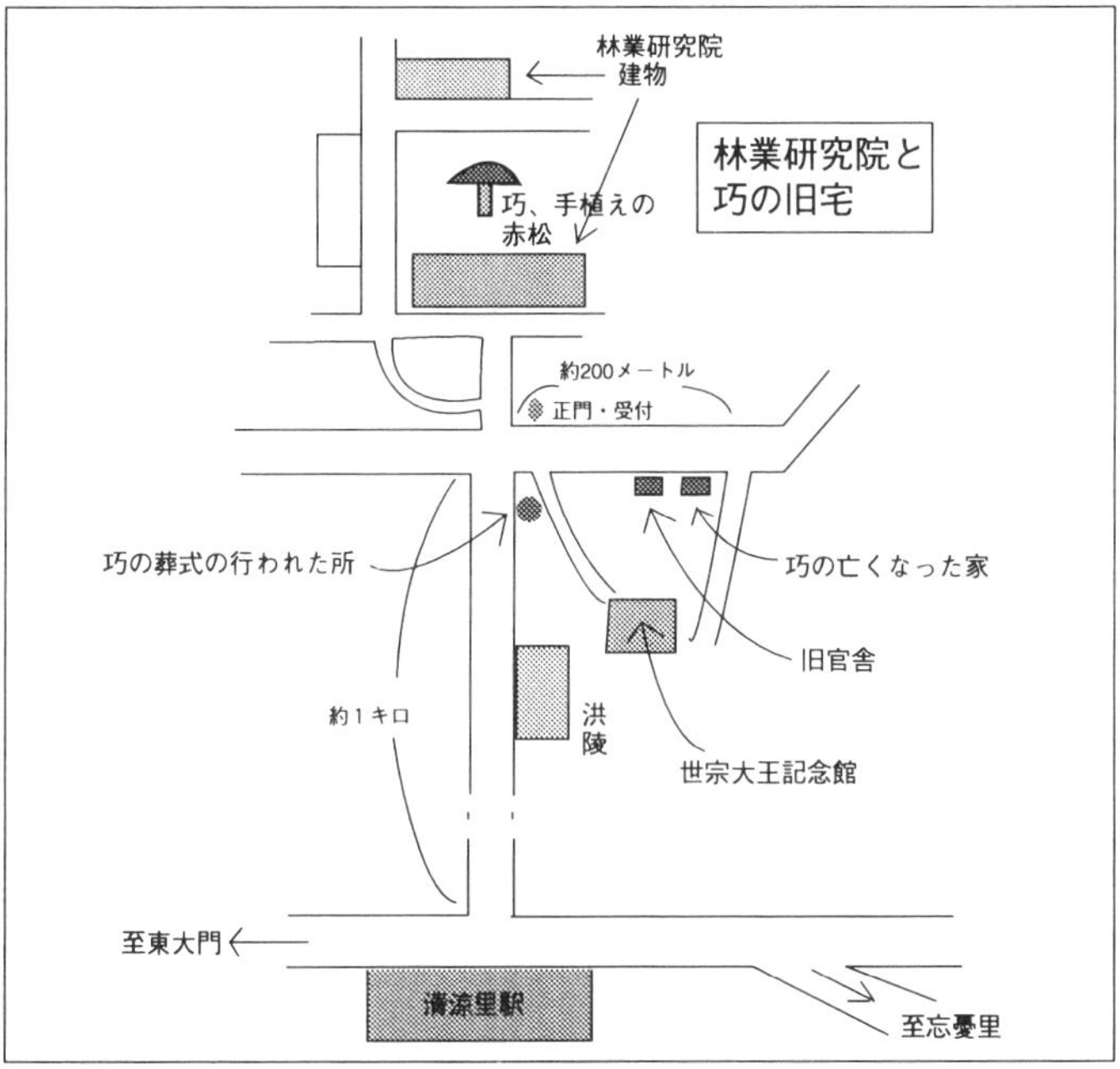
林業研究院と
巧の旧宅
林業研究院
建物
巧、手植えの
赤松
約200メートル
正門・受付
巧の葬式の行われた所
巧の亡くなった家
旧官舎
洪
陵
世宗大王記念館
約１キロ
至東大門
清涼里駅
至忘憂里

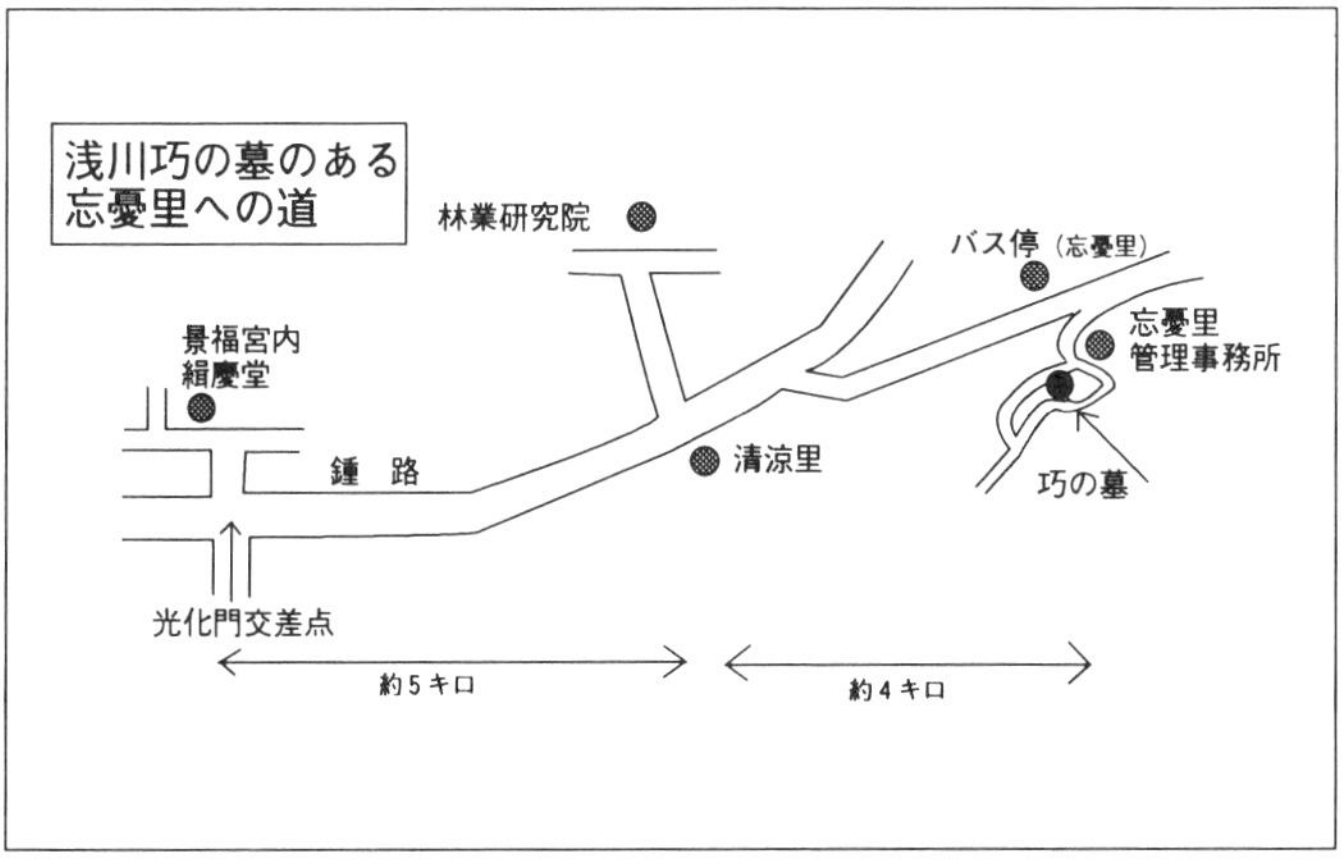
浅川巧の墓のある
忘憂里への道
林業研究院
バス停（忘憂里）
忘憂里
管理事務所
景福宮内
緝慶堂
鍾　路
清涼里
巧の墓
光化門交差点
約５キロ
約４キロ

なお、巧の墓は忘憂里にある三万余の墓のうち、ただ一つの日本人の墓である。最近では、韓国でも有名になり、民学会踏査担当理事のキム・ヨンボクが書いた「忘憂里墓地を訪ねて」でも、ほかの歴史的人物の墓十一基とともに巧の墓が紹介されている。そしてキムは、韓国の芸術を愛した三人の日本人として、柳と浅川兄弟をあげたあと、次のように巧を評価している。

この中で最もほんとうに終始、韓国をあるがままに感じ、韓国人と交わって生きた人は浅川巧である。三人中、残りの二人は韓国語ができなかったが、巧は韓国人と同じように韓国語を駆使し、韓国人の村で韓国人のように生きて死んだ人であった。こうした意味でほんとうに韓国を愛した人と言うのである（三六～三七頁）。

『朝日新聞』ソウル支局長の小林慶二のように、林業研究院を訪ねた人もいる。「部屋で待っていてくれた趙在明院長（一九九四年当時）はさっそく自分でつくった『浅川巧年譜』を出し、いかにも嬉しそうに説明を始めた」（二四一頁）。そして、その後、次のような手紙が届いたという。

「本研究院ではお亡くなりになった浅川巧様の業績を礼賛致しまして、墓地の正式の許可を受けて、今後本院で管理する方針を立てました。従いまして、お亡くなりました浅川様の墓地管理は、ご安心下さい」（二四七頁）。

林業研究院は、清涼里駅の北約一キロの所にある。前述したように、中庭には巧が手植えした赤松がみごとな枝を広げている。

また、正門の東約二〇〇メートルの所、道路の南側には、かつての巧の旧居があった。同じような形をした旧林業試験場の官舎二棟のうちの東側の家がそれである。家の東側の坂道を少し登ると、旧居の南側と庭が見える。昔は巧の家の畑になっていて、初夏にはいちご、夏にはトマト、ナスなどがたくさんできていた。家の東側は、昔は雑木林で、巧一家の散歩したところである。西側には池があり、清涼寺の下から流れる小川が注ぎ込み、夏にはほたるがきれいだった（上杉、一九九七年）。

ところで、この間、浅川巧に関する新しい資料が発掘され、研究も発表されている。

林業に関する業績に新たな光を当てたのは、清藤城宏《せいどうくにひろ》「林業技術者としての浅川巧」（『月刊新山梨』一九八六年四月号）である。清藤によれば、浅川巧と石戸谷勉との共著「テウセンカラマツの養苗成功を報ず」は、「これまでの天然更新に対し、育苗し山へ人工造林する最初のきっかけを作りだした研究」であり、「主要林木種子ノ発芽促進ニ関スル試験・第二回報告」は、「マメ科植物の発芽促進方法を見出した点で、土壌養分の少ない花崗岩地に、窒素を自給するマメ科植物の人工造林が可能になったことで高く評価される」ことは、先に紹介したとおりである。

履歴に関する新しい資料を発掘し紹介したものに、佐々木悟史の「『浅川巧』研究ノート」がある。「浅川巧研究会」（一九八五年八月に甲府市で発足）の中心メンバーで牧師でもある佐々木は、浅川巧が一九〇七年六月に甲府教会の波多野伝四郎牧師から洗礼を受けたこと、一九一五年二月に京城メソジスト教会に移籍したことなどを明らかにしている。また、手塚洋一は、「浅川巧――環境保全と国際親善の先駆者」で、浅川家の人々と出身地・甲村の「好学の村柄」を紹介している。

こうした日本側の状況も反映して、一九八四年八月二十三日に、当時、利用部長であった趙在明を中心に、韓国林業試験場職員一同の名で、韓国に二つめの浅川巧記念碑が建てられた（二一一頁参照）。碑文は、次のように刻まれた。

韓国が好きで韓国人を愛し、韓国の山と民芸に身を捧げた日本人、ここ韓国の土となる。

しかし、趙は、この碑に、浅川巧の略歴を刻まなかったことを遺憾とし、また、前面の碑文の彫り方が浅く、文字の形も気に入らなかった。そのため、林業院院長になり、退職が迫ったとき、再び募金を集め、一九九四年五月二十日、現在の碑に取り替えた。碑文は、ハングル漢字混用をハングル専用にし、直説法的な表現を隠喩法的な表現に改め、文字を深く刻んだ（趙、一九九六年）。碑文は次のとおりである。

韓国の山と民芸を愛し、韓国人の心の中に生きた日本人、ここ韓国の土となる。

そして、後面には次のように刻んだ。

浅川巧

一八九一・一・一五　日本国山梨県で出生

一九一四―一九二二　朝鮮総督府山林課勤務

一九二二―一九三一　林業試験場勤務

一九三一・四・二　　植木日記念行事準備中殉職

主要業績

朝鮮松種子の露天埋蔵発芽促進法開発（一九二四）

朝鮮の膳（一九二九）・朝鮮陶磁名考（一九三一）著述

趙はまた、これを機会に改めて、ソウル特別市葬墓事業所長に「葬墓施設使用許可願い」を提出し、二〇〇八年までの使用許可を得た。死亡者欄にはもちろん浅川巧の名が書かれている。そして、使用者欄には趙在明の名があり、「死亡者との関係」という欄には、なんと「親戚」と書かれている。

忘憂里にある浅川巧記念碑の裏面

林業院を引退した趙は、一九九五年十一月七日、林業院ＯＢ会である洪林会の中に「浅川巧先生記念事業会」を組織した。そして、会長に元林業試験場場長の金甲成を推戴し、自らは幹事長に就任した（趙、一九九六年）。そして、巧の故郷・山梨県高根町と共同で巧の墓地の整備事業を推進し完成させた（後述）。また、巧の林業関係文献の翻訳や韓日林業技術協力なども計画中である。

一方、出身地・山梨県では、一九八七年六月十三日に山梨放送制作の「韓国に生きた甲州人」が放映され、県立美術館では、一九八八年八月二十一日から九月二十五日にかけて、「李朝陶磁五〇〇年の美展」を開催し、あわせて「浅川伯教資料展」を開いた。そして、青花秋草文面取壺や青花辰砂蓮華文壺などを展示し、『浅川伯教資料展』を発行した。また、一九九二年九月には山梨県高根町清里にあるホール・オブ・ホールズが「李朝とその周辺展――浅川兄弟の愛した韓国・朝鮮の美」展を開催した。

それより先、山梨県高根町の教育委員会は一九九一年に、浅川兄弟の生家近くの農業公園に「史蹟 浅川伯教・巧兄弟生誕の地」という石碑を建てた（一五頁参照）。そして、裏面に、伯教の次のような短歌と碑文を刻んだ。

史蹟　碑陰記

秋雨のもりのかなしき　庵なれど
　空も我もの　海もわがもの
伯

浅川伯教（一八八四―一九六四年）・巧（一八九一―一九三一年）は、旧甲村五町田、浅川如作・けいの子として生まれた。父方蕪庵六世小尾四友・母方国学者千野真道の孫なり。父早生し、母と祖父等の慈愛に育まれ、長ずるや相前後して朝鮮に渡る。彼の地における兄弟の活動は人道主義的で一貫共に朝鮮の美の研究に没頭す。民芸運動の先駆者としても深い感銘を与えた。

伯教は、朝鮮陶磁器の調査研究に生涯を捧げる。就中、高麗、李朝期の研究は今も燦然と輝き、優れた業績を朝鮮に残す。朝鮮陶磁の神様と称されている。巧は、人間愛の故をもって、彼の地の人から、朝鮮が好きで朝鮮の人を愛し、朝鮮の山と民芸に生涯を捧げた人として敬愛されている。

平成三年三月吉日建之　　　　　　　　　　高根町

一九九四年、山梨在住の作家・江宮隆之は、浅川巧の生涯を『白磁の人』（河出書房新社）という小説に描いた。彼は、「こうした日本人があの時代に存在したことを、日韓両国の一人でも多くに知ってほしい」という願いでこの本を書いたという（一七九頁）。この本は一九九七年までに三万部を売り尽くして、同年、今度は河出文庫として再刊されている。

今では、巧の故郷・山梨県高根町の多くの人びとが、高根町を日本と韓国の友好親善の聖地にしたいと願っている。高根町や隣の長坂町の教員有志が浅川巧を教材にし、一九九六年二月十八日、「高根生涯学習フェスティバル一九九六」で、高根町立高根中学校演劇部の生徒たちが「朝鮮の土になった日本人　浅川巧」を上演したのも、そうした気持ちの現れであった。この演劇を見た在日韓国人文化芸術協会会長の河正雄は、その感想を次のように書いている。

「チョウセン」「チョウセンジン」というセリフが、たった三十五分の上演時間の間に、どれほど行き交い語られたことだろう。かつて蔑視・差別の用語だったはずの「チョウセン」「チョウセンジン」という言葉。若い中学生が発するそのセリフの中には、一点の曇り偏見も感じられなかった。今朝の純白無垢の雪のように。なんて美しい響きの「チョウセン」「チョウセンジン」という日本語。ここは、過去の日本人社会でなく、新しい日本のユートピアではないだろうか（三二頁）。

セミナーと墓域整備

一九九六年一月、『浅川巧全集』を出したいという草風館の内川千裕の意向を受けて、わたしは「浅川巧日記」を所蔵する金成鎮に日記の複写を改めてお願いした。その結果、日記が巧の故郷・高根町に寄付され、同年十一月に全集が刊行された経過は一三二頁以下で書いたとおりである。

それをきっかけとして、一九九六年から九七年にかけて、日韓両国で浅川巧はいっそう広く知られるようになった。巧の故郷・高根町では、郷土資料館を設立し、その一室を浅川巧兄弟記念室とする計画が立てられた。また、一九九六年六月九日には、高根町長・大柴恒雄を会長に、「浅川伯教・巧兄弟を偲ぶ会」が結成され、『会報』が創刊された。『会報』の発行所は、山梨県北巨摩郡高根町村山北割三二六一　高根町役場企画財政課内　浅川伯教・巧兄弟を偲ぶ会である。

偲ぶ会の結成集会には、韓国の新聞『東亜日報』の李英伊記者、そして、『朝日新聞』の増子義久記者が取材に訪れた。そして、李英伊記者は、『東亜日報』に二度にわたって記事を書いた。六月十七日の「『韓国愛』日本人の日記、日本で公開」という記事と、六月二十三日の「日本農村の『韓国愛』人口九千人の高根町『姉妹血縁』提案」という記事である。一方、増子義久記者は、『朝日新聞』六月二十八日に「浅川巧の日記里帰り」を書いて、浅川巧の日記には、当時の厳しい情勢下で朝鮮人と苦楽をともにしながら「朝鮮の美」の発見に情熱を傾けた姿が描かれている、と紹介した。

同年九月三十日には、高根町長・大柴恒雄を会長に、「浅川伯教・巧兄弟資料蒐集委員会」も発足している。

おなじころ（九月二十四日）、韓国のソウルでは、セミナー「一九二〇年代に韓国民芸を研究した浅川巧について」が開かれた。私の著書『朝鮮の土となった日本人――浅川巧の生涯』が韓国のナルム出版社から翻訳出版されたのを契機に、韓国の民学会（民芸などを中心とする民衆文化についての研究会）が主催したものである。講演会には二百人余りが参加した。「参加者は百人くらいだろう」と事前に聞いていたので驚いた。浅川巧の名は意外と広がっていたのである。

セミナーは、沈雨晟民学会会長の挨拶で始まった。同年四月に浅川巧の著書『朝鮮の膳・朝鮮陶磁名考』を翻訳出版したばかりの沈会長は、韓国を愛した人として柳宗悦、浅川伯教・巧兄弟をあげ、その中で、浅川巧が最も「生活的」であったと評価した。韓国での生活に溶け込んでいた、ということのようである。

続いて、訳者の李大源画伯の挨拶があった。この人は民芸品の愛用者で、元弘益大学総長・前芸術院院長である。李は、拙著を何度か読んで、韓国の若い人にも浅川巧を知ってほしいと思いこの本を訳した、と話した。

このセミナーに招待されたわたしは、「朝鮮の土となった浅川巧」という演題で、その生涯と意味について簡単に話した。

そして、木工品の研究者である朴栄圭・龍仁大学芸術学部学部長が、山と民芸の両方を愛した浅川巧を絶賛したうえで、韓国の伝統を現代化することの必要性を説いた。

最後に、司会の白承吉韓国博物館会副会長が、このセミナーが日韓友好の契機になることを希望すると述べて、セミナーは終わった。

ところで、李大源画伯、民学会有志、ナルム社の社員たち、そしてわたしの一行十数名は、セミナーに先立って、十九日の午前中にソウル郊外の忘憂里に浅川巧の墓地を訪ねた。韓国放送公社（KBS）のテレビ取材班が同行した。浅川巧を素材にした番組を作る計画があるとのことであった。

滞在中、本とセミナーの紹介が新聞・ラジオで相次いだ。『朝鮮日報』『京郷新聞』『文化日報』『国民日報』は、書評欄でわたしの本が翻訳されたことを紹介しただけでなく、それとは別途に、わたしの訪韓やセミナーの様子についても大きく報道した。また、TBSラジオ（交通放送）、KBSラジオでは「著者と語る」とでもいうような番組に出演させてくれた。聞き手やアナウンサーは、こもごも浅川巧の生涯を知って感動した、と述べていた。

同年十月には、先のセミナーにも参加した民学会踏査担当理事のキム・ヨンボクが雑誌『セミキップンムル』に「浅川巧のほんとうの朝鮮愛」を寄稿して、次のような人から聞いた話を紹介している。

ある講演会場でのことである。麻の服を着た一人の朝鮮人が講壇に置かれた椅子に座ろうとするので、担当者らしい若者が「ここは朝鮮人の座るところじゃない」と文句を言った。その朝鮮人は黙ってほかのところに移って立っていたが、講演が始まる段になって、その場に座った。彼がまさに講師として招かれた浅川巧だったのである（一九九六年2、九八頁）。

そして、「柳宗悦を語るとき、いつも付け足しのように言及される程度であった浅川兄弟が、最近では、柳と同じ水準で語られるようになっている」と評価している（九九頁）。

同じころ（十月）日本では、韓国からの留学生・李秉鎮によって「大正時代のある対話精神——浅川

韓国ソウルで開催されたセミナー

巧の日記公開を巡って」という論文が発表された（この論文は、その後、一部を改稿して、『民芸』に分載された）。李は、「大正時代の社会像または個人像を論じる時、彼のような存在は重要な意味を与える」とし、「浅川巧を、文化論的な観点から『白樺』研究のカテゴリーに入れて論じること」を論文の課題とし、「日本から離れて朝鮮で他者の立場で日本を眺めていた浅川巧のような眼差しを『白樺』研究のなかに入れる」と、「浅川巧の朝鮮芸術論が大正期の日本知識人に及ぼした影響は決して少なくないと思われる」と評価している（一九九七年1、一三〜一五頁）。そして、次のように巧と柳を比較している。

浅川巧の朝鮮民芸論が、柳宗悦の多少の感情移入された民芸論と違う処は、日常生活のなかで日頃民芸品を使用する者が主体になる極めて平凡な民芸理論のキーワードに充実していることだ（同、一五〜一六頁）。

柳の民芸論との根本的な違いは、巧は民芸を生産した無名の工人（民衆）がその美しさを理解していたとしている（後略）（一九九七年2、一二三頁）。

十一月に『浅川巧全集』が草風館から刊行されると、それも話題になり、波紋を広げた。奥武則記者は『毎日新聞』一九九七年一月七日付けでそれを紹介し、『目の眼』という雑誌も四月号で全集が出版されたことを紹介する尾久彰三（日本民芸館学芸員）の「朝鮮陶磁を愛した浅川巧」という文章を掲載した。

一九九七年五月には、『芸術新潮』が「李朝の美を教えた兄弟——浅川伯教と巧」を特集した。そして、江宮隆之の小説『白磁の人』が河出文庫にも収められた。また、放送文化基金の第三回「テレビ番組の企画選奨」に、川端正道が企画した「忘憂里の丘に立つ——浅川巧〜日韓共生への道」が入選した。川端は、奨金五百万円を得て、現在、番組製作の準備に入っている。また、山梨テレビでも同様の企画が進んでいる。

七月七日から十二日にかけて、忘憂里にある浅川巧の墓は、浅川巧誕生の地・山梨県高根町と韓国山林庁林業研究院、そしてその同窓会である洪林会の手で整備された。新しく設置された石段を登ると、今までよりも、いっそう韓国の墓らしい墓が見られるようになったのである。

供物を載せる床石が新たに設けられて、正面には「謹んで遺徳を讃え、冥福を祈ります」とハングルで書かれ、右側面には「一八九一年一月十五日誕生　日本国山梨県北巨摩郡高根町五町田　一九三一年四月二日別世　韓国ソウル特別市東大門区清涼里洞」、左側面には「平成九年四月二日奉献　浅川巧先生の誕生地日本国高根町　一九九七年四月二日建立　韓国山林庁林業研究院　洪林会」と刻まれた。

床石の正面には石香炉、両側面には石花瓶も設置された（二七七頁の写真参照）。土饅頭のお墓は墓域の中心に移され、馬蹄形の防水堤が修復され、また、兄・伯教が制作した花崗岩の白磁型墓碑や、韓国林業試験場職員一同の名で建てられた石碑「浅川巧功徳之墓」なども、しかるべき位置に移されていた。全体として、バランスがとれ、広くなった感じがする。

そうした動きの反映であろう、一九九七年八月になって旅行社ジャパンコムツーリストは、ついに「韓国民芸と浅川兄弟の足跡をたどる旅」を商品として売出すまでになった。この旅にはわたしも同行し、墓参りをすませたあと、浅川巧が勤めていた林業研究院を訪問した。巧が就職したころわずか数人だった研究院は今や三二一人の一大研究施設になっていた。第一セミナー室に招じ入れられたわたしたちは、金泳達院長の話を聞いた。院長は次のように述べた。

「浅川巧先生は韓国が好きで韓国の山と民芸に一生を捧げ、韓国人のように生きて、この地に葬られた日本人です。当時、歴史的に難しい時期に、先生は日本人でありながら、韓国的な生き方を選ばれました。韓国語を学び、韓国の伝統的な衣装であるパジ・チョゴリを好んで身につけられました。そして、貧しい韓国人の学生を助けるなど、困難な中で黙々と韓国人の側で生きました」

「先生は種子の発芽、養苗専門家として、いろいろな樹種とくに朝鮮松の種子の露天埋蔵法による発芽促進法を開発するなど多くの林業的な業績を積み重ねました。その一方で、朝鮮民族美術館建設の推進、朝鮮陶磁器工芸の研究、朝鮮の膳についての考察など、韓民族の魂、智恵を明らかにすることに余念がありませんでした」

「先生の墓は唯一、韓国人によって保存されている日本人のお墓です」

「わが研究院はこれからも浅川巧先生の功績を末永く記念するための努力を続けていくでしょう」

九月になると、韓国の『月刊美術』が浅川兄弟を特集した。日本の『芸術新潮』五月号の焼き直しであったが、韓国人に浅川兄弟の仕事を知らせるという啓蒙的な役割は大きかった。

十一月二十七日には、「浅川巧韓日合同追慕祭」がソウルで行われた。巧の故郷である山梨県高根町からは大芝恒雄町長をはじめ町議会議員、一般参加の人々約五十人が参加した。そして、甲府や東京からも約十人が加わった。わたしも参加した。

ソウルの空港から忘憂里にある墓地に向かうバス（約一時間半）の中で、そこを案内するのは今度で五回めか六回めになるというガイドが、こう言った。「忘憂里には抗日独立運動家の墓がたくさんあります。そこで、韓国人の中には、そうした所に巧さんの墓があるのはおかしい、という人がいます。しかし私は、巧さんの墓のおかげで韓日親善の機会ができてよいと思います」

墓に到着すると、現地参加の方々やソウル在住の日本人十人余りが献花・焼香をしているところであった。

献花・焼香を終えると、バスは山林研究院に向かった。正門近くに今も残る巧の旧居（二四九頁参照）を見にいくと、その主が一行を庭に招じ入れてくれた。残念なことに、この建物は一九九八年に改築される予定だそうである。趙在明によれば、「この家を買い戻して、浅川巧を記念したいと思っていたが、朝鮮戦争のとき戦火に会って、もう寿命だからしかたがない」とのことであった。

追慕祭は夜、ソウルの中心地にあるロッテホテルで行われた。日本側にはソウル・ジャパン・クラブ（旧ソウル日本人会）理事長・登石成二らが加わり、韓国側には韓国中央博物館館長・鄭良謨らが加わっ

最近の巧の墓地

て、参加者は一二七人にふくれあがった。正面には浅川巧の遺影が掲げられていた。

式は、鄭正博牧師の祈祷で始まった。ついで、主催者を代表して、韓国洪林会浅川巧先生記念事業委員会幹事長であり山林文化研究院の院長でもある趙在明が開式の辞を述べ、高根町浅川巧記念事業実行委員会委員長であり高根町町長でもある大柴恒雄が挨拶した。さらに、数人の人々から追慕の辞が述べられた。駐韓国日本大使の小倉和夫（町田貢公使が代読）は、浅川巧の業績と生き方を紹介しながら、それを「手本にすること」を誓った。そして、在日韓国人文化芸術協会会長の河正雄は、浅川巧の「人柄と人格は敬うに足る韓国に眠る希有な日本人」と評した。また、韓国公州民族博物館館長で、浅川巧の著書の韓国語版訳者でもある沈雨晟は、「彼の生涯は短かったが業績は永く生きつづける」と評価した。

引き続き行われた晩餐会では、韓日伝統文化交流協会会長の趙万済が乾杯の音頭をとった。趙はそれに先立って、「日本人の中で浅川巧ほど親しまれている日本人はいない、韓国人がどれほど愛し、信頼し、尊敬しているか」と述べた。ついで、親の遺言を守って、浅川巧の墓を家族のそれのように守りつづけている韓相培が紹介された（追記参照）。

会場で次のような事実を知った。一つは、ソウル日本人学校の教師・西田隆之が制作した『小学部三・四年生用社会科副読本・ソウル』で浅川伯教・巧兄弟を取り上げていたことである。「韓国を愛した兄弟」という題になっている。もう一つは、ソウル・ジャパン・クラブの綾野怜が同クラブの会報『SJC』に浅川巧を紹介していたことである。論題は「日帝時代、朝鮮の民衆に愛された日本人達」となっていた。『SJC』にはほかにも浅川巧に関する論文が掲載されている。ソウル在住の日本人の間でも、浅川巧は広く知られるようになったようである。

先に浅川兄弟を紹介した韓国の『月刊美術』の編集者は、会場に同誌の十一月号を持ってきてくれた。部屋に戻ってさっそく一読すると、柳宗悦特集号である。崔コンホ、マサ博物館長の論文「柳を再び考える」は、柳の「功労を軽く評価することはできない」としながらも、巧が朝鮮の美の「健康性」を認めたことをより高く評価していた（七三頁）。

十二月十四日、NHK教育テレビの「新日曜美術館」は「発見！　李朝の美——浅川巧から柳宗悦へ」を放映した。ゲストには詩人の高橋睦郎と私が招かれた。

一九九七年は、浅川巧にとって記念すべき年であった。

追記——追慕祭については、『統一日報』一九九七年十二月五日、『今日の韓国』一九九八年一月号、『民芸』一九九八年二月号、『浅川伯教・巧兄弟を偲ぶ会・会報』第六号などが、その様子を伝えている。

終りに　植民者の影と光

浅川巧は人間として立派であった。しかし、彼は朝鮮総督府林業試験場の技手であった。そして、その林業試験場は、朝鮮総督府や日本の山林資本が、朝鮮の木材をより多く収奪することを助けるための機関であった。また、浅川巧や柳宗悦たちによって設立された朝鮮民族美術館も、朝鮮総督府の「文化政治」という高等政策から無縁であることはできなかった。

巧に「人間の価値」を見いだした安倍能成の次の一節は、そのことをよく示しているといえよう。

朝鮮の民芸品、殊に工芸品、中にも日常使用の下手物の有する美しさは、柳宗悦君や浅川氏兄弟のやうな烱眼な先覚者によつて発見せられ顕彰せられて、その勢は農家の厨房から持つて来られた雑器までが驚くべき高価を示す様になつた。私の願ふところはこの尊重が骨董的珍重の域に止まらないで、朝鮮の同胞の本来身につけて持つてゐたものを生かす働きとならんことである。このことは独り芸術品や樹木に止まらない。日本の朝鮮統治を更に実質的ならしめる為には、徒《いたず》らに外的な文明的設備に止まらず、この精神を万事に拡充しなければならぬのではあるまいか（一九三二年、一三二頁）。

ここで安倍が、柳や浅川兄弟の例をあげながら、「朝鮮の同胞の本来身につけて持つてゐたものを生かす」ことを提案しているのはよい。しかし、見逃せないのは、それが「日本の朝鮮統治を更に実質的ならしめる為」になされているということである。これでは、植民統治をより堅固にせよ、といっているに等しい。

安倍は先に紹介した「人間の価値」の最後の部分でも、朝鮮人が朝鮮流に巧の棺を埋めたことを評価して、「強ひられざる内鮮融和の美談である」と書いている。巧と朝鮮人との物語を、彼は「内鮮融和の美談」として語っていたのであった。

日本の朝鮮統治政策と全面的に対決しないかぎり、巧や柳には、その統治政策に利用されてしまう可能性が常についてまわっていたといえよう。

韓国の著名な陶磁器蒐集家であった故朴秉来の浅川兄弟と柳に対する次のような批判は重い。

〔わたしは〕柳氏がラフカディオ・ハーンの美学にならったといった。しかし、ハーンの本国である英国は日本を侵略したことはなかったが、日本はそのとき、日露戦争で勝利をおさめ、東洋支配の野心に燃えた強者の立場にいたのである。

柳氏や浅川兄弟は、ラフカディオ・ハーンの何倍もの努力で応えるかわりに、むしろ感傷的な温情や同和を主張することで、われわれをして、いっそう卑下させる結果をもたらさなかったであろうか（九八〜九九頁）。

朝鮮史家・故梶村秀樹も、本書の初版を評して同じような問題を提起している。

著者の巧まざる筆が、浅川巧を遠まきにして、「浅川巧さんという人は朝鮮人から神様のように慕われていたようですね」とか、浅川巧は「朝鮮人以上に朝鮮の心が分かっていた」とか、気楽に賛美している日本人たち（その中にはある意味で柳もふくまれる）のある種のいやらしさを浮かびあがらせていることを、指摘せざるをえない。これらの言辞は、期せずして朝鮮人をおとしめていることによって、浅川巧の本意にも反しているのである。苦渋の末に創造された浅川巧の魅力的な生き方にぶらさがって、安直に免罪符や日本人としての救い（傍点ママ）を手に入れるわけにはいかないのである。

この意味で、いっそう思いを致すべきは、浅川巧がそこに至るまでの苦悩のプロセスであろう（六四頁）。

そのとおりである。しかし大事なことは、巧を日本帝国主義の手先であったとして切り捨てることではない。なぜなら、あの時代の朝鮮支配について、日本政府の共犯者であるという責任から免れられる日本人は、ただの一人として存在しえなかったからである。そして、その矛盾の中にキラリと光るものの正体を見極めることこそが大切なことだからである。

付記

本書ができるまでには、多くの方々の協力があった。浅川巧日記を提供してくれた金成鎮氏、資料集めに協力してくれた蝦名則、清水九規、平田賢一、水野直樹の各氏、談話を聞かせてくださった故・浅川克己、池田三四郎、市山盛雄、上杉美恵子、内川千治、故・金二万、金成甲、故・小宮山栄、故・小宮山辰也、小宮山まつ子、佐々木潤一、鈴木正男・牧栄、田中雍子、趙在明、故・森田芳夫の各氏、わたしに代わって、小宮山栄、金二万、小谷正巳氏の談話を記録してくださった小宮山八千代、崔民之、小谷治子氏、手紙での問い合わせに応じてくださった、あるいは手紙や電話でご教示くださった笠原洪平、加藤松林人、姜姫淑、故・金二万、小谷正巳、小林多津衛、小宮山八千代、白鳥鳩三、趙在明、手塚洋一、故・中井英夫、別府房治、松橋桂子、故・森田芳夫、安田貞子の各氏、写真を提供してくださった故・浅川克己、鈴木正男・牧栄、故・小宮山栄、故・金二万、小谷正巳、姜姫淑、鄭成国、安田貞子の各氏と日本民芸館、写真を複写してくださった千葉安明氏、装丁をしてくださった菊地信義氏、浅川巧について書く場所を提供してくれた『思想の科学』『民芸』『月刊新山梨』『山梨日日新聞』『芸術新潮』、初版の編集制作をしてくだった内川千裕、井上敦子氏、本書初版のために文章を寄せてくださった鶴見俊輔氏に感謝する。

新版を出すことを勧めてくださった内川千裕氏に改めて感謝する。書き直しを進める過程で、この十五年の間にたくさんのことが明らかにされてきたことに気がついた。これからも意外に多くのことが明らかにされるかもしれない。何年かのち、また書き直してみたい。浅川巧に関する資料、逸話など、ぜひ教えてくださるよう、読者のご協力をお願いしておきたい。

〒四〇八―〇〇三六　山梨県北巨摩郡長坂町中丸三、五六五　高崎宗司

付記　増補・改訂に際して

『朝鮮の土になった日本人――浅川巧の生涯』を刊行してから、早くも十五年が過ぎた。その間、多く方々が、わたしの知らなかった資料を教えてくれた。そして、わたし自身もいくつかの新しい資料を発掘した。また、浅川巧に関する研究論文もわずかながら発表されるようになった。

中でも、『浅川巧全集』の刊行（一九九六年）と『芸術新潮』の特集「李朝の美を教えた兄弟――浅川伯教と巧」（一九九七年五月号）とは、浅川巧について多くの知見を付け加えてくれた。

幸いなことに、浅川巧に魅せられる人びとは年をおって増加している。最近では、韓国での評価も高まっている。今回、増補改訂版を出すことにしたゆえんである。

増補・改訂に際して、浅川巧に関する逸話をできるだけ多く紹介することにした。「逸話が浅川には多いのである。集めたら何よりのいゝ伝記とならうと思ふ」（一九八一年、六三八頁）と書いていた柳宗悦のことばに改めて共感を覚えたからである。

この増補・改訂版は、多くの浅川巧に魅せられた人びととの共著のようなものである。あるいは、彼ら、彼女らの証言を集めた編著書のようなものである。

数多くのこれら協力者に感謝し、これからも協力してくださることをお願いしたい。

一九九八年三月

十　浅川巧・一九九七〜二〇〇二年

日韓の架け橋として

浅川巧を高く評価する人々を大別すれば、教育関係者、韓国関係者、キリスト教関係者、民芸関係者、作家や音楽家など、そして、浅川巧の故郷である山梨県の関係者である。

一九九七年八月、全円子に率いられた岡山市の明誠学院高校社会部の生徒たちはソウル郊外・忘憂里にある浅川巧の墓地を訪れた。彼らは、「日韓近現代史の中で、お互いの国を認めようと努めた人物に焦点を当て、日本人と韓国人、在日韓国人の三者で力を合わせて、将来両国が過去の歴史の上に、隣国としての新しい関係を築いていけるようにという願いをもった旅」の一環として、というよりも、その「旅の原点」として、巧の墓を参拝したのである。全は、旅の報告文を「友好の架け橋——国境を越えた人々を訪ねる旅」というタイトルのもとに、九八年三月号の『アリラン通信』に発表している（六〜七）。

全の報告文は、たまたま筆者の目に触れたものの一つに過ぎない。筆者の知らないところで、巧の墓を訪問する先生と生徒も多い。

そうしたことがあるからであろう。九九年四月には、実教出版が発行する『一九九九　資料現代社会』に、〇一年一月には、歴史教育者協議会編『人物で読む近現代史』上（青木書店）に、〇一年六月には、平和・国際教育研究会編『韓国修学旅行ハンドブック』（平和文化）に、「朝鮮の土となった日本人　浅川巧」「朝鮮に心をよせた浅川巧と柳宗悦」が取り上げられるようになった。なお、それらより先、九五年九月には、君島和彦他『韓国』（梨の木舎）が浅川巧の墓を紹介している。

浅川巧は、日韓関係に関心を持つ市民の間でも注目されている。九八年四月には、「札幌・韓国を知る会」が「『白磁の人』浅川巧を訪ねる旅」を企画して、墓参した。同会では、訪韓に先立って、「浅川巧の人物像」「焼物に見る日韓の歴史」を学習したが、その学習会にはそれぞれ六〇人も出席したという（札幌・韓国を知る会『友達』第二号、四）。同会会員の北村巌は、帰国後の六月一一日付けの『北海道新聞』夕刊に「『白磁の人』浅川巧をめぐる日韓交流の胎動」を寄稿し、この旅は「日韓の新しい絆を創り出す意味」を持っていると書いた。なお、北村は、同年九月号の『新日本文学』に「浅川巧論ノート」を発表している。

そして、『朝日新聞』（大阪版）〇一年六月三〇日付け夕刊は、「海峡のこだま――日韓交流の水脈」と題する連載の第二回に「浅川巧の誠実」を取り上げた。タイトルは「森と美と人への愛が届いた」となっている。

また、〇二年四月に発行された舘野晳編著『韓国・朝鮮と向き合った三六人の日本人』（明石書店）にも、尾久彰三「浅川巧・韓国人の心のなかに生きた日本人」が収録されている。

そうした動きは、韓国人留学生、あるいは在日韓国人の間でも起きている。九八年一〇月に開かれた日本比較文学会創立五〇周年記念東京大会では、韓国からの留学生・李秉鎮が「浅川巧の朝鮮認識」を発表している。

九八年七月、在日韓国人文化芸術協会の会長であった河正雄は、『縁　えにし――朝鮮人無縁仏の霊に捧げる』（河正雄を囲む会）を出版し、その中に、「戯曲浅川巧の生涯のこと」という一節を設けて、劇作家の定村忠士（〇一年に死去）が巧の生涯を戯曲に書きたいということで河に協力を依頼してきたこと、二人で準備に取り掛かったことを書いている。河のこの文章を含む浅川巧関係論文は、近著『韓国と日本　二つの祖国を生きる』（明石書店）に収められている。なお、河が会長を務めていた在日韓国人文化芸術協会は、九八年一〇月に「浅川巧の生誕地（山梨県高根町）を訪ねる旅」を実施している。

そして、浅川巧に関心を寄せる人は韓国でも増加しつつある。在韓日本人と韓国人とで構成する「浅川巧先生を想う会」は、九九年、〇〇年、〇一年にも開かれた。いずれのときにも墓参と講演会が催されている（高崎「第五回『巧の忌』に参加して」『山梨日日新聞』九九年四月二九日付、他）。

画家でソウル大教授でもある金炳宗は、九九年五月一〇日付けの『朝鮮日報』に、「韓国人の芸術魂に生きた日本人」と題する浅川巧に関する随筆と、忘憂里の絵を発表した。金は、〇一年六月二七日付の『朝鮮日報』に掲載された「跡形もなく消えた昔の美術館」でも、柳宗悦と浅川巧とが設立した朝鮮民族美術館について書いている。

また、日本の地方自治について研究するかたわら、日本との交流にも力を尽くしている全北大学教授の鄭在吉は、〇〇年二月に山梨県を訪問した際、『山梨日日新聞』のインタビューに答えて、「日韓交流の先駆けとなった浅川兄弟を例に挙げ、『マンガや演劇などで浅川兄弟を取り上げ、子どもでも分かりやすいように伝えていくべきだ』と訴えた」（二月二七日付）。鄭は同年四月にソウルの浅川巧の墓前で行われた七〇回忌にも参加している。

いまや遅しの感はあるが、キリスト教学者の研究の対象にもなり始めた。九八年三月、神田健次は、「朝鮮の土となった日本人キリスト者——浅川巧の足跡を求めて」を『関西学院大学　人権研究』創刊号に発表し、「浅川巧のキリスト者としての思想と行動を究明」した。

民芸関係者の浅川巧に対する関心は年毎に高まっている。九八年八月には、田中雍子が「李朝の美を愛して——浅川伯教・巧兄弟と柳宗悦」を『太陽』編集部編『李朝を楽しむ』（平凡社）に寄稿した。そして、九八年一〇月には、田中が再び、「李朝工芸と日本人を結んだ人」として、浅川兄弟と柳宗悦とを『銀花』編集部編『李朝入門』（文化出版局）で紹介した。九九年四月に出た『別冊太陽』の特集「李朝工芸」には、高崎が「浅川兄弟ゆかりの品々」を書いている。

九九年八月に開かれた日本民芸夏期学校と、〇〇年一月に開かれた岡山民芸協会の新年会とで、浅川巧に関する高崎の講演会が実施されている。〇一年二月には、高崎「柳宗悦・浅川兄弟の歩いた道」などを収めた高崎宗司編著『韓国民芸の旅』（草風館）も出版されている。

民芸に造詣の深い、女優で農政評論家の浜美枝は、ソウルの巧の墓を訪れ、〇〇年二月一九日の文化放送で、「韓国の山と民芸に帰依した日本人がいた。その足跡を訪ねる旅」を放送した。その原稿は、同年一一月に出版した『旅のおみやげ2』（世界文化社）と前掲の『韓国民芸の旅』に収録されている。そこには、浅川巧の葬式のとき、参会者があまりに多かったため、彼等に配る三角のせんべいがソウル中から集められた、というエピソードが新たに紹介されている。

〇〇年五月に発表された羽田野朱美「回想・富本憲吉——陶工と出会った人々3」（富本憲吉研究会会誌『あざみ』第七号）は、浅川巧と李朝白磁、巧の修道的生活、富本との交流などを丁寧に描き出している力作である。そして、〇〇年七月には、加藤利枝「『浅川巧全集』に寄せて」（生活美学研究会会誌『i ｒｏｒｉ』創刊号）が発表されている。また、〇〇年八月号の『韓国文化』に「韓国の陶磁文化を支えた人」を寄稿した金巴望は、その文章を「おそらく二一世紀以降、浅川巧の評価はさらに高まるであろう」と結んでいる。

一方、韓国では、〇一年八月、韓国中央博物館が、「今月の文化財」と題してロビーに朝鮮の膳、六点を展示した。うち、三点は朝鮮民族美術館の旧蔵品であった。片隅には、朝鮮の膳の美の紹介者である浅川巧に対する簡単な紹介文があった。

浅川巧の故郷・山梨県での巧に対する関心は、いっそう高まっている。九八年五月、山梨放送テレビは、「兄弟にささげる鎮魂歌」というタイトルで浅川兄弟を取り上げた。そして、〇〇年三月には、甲府の劇団であるコメディ・オブ・イエスタディが水木亮「美しい朝の国――朝鮮の山を緑に・浅川巧」を上演し、二日間で約千人を動員した。なお、台本は、同名のタイトルで、〇一年一二月に、カモミールから出版されている。

〇〇年四月には、雑誌『ランデブー』が「ポール・ラッシュと浅川兄弟」を特集して浅川兄弟が小宮山清三の家に住んでいたことがあった、という新事実などを紹介した（三八）。

巧生誕の地である高根町での関心はとりわけ高い。九八年一月には、巧が木を植えた韓国中部林業試験場のある京畿道抱川郡との姉妹結縁に乗り出した。そして、一二月には「浅川伯教・巧」と題するパンフレットを作成した。また、九九年八月には『たかね――高根町勢要覧』でも、浅川兄弟を取り上げている。さらに、同年一〇月には、京畿道抱川郡から高根町に派遣されてきた使節団を歓迎した。高根町も同郡にしばしば使節を派遣している。〇〇年一月には、浅川兄弟の写真を収録した高根町編発行『写真集　二〇世紀たかね回顧録』が、〇二年三月には、清水九規《ちかみ》「浅川伯教・巧」を収録した『高根

町　郷土史に輝く人びと』（高根町郷土研究会編発行）が出版されている。

山梨県の動きは、九八年一一月になって、隣の長野県にも波及した。巧が植えたと推定される信州唐松が韓国中部林業試験場で立派に成育しており、その材木で作ったログハウスが場内にあると聞いて、南佐久森林組合が同場を訪問したのである。

浅川巧は、作家などの関心も引くようになっている。井出孫六は、いち早く、「咲く一輪の蓮・浅川巧」を『年金時代』（九七年一〇～九八年二月号）に連載したが、九九年四月には、「忘憂里の丘」を収めた『歴史のつづれおり』（みすず書房）を出版している。九八年一〇月には、中沢けいも、「浅川巧の眼」（『月刊百科』）を発表して、「柳宗悦よりも朝鮮工芸の朗らかな部分を見ている。〔中略〕樹を育てる人の眼がある」と評価した（二一）。

テレビ番組制作者の川端正道は、韓国ＫＢＳの協力を得て、浅川巧をテーマとする「韓国人になりたかった日本人」を製作した。作品は、九八年一一月にまず韓国のＫＢＳで、続いて、日本のＴＢＳで放映された。日本で製作されたテレビ番組が韓国で放映されたのは初めてのことであったという。それが浅川巧を扱ったものであるということは、初めての放映にふさわしいものであったと言えよう。

また、仮設装置による空間作品の作家である木村勝明は、九九年二月に、「時の記憶――浅川巧が行く」展覧会を開いた。木村はその後も浅川巧に対する思い入れを深め、自分の出身地である愛知県蒲郡のタウン誌『おいでん』〇〇年春号で韓国を特集し、浅川巧を大きく取り扱った。

太鼓奏者の林英哲は、〇一年一二月から〇二年四月にかけて、「朝鮮で暮らし、その自然も人々も生活も文化も愛し、敬い、深い交流を続けた」（林「澪に咲く蓮のような」『英哲案内』〇一年一二月号、一）浅川巧をイメージして作曲した「澪の蓮」を携えて全国をツアーした。

七〇回忌と七〇周忌

〇〇年四月二日は巧の七〇回忌、翌年の同日は七〇周忌であった。ソウルの墓前では盛大な追悼式が行われた。

それより先、九九年四月八日午前には、ソウルの「浅川巧先生を想う会」が九五年から続けている墓参を行った。参加者は約三〇人であった。中には高名な陶芸家である方赫山の顔も見えた。献花が行われ、賛美歌が歌われた。聖書の一説は朝鮮語で読み上げられた。俳人・山口崇史が「春うらら賛美歌ながれる巧の忌」という俳句を詠んだ。午後には、場所を移して、高崎が浅川巧に関する話をし、夕食のときには、参加者がそれぞれの浅川巧像を語り合った。

〇〇年四月二日には、巧の故郷である山梨県高根町から町長や女性団体協議会の二〇余人、「柳宗悦と浅川兄弟の足跡を訪ねる旅」（ジャパン・コム・ツーリスト　電話〇三―三九八二―二六四二）の参加者一〇余人、ソウルの「浅川巧先生を想う会」の二〇余人、韓国林業研究院元院長の趙在明、韓国文化交流協会会長の趙万済、陶磁器販売店「陶遊」社長の鄭好蓮、茶道家の李春実、ソウルで日本語を教えている日本人教師や韓国語を学んでいる日本人学生ら、約一〇〇人が集まった。この年は、李春実による献茶が行われた。当日の模様は、翌日付の『韓国日報』が「浅川巧七〇回忌追悼式」と題して報道している。そこで浅川巧は「韓国陶磁器のシンドラー」と評価されている。ユダヤ人を救ったシンドラーに喩えられているのである（高崎「浅川巧七〇回忌」『民芸』〇〇年五月号）。

〇一年三月三一日に開かれた日韓合同の七〇周忌は、高根町の約二〇人など、参加者は約一〇〇人であった。中にはこの会のためにわざわざ沖縄から駆けつけた夫婦もいた。開会に先立って記念植樹が行われた。墓地の入り口にカイヅカとヒヨウボクとが植えられ、墓地の中には故郷高根町の木・ドウダンツツジが植えられた。開会とともに、人間国宝である李東明によって笛が奏でられ、駐韓日本大使小倉和夫の挨拶（代読）があった。続いて挨拶した韓国側主催者代表の一人である趙万済は、「第二、第三の浅川巧が出ることを望む」と述べた。それは私の思いを代弁してくれる言葉でもあった。

浅川伯教・巧兄弟資料館の開館

〇一年七月一八日、兄弟の故郷である山梨県高根町（最寄の駅は中央線長坂。最寄の高速道路I・Cは中央高速道路の長坂）に資料館が開館した。約一七五平方メートル（五三坪）の資料館は、兄弟に関する資料と韓国の民芸品を紹介し、日韓の交流を深める場として早くも注目を集めている。韓国漆名匠の洪東和と東国大学名誉教授の鄭明鎬は、開館を待ちきれずに訪れたし、浅川伯教と交友があった陶芸家・柳海剛の二代目は友人たちを誘って開館一週間のうちにやってきた。そして、海剛の作品と白磁の破片資料を寄付してくれた。

資料館の展示品を紹介しよう。

入ると、まず、兄弟の写真、兄弟の名言、兄弟に関する簡単な紹介文が目に入る。左手（東側）の壁には、詳細でよく工夫された兄弟の略歴が掲示されていて、その多彩な活動ぶりが一目でわかるようになっている。その手前にある三つのガラスケースには、浅川兄弟に関する書籍などが収められている。

角を南側に廻ると、まず、養苗に励む浅川巧のジオラマがある。次に巧の民芸関係の著書と巧手製の絵葉書が展示されている。そして、民族衣装を着た主人が本を読み、妻と娘が茶を入れている様子がマネキンを使って再現されている。そこには、パンダジと呼ばれる半箪笥などが置かれている。もう一つのコーナーには、食事をしている様子がやはりマネキンを使って再現されている。膳が一〇近く重ねて置かれている。この面の最後の一角には、浅川伯教と交友があった柳海剛と池順鐸の作品が並べられている。

角を西側に廻ると、人間国宝・金正玉作の井戸茶碗をはじめ、千漢鳳・李龍熙らの作品が並んでいる。いずれも寄付されたものである。その隣には伯教が愛用していた膳があり、その上には、伯教作の茶碗が載せられている。伯教が壷を描いた屏風、やはり伯教が描いた掛け軸・色紙が数点ずつ展示されている。

さらに角を北側に廻ると、高根町と抱川郡との交流が紹介されている。次のシンボルウォールでは、いくつかの写真が見られるようになっている。ついで、窯のミニチュアがある。そして、窯址めぐりをしている伯教を再現したジオラマがある。そこでは伯教が歩いた窯址の地図もある。最後のガラスケースの中には、伯教の著書や論文が収められている。最近、少しばかり集められた朝鮮各地の窯址で収集した陶磁器の破片も展示されている。

以上が常時展示されているもののだいたいである。そのほか、館には、鄭好蓮から寄付された七三種類の陶磁器がある。巧の『朝鮮陶磁名考』にちなんだコレクションである。いずれ開催される特別展では、祭礼器・食器・茶器・文房具・化粧用具・室内用具・生活用具が使途別に展示される予定である。館が自慢するもう一つの所蔵品は、浅川巧と柳宗悦が収集し保存した朝鮮民族美術館旧蔵品の写真数十枚である。巧たちが韓国に残してきた名品と出会えるのは、たとえ写真ではあっても幸せである。

休館日は月曜。電話は〇五五一―四七―四七八四である。読者が一度は訪ねてくださることを希望しておきたい。

なお、日本民芸協会の機関誌『民芸』は、〇一年一一月号から〇二年二月の紙面を割いて、浅川伯教・巧兄弟資料館所蔵の朝鮮民族美術館旧蔵品写真を紹介し、新たに解説をつけた。一見の価値があると思う。

韓国中央博物館には数百点の朝鮮民族美術館旧蔵品と浅川伯教が寄付してきた約三千点の工芸品が所蔵されている。韓国中央博物館が、浅川兄弟と柳宗悦を記念する特別室を設け彼等の旧蔵品を展示してくれること、旧蔵品を日本でも展覧してくれること、を私は密かに望んでいる。

第三版に際して

九八年六月に増補・改訂版が出てから四年、浅川巧に対する評価はますます高くなっている。浅川巧についての文章がたくさん発表され、浅川巧関連の行事・事業もいくつか行われた。この増補第三版では、それらについて紹介することを主な目標とした。そして「索引を兼ねた略年表」を付け加えた。なお、そうしたなかで明らかになった伝記的事項は一部分しか書きこめなかった。全面的な書き直しについては他日を期している。

二〇〇二年五月

索引を兼ねた略年譜

年.月	事　項	主な掲載ページ
1792	曽祖父・小尾兵之進が生まれた	15-20
?	大伯父・植松田彦が生まれた	15-17　19
1827	祖父・小尾四友が生まれた	15　19-26　32-33
1830	母方の祖父・千野真道が生まれた	27-29　33
1859 ?	父・小尾如作が生まれた	13-14　20
1865	母・千野けいが生まれた	27　29-32
1884.8	兄・浅川伯教が生まれた	32-35　36-68
1887.12	姉・浅川栄が生まれた	35
1889.3	柳宗悦が生まれた	
1890.7	父が死んだ	69
1891.1	浅川巧が生まれた	13　69
1897.4	村山西尋常小学校に入学	69
1901.1	祖父が死んだ	23　26　71
4	秋田尋常高等小学校に入学	69-71
1903.4	浅川伯教が山梨県師範学校に入学	33
1906.4	山梨県立農林学校に入学	71-72
この後	浅川政歳と知り合う	75
1907.6	メソジスト教会で受洗	73
1909.4	秋田県大館営林署に就職	76-77
1910.8	日本が韓国を併合	79
このころ	浅川伯教が朝鮮陶磁と出合う	38　43
1911	細井肇が『朝鮮文化史論』を出版	109-110
1913.5	浅川伯教が朝鮮へ渡る	38-40
?	浅川伯教が白磁の壷と出合う	43-45
1914.5	浅川巧も朝鮮へ渡る	77-79
9	朝鮮総督府山林課に就職	80-82
9	浅川伯教が結婚	40-41
9	浅川伯教が柳宗悦を訪問	45　52　99
この後	浅川伯教が富本憲吉と知り合う	45　61
1915.12	浅川伯教とともに柳宗悦を訪問	100

1916.2	浅川みつえと結婚	75　82
9	柳宗悦が朝鮮に来て巧の家に泊まる	101-102
1917.3	長女・園絵が生まれた	83
6	「テウセンカラマツの養苗成功を報ず」を発表	88-89
10	「朝鮮に於けるカタルパー……」を発表	89
1919.3	3・1独立運動が始まった	83-84　102-104
4	『朝鮮巨樹老樹名木誌』を出版	89
このころ	浅川伯教は彫刻修行のため東京へ	41　48
8	『樹苗養成指針・第一号』を出版	89-90
1920.5	柳宗悦が朝鮮に来た。蓮華紋の壷と出合う	52　104-107
6	インド人・シングが来訪	106-107
10	浅川伯教の彫刻が帝展に入選	41-42
12	朝鮮民族美術館設立運動を始める	107-108
1921.1	柳宗悦が朝鮮に来た	108
4	赤羽王郎が朝鮮に移住	110　194-196
6	柳宗悦夫妻が朝鮮に来た	110
7	有賀喜左衛門が来訪	110
7	『樹苗養成指針・第一冊』を出版	89-90
8	柳宗悦らと福永政治郎を訪問	110-111
9	浅川みつえが死去	87
11	柳宗悦らと泰西絵画展覧会を開く	111
この年	林業試験場が清涼里に移転。巧が記念植樹	90-91
1922.1	日記を書き始めた	131-149
1	砂防植栽をめぐって場長と対立	140-141
1	柳宗悦らと冠岳山の窯址を調査	86-87　111
1	「ブレーク展覧会」を開催	111
1	柳宗悦らと南宮壁の墓参りに	148
2	清涼里に引っ越す	90
4	浅川伯教が朝鮮に戻る	45
6	浜口良光が朝鮮に移住	60　201-202
6	朝鮮神宮の建設・光化門の破壊を批判	137-139
8	雇員から技手に昇進	88
8	王子製紙を批判	141-142
9	「窯跡めぐりの一日」を発表	86-87　111-112　169

9　浅川伯教は「李朝陶器の価値及び変遷に就て」を発表
45-47　143
9　柳宗悦らと分院の窯址を調査　112
10　「李朝陶磁器展覧会」を開催　112
1923.9　朝鮮人虐殺を批判　135-137
9　富本憲吉が滞在した　82　202-203
9　「李朝陶磁器展覧会」を開催　112
このころ　随筆「朝鮮小女」を執筆　147
10　「副業品共進会」を批判　142-143
11　柳宗悦が朝鮮に来た　112
12　創作「祟」を執筆　78
このころ　浅川伯教の陶磁史研究が本格化　47
この年　浅川伯教の「残照」が朝鮮美術展で入選　54
1924.1　柳宗悦と甲府への旅。木喰仏と出合う　76
2　創作「雷山小過」を執筆　78
3　「苗圃担当の友に贈る」を発表　露天埋蔵法を発見　90-92
4　朝鮮民族美術館を設立　113　118-121　293
1925.1　鶏龍山・康津の窯址を調査　47　169-171
3　「萩の種類」を発表　92
4　木喰仏写真展を開催　113
5　「窯跡めぐりの旅を終へて」を発表　114　169-171
7　丹波の木喰仏を調査　114　123
10　大北咲と再婚　114-115　122-124
1926.6　「主要林木種子ノ発芽促進・・」を発表　92
10　「朝鮮産主要樹林ノ分布及適地」を発表　92
10　「苗圃肥料としての堆肥に就て」を発表　93
11　次女が生まれたが、すぐに死去　125-126
この年　安倍能成と知り合う　196-199
1927.4　分院窯址を調査　171
7　「禿山の利用問題に就て」を発表　93-96
12　「分院窯跡考」を発表　171-173
浅川伯教が池順鐸と出合う　62-63
1928.3　柳宗悦を訪問　115
5　祖父の句碑建立　25

このころ	『朝鮮李朝陶器』の出版計画が挫折	117
7	「朝鮮の器物およびその用途」について講演	117
	啓明会が浅川伯教を援助	48
	土井浜一と知り合う	60　199-201
	『新しい村』会員の集まり	117
このころ	「朝鮮趣味を語る会」成立	60-61　206-209
8	鶏龍山の窯址を調査	117　171
1929.2	浅川伯教の窯址調査が本格化	49
3	『朝鮮の膳』を出版	118　150-160　271　288
4	柳宗悦と最後の面会	118
11	浅川咲に手紙	128-129
1930.2	「朝鮮の棚と箪笥類に就いて」を発表	173
7	浅川伯教が『釜山窯と対州窯』を出版	50
このころ	「朝鮮古窯跡調査経過報告」を執筆	178-180
12	朝鮮工芸会開催	206-209
1931.3	外村吉之介が来宅	118　210-211
4	浅川巧が死去	118　212　215
	葬式	216-221　287
	浅川園絵と咲の手紙	223-228
	遺稿「朝鮮古窯跡調査経過報告」	178-180
	安倍能成が「浅川巧さんを惜しむ」を発表	7-8　228
5	遺稿「朝鮮茶碗」が発表された	174　176-177
5	柳宗悦が「編者付記」「編輯余禄」で浅川巧を追悼	5-6
7	遺稿「朝鮮窯業振興に関する意見」が発表された	174　228
9	遺著『朝鮮陶磁名考』が出版された	161-168　271
10	洪淳赫が「浅川巧著『朝鮮の膳』を読んで」を発表	156-159
1932.1	土井浜一が追悼文を発表	229
1	遺著『主要樹苗肥料三要素実験』が出版された	96-97
4	一周年記念講演会が開催された	231
9	安倍能成が『青丘雑記』を出版	155-156　167　279-280
この年	墓碑が建てられる	230-231　251
1933.4	和辻哲郎が「『青丘雑記』を読む」を発表	233
1934.4	『工芸』が浅川巧記念号を発行	239-244
4	遺稿「金海」「朝鮮の漬物」が発表された	174　177

4	浅川伯教「彼の故郷と其祖父」	21-24
4	浅川琅玕洞「亡き巧君の事」	71-72　240-241
4	浜口良光「巧さんと私」	192　206-207　213　241
4	土井浜一「巧さんと尼さん」	215
4	中井猛之進「浅川巧君へ」	204-206
4	崔福鉉「浅川先生の想出」	190-192　242
4	柳宗悦「浅川のこと」「同人雑録」	9　242-244
8	安倍能成「人間の価値」が教科書に掲載される	232-239
10	安倍能成『静夜集』が出版される	208-209
このころ	浅川政歳が『浅川巧兄』を製作	213-215
1937.4	七回忌	244-245
8	母・けいが死去	32
1941.秋	「巧の面取壷」が話題に	口絵　121-122
1942.7	忘憂里に移葬	245
1945.8	敗戦。浅川伯教が所蔵品を韓国に寄贈	63-64　68　293
9	浅川伯教が巧の日記を金成鎮に寄贈	132
12	咲と園絵が引き揚げる	245-26
1946.11	浅川伯教が引き揚げる	52　64
1947.3	浅川咲と園絵が民芸館に就職	247
1955.11	「愛と誠実を朝鮮の人びとに……」開催	247
1961.5	柳宗悦が死んだ	256
1964.1	浅川伯教が死んだ。『民芸』が追悼号を発行	65-67　248-249
6	墓が修復された	10　184　250-252
7	加藤松林人が「浅川巧さんの墓」を発表	251-252
1966.6	「浅川巧功徳之墓」が建立される	10-11　252-253
9	李完錫が「ソウル西郊に眠る浅川巧さんの墓」を発表	252
1974.5	朴秉来が柳宗悦と浅川兄弟を批判	280
1976.10	浅川咲が死んだ	253-254
11	浅川園絵が死んだ	253-256
1977.3	山梨県高根町に墓碑が建立された	254
1978.3	鶴見俊輔と李進熙が浅川巧を評価	257
12	蝦名則が『浅川巧著作集』を編集	150　168-177　257-258
1980.5	高崎宗司ほかが『朝鮮と日本のあいだ』を出版	259
1981.1	『柳宗悦全集』第六巻出版	259

1982.7	高崎宗司が『朝鮮の土となった日本人』を出版	259-260
1984.8	韓国林業試験場有志が記念碑を建立	11
1986.6	茨木のり子が『ハングルへの旅』を出版	261
1988.8	山梨県立美術館が浅川伯教資料展を開催	267-268
8	山梨日日新聞が『木履の人』を出版	91
1991.3	高根町が生誕の地に石碑を建立	15　268-269
1994.5	ソウルの記念碑が建て替えられる	11　266-267
5	江宮隆之が『白磁の人』を出版	269
8	小林慶二が『観光コースでない韓国』を出版	264
1995.4	ソウルの有志が浅川巧の墓参りを始める	261　286
11	ソウルで浅川巧先生記念事業会が発足	267
1996.2	金成鎮が巧の日記を高根町に寄贈	132-135
4	清藤城宏が「林業技術者としての浅川巧」を発表	88　90　92-93　265
4	韓国で『朝鮮の膳・朝鮮陶磁名考』が翻訳される	11-12　168　271
6	金ヨンボクが「忘憂里墓地を訪ねて」を発表	264
6	「浅川伯教・巧兄弟を偲ぶ会」結成	270
9	韓国で『朝鮮の土となった日本人』が翻訳される	12　271
9	韓国で「浅川巧について」のセミナー開催	12　271-272
10	金ヨンボクが「浅川巧の本当の朝鮮愛」を発表	272
10	李秉鎮が「大正時代のある時代精神」を発表	272-274　285
11	『浅川巧全集』が出版された	132　150　168-169
1997.5	『芸術新潮』が浅川兄弟を特集	274
7	ソウルの墓地が整備される	274-275
8	「柳宗悦と浅川兄弟の足跡を訪ねる旅」始まる	275
9	韓国の『月刊美術』が浅川巧を特集	276
10-	井出孫六が「旅人たちの記録――浅川巧」を連載	284
11	浅川巧公日韓合同追慕祭開催	276-278
12	NHK教育テレビが浅川巧について放映	278
1998.3	神田健次が「朝鮮の土となった日本人キリスト者」を発表	287
3	全円子が「友好の架け橋」を発表	284
5	山梨テレビが「兄弟に捧げる鎮魂歌」を放映	288
6	高崎宗司が『朝鮮の土となった日本人』増補改訂版を出版	294

11	高根町と抱川郡との姉妹結縁始まる　288
11	韓国で「韓国人になりたかった日本人」を放映　289
1999.2	木村勝明が展覧会「浅川巧が行く」を開催　289
4	『1999　資料現代社会』が浅川巧を紹介　285
5	金炳宗が「韓国人の芸術魂に生きた日本人」を発表　286
2000.3	劇団コメディ・オブ・イエスタディが「美しい朝の国」を上演　288
4	韓国で70回忌開催　290
11	浜美枝が『旅のおみやげ2』を出版　287
2001.2	高崎宗司らが『韓国民芸の旅』を出版　287
4	韓国で70周忌開催　290
7	浅川伯教・巧兄弟資料館開館　291-293
11	水木亮が『美しい朝の国』を出版　288
12	林英哲が「澪の蓮」で全国ツアー　289-290
2002.3	河正雄が『韓国と日本、二つの祖国を生きる』を出版　286

参考文献

日本語文献（アイウエオ順）

赤岡武「朝鮮陶磁器に生涯を捧げた人——浅川伯教を偲んで」『徽典会会報』二十二号、一九八五年。

——「浅川伯教——朝鮮陶磁器の神様」、青少年のための山梨県民会議編発行『郷土史にかがやく人々』第十七集、一九八九年。

浅川克己、談話、一九七九年十月十四日。

——、談話、一九八一年十一月二十九日。

浅川さき子〔咲〕「知の人」、清和の会編・発行『白き花』一九七四年。

浅川巧『浅川巧全集』草風館、一九九六年。

浅川伯教「大賢市に隠れ、逸品も市に隠る——珍蔵展第一日目をみて」『京城日報』一九三〇年二月二十二日。

——「彼の故郷と其祖父」『工芸』一九三四年四月号。 1

——『朝鮮古窯跡の研究によりて得られたる朝鮮窯業の過去及び将来』中央朝鮮協会、一九三四年。 2

——「朝鮮古陶器の研究に就きて」、啓明会編・発行『朝鮮の陶器』一九三四年。 3

——「点茶三昧を浅川伯教氏に聴く」『緑旗』一九三六年八月号。

——「鈍翁の立体的趣味道」『焼もの趣味』一九三九年三月臨時増刊号（特集・大茶人益田鈍翁）。

——「朝鮮の美術工芸に就いての回顧」、和田八千穂・藤原喜蔵共編『朝鮮の回顧』近沢書店、一九四五年。

——『李朝の陶磁』座右宝刊行会編・製作、赤星五郎発行、一九五六年。 1

——「李朝陶磁窯跡一覧表」、後藤茂樹編『世界陶磁全集・第十四巻』河出書房、一九五六年。 2

——「図版解説」、後藤茂樹編『世界陶磁全集・第十四巻』河出書房、一九五六年。 3

——「咸鏡北道明川の窯」『茶道雑誌』一九五八年四月号。

――『陶器全集　第十七巻　李朝陶器篇―白磁・染付・鉄砂』平凡社、一九六〇年。

――遺稿「朝鮮古陶器の研究に就きて」

浅川伯教・巧兄弟を偲ぶ会『会報』創刊号～第六号、一九九六年七月～九八年二月。

浅川政歳、アルバム『浅川巧兄の回想』。

浅川琅玕洞〔政歳〕「亡き巧君のこと」『工芸』一九三四年四月号。

安倍能成『青丘雑記』岩波書店、一九三二年。

――「浅川巧君の追懐」『工芸』一九三四年四月号。　1
――『静夜集』岩波書店、一九三四年。　2
――『草野集』岩波書店、一九三六年。

――『自然・人間・書物』岩波書店、一九四二年。

――『槿域抄』斎藤書店、一九四七年。

――「浅川伯教君のこと」『民芸』一九六四年三月号。

――「李朝陶器篇に寄す」『陶器全集　第十七巻　李朝陶器篇　月報』平凡社、一九六〇年。

――『我が生ひ立ち』岩波書店、一九六六年。

綾野怜「日帝時代　朝鮮の民衆に愛された日本人達」『ＳＪＣ』第二号、一九九七年。

有賀喜左衛門「社会学と人間」『未来』一九七二年二月号。

――「民族の心を求めて」、ＮＨＫ編『わたしの自叙伝（1）』日本放送出版教会、一九七九年。

安堵久左〔富本憲吉〕「拓殖博覧会の一日」『芸術新報』一九一二年十二月号。

　庸海「浅川巧の墓」『アジア公論』一九八六年三月号。

李亀烈著・南永昌訳『失われた朝鮮文化――日本侵略下の韓国文化財秘話』新泉社、一九九三年。

池田三四郎『李朝木工』東峰書房、一九八三年。

――、談話、一九九七年五月二十四日。

李進熙「読書案内『浅川巧著作集』」『季刊三千里』一九七九年秋号。

――「ソウルに眠る二人の日本人」『季刊三千里』一九八七年春号。

李進熙ほか「『季刊三千里』をめぐる思想と行動」『朝鮮人――大村収容所を廃止するために』一九七八年三月号。

李辰哲「民族の自主的な感性の形成めざし」『祖国統一新報』一九八三年一月二十五日、二月五日。

泉澄一『釜山窯の史的研究』関西大学出版部、一九八六年。

市原豊太『高嶺の雪』朝日新聞社、一九五五年。

市山盛雄、談話、一九八一年十二月三日。

茨木のり子『ハングルへの旅』朝日新聞社、一九八六年。

李秉鎮「大正時代のある対話精神――浅川巧の日記公開を巡って」『比較文学・文化論集』第十三号、一九九六年。

――「大正時代のある対話精神――浅川巧の日記公開を巡って」上、『民芸』一九九七年五月号。1

――「大正時代のある対話精神――浅川巧の日記公開を巡って」下『民芸』一九九七年六月号。2

今井信雄『「白樺」の周辺――信州教育との交流について』信濃教育会出版部、一九七五年。

――『この道を往く――漂泊の教師赤羽王郎』講談社、一九八八年。

林鍾国著・大村益夫訳『親日文学論』高麗書店、一九七六年。

岩波書店編輯部『国語　巻六　中学校国語漢文科用』一九三四年。

李完錫「韓国通信　ソウル西〔東〕郊に眠る浅川巧さんの墓」『民芸』一九六八年九月号。

上杉美恵子、談話、一九七九年十一月一日。1

――、談話、一九七九年十一月十八日。2

――、筆者宛手紙、一九九七年八月二十四日。

上野直明『朝鮮・満州の思い出』審美社、一九七五年。

上野直昭『邂逅』岩波書店、一九六九年。

内川千治、談話、一九八一年十二月四日。

内野健児「朝鮮を愛する人々——古いアルバムから」『海峡』十四号、一九八七年。

NHK教育テレビ「新日曜美術館発見！李朝の美——浅川巧から柳宗悦へ」一九九七年十二月十四日。

蝦名則『回想の柳宗悦』八潮書店、一九七九年。

江宮隆之〔中村高志〕『白磁の人』河出書房新社、一九九四年。

大岡信「柳宗悦」、山崎正和編『言論は世界を動かす3——アジアを夢みる』講談社、一九八六年。

大谷森繁「『今西本』のこと」『ビブリア』一九七八年十月号。

尾久彰三「朝鮮陶磁を愛した浅川巧——その日記発見と『浅川巧全集』」『目の眼』一九九七年四月号。

——「柳宗悦との絆」『芸術新潮』一九九七年五月号。

奥平武彦ほか『朝鮮陶器』雄山閣、一九三八年。

織田　次『チゲックン』日本基監教団出版局、一九七七年。

笠原洪平、筆者宛手紙、一九八二年九月九日。

梶村秀樹「柳宗悦に朝鮮を紹介した林業技手の触発力に富む評伝」『朝日ジャーナル』一九八二年九月十日号。

霞関会編・発行『現代韓国人名辞典』一九七一年版。

加藤松林人『韓国の美しさ』WUM学園出版部、一九七三年。

——、筆者宛手紙、一九七九年三月三十日。1

——、筆者宛手紙、一九七九年十一月五日。2

金子量重「柳宗悦と李朝——浅川伯教・巧兄弟の影響」『韓国文化』一九八〇年八月号。

神谷丹路『韓国近い昔の旅』凱風社、一九九四年。

川添修司、絵と文「韓クニを行く　一二二」『季刊青丘』一九九五年夏号。

金載元「秘史・博物館長二十五年」『韓国新聞』、一九七〇年三月二十八日。

金哲央「李朝陶磁・膳の基本図書」『朝鮮時報』一九七九年二月十二日。1

――「朝鮮の工芸・陶磁の美しさを伝える書」『統一評論』一九七九年四月号。2

――「侵略への痛み貫ぬく一生」『朝鮮時報』一九八二年八月十二日。

権寧旭「朝鮮における日本帝国主義の植民地的山林政策」『歴史学研究』一九六五年二月号。

楠見幸雄〔森田芳夫〕「愛と誠実を朝鮮の人々に捧げた日本人に感謝するつどい――在日本韓国基監教青年会において」『親和』一九五五年十二月号。

倉橋藤治郎「朝鮮工芸の東洋文化に於ける地位」、啓明会編・発行『朝鮮の陶器』一九三四年。

黒田辰秋「朝鮮の木工品」『民芸』一九六三年十月号。

『芸術新潮』編集部「運命の蓮の壺」『芸術新潮』一九九七年五月号。1

――「朝鮮の膳・朝鮮の棚」『芸術新潮』一九九七年五月号。2

――「伯教・巧それぞれの生涯」『芸術新潮』一九九七年五月号。3

――「兄弟を捉えた李朝のやきもの」『芸術新潮』一九九七年五月号。4

紅葉山人「俗始政二十五年史」『朝鮮公論』一九三五年十月号。

小谷治子「浅川伯教先生との関係について」一九七九年十月二十三日。（未発表）

後藤登丸「朝鮮の古窯跡発見記録（一）」『茶わん』一九三四年一月号。

小林慶二『観光コースでない韓国――歩いて見る日韓・歴史の現場』高文研、一九九四年。

小林多津衛、筆者宛手紙、一九八二年十二月二十一日。

五味清逸「高根文学の俳句について」『岩ひば―高根文学』第一輯、一九七一年。

小宮山栄、談話、一九七九年九月二十七日。

小宮山辰也、談話、一九七九年九月十六日。1

――、筆者宛手紙、一九七九年九月二十五日。2

――、筆者宛手紙、一九七九年十月二日。3

小宮山まつ子、談話、一九七九年九月十六日。

小宮山八千代「小宮山栄談話筆記」一九七九年十一月十八日。

――「小宮山栄談話筆記」一九八一年十二月二十四日。

小森徳治『明石元二郎』上巻、原書房、一九六八年。

小山富士夫監修『茶碗・第二巻・朝鮮第一』平凡社、一九六五年。

今春聴〔今東光〕「李朝小感」『好古』一九三九年四月号。

斎藤岳南「木喰仏余話」『民芸手帖』一九七四年九月号。

坂井俊樹「朝鮮の土になった日本人――日本人浅川巧の墓」、坂井ほか『旅行ガイドにないアジアを歩く――韓国』梨の木舎、一九九五年。

佐々木悟史「『浅川巧』研究ノート」『月刊新山梨』一九八六年三月号。

佐々木潤一、談話、一九七九年八月四日。

鮫島盛隆『韓国孤児の慈父・曽田嘉伊智翁』牧羊社、一九七五年。

式場隆三郎『宿命の芸術』昭和書房、一九四三年。

清水九規『戦後五十年　今、なぜ、浅川巧か』一九九五年、私家版。

進藤章「浅川伯教氏の死――朝鮮工芸に尽くした生涯」『山梨日日新聞』一九六四年二月五日。

白鳥鳩三「こんにちわ、と　さようなら、の間」『鮮交』一九七五年三月号。

――、筆者宛手紙、一九八二年一月十三日。

鈴木繁男「伯教先生の面影」『民芸』一九六四年三月号。

鈴木牧栄、談話、一九七八年四月八日。

――、談話、一九七九年十二月十一日。

鈴木正男、談話、一九七七年八月十九日。

――、談話、一九七九年十一月十七日。

清藤城宏「林業技術者としての浅川巧」『月刊新山梨』一九八六年四月号。

関野克『建築の歴史学者関野貞』上越市立総合博物館、一九七八年。

徐万基『探訪　韓国陶窯址と史蹟』成甲書房、一九八四年。

高崎宗司ほか『朝鮮と日本の間』朝日新聞社、一九八〇年。

――「柳宗悦の本と論文の朝鮮語訳について」『柳宗悦全集・著作篇・第六巻・朝鮮とその芸術・月報3』筑摩書房、一九八一年。

――『朝鮮の土となった日本人――浅川巧の生涯』（初版）草風館、一九八二年。

――「韓国にのこる柳宗悦・浅川巧の足跡」『民芸』一九八三年七月号。

――「浅川巧を顕彰するもう一つの碑」『月刊新山梨』一九八五年五月号。

――『「妄言」の原形――日本人の朝鮮観』（増補新版）木犀社、一九九六年。

――「浅川兄弟の足跡」『芸術新潮』一九九七年五月号。

田中豊太郎「李朝陶磁史考」『工芸』一九四二年十月号。

――「浅川さんを偲ぶ」『民芸』一九六四年三月号。

田中雍子、談話、一九七九年十月十五日。

――「『韓国民芸浅川兄弟の足跡をたどる旅』を振り返って」『統一日報』一九九七年七月二十七日付け。

棚橋隆『魂の壺――セント・アイヴスのバーナード・リーチ』新潮社、一九九二年。

谷野作太郎『アジアの昇龍――一外交官のみた躍進韓国』世界の動き社、一九八八年。

崔福鉉「浅川先生の想出」『工芸』一九三四年四月号。

「朝鮮行政」編輯総局編『朝鮮統治秘話』一九三七年。

朝鮮総督府『朝鮮における内地人』一九三二年。

朝鮮総督府農林局『朝鮮の林業』一九四〇年。

朝鮮総督府林業試験場編・発行『朝鮮総督府林業試験場一覧』一九三七年。

鶴見俊輔「解説　失なわれた転機」『柳宗悦全集・著作篇・第六巻・朝鮮とその芸術』筑摩書房、一九八一年。

鶴見俊輔ほか「『季刊三千里』をめぐる思想と行動」『朝鮮人―大村収容所を廃止するために』一九七八年三月号。

手塚洋一「環境保全と国際親善の先駆者――浅川巧」、青少年のための山梨県民会議編発行『郷土史にかがやく人々』第十九集、一九九三年。

土井浜一「李朝陶磁器の絵模様」『工芸』一九三二年一月号。

――「巧さんと尼さん」『工芸』一九三四年四月号。1

――「巧さんの仕事の跡」『工芸』一九三四年四月号。2

――「朝鮮新工芸を見るの記」『工芸』一九三六年九月号。

――「李朝の水滴」『工芸』一九三八年一月号。

――「李朝陶磁と水滴随想」、後藤茂樹編『世界陶磁全集・第十四巻』河出書房、一九五六年。

――「柳さんと朝鮮」『民芸手帖』一九六一年九月号。

――「伯教さんとの宿縁」『民芸』一九六四年三月号。

外川幸子「美を生み出す人を愛する浅川巧」『季刊草』一九九三年夏号。

外村吉之介「韓国工芸の旅」『民芸』一九七四年八月号。1

――「朝鮮の膳と浅川巧氏」『民芸』一九七四年九月号。2

――「ある民芸運動者の来し方、行く手（二）――六十年の回顧と展望」『民芸』一九八六年八月号。

砥部町教育委員会編・発行『砥部焼の歴史』一九六九年。

富本憲吉『窯辺雑記』生活文化研究会、一九二五年。

内藤貧狂「図説朝鮮美術史を読む」『茶わん』一九四二年三月号。

内藤好文『郷土の偉人小宮山清三』小宮山清三奉賛会、一九六二年。

中井英夫、談話、一九八一年十二月二十一日。

中井猛之進「浅川巧君へ」『工芸』一九三四年四月号。

中尾万三『朝鮮高麗陶磁考』学芸書院、一九三五年。

中川武秀「俳書刊行の経済的基礎――『旭露集』刊行を中心として」、山梨郷土研究会『甲斐路――創立三十周年記念論文集』一九六九年。

中村高志『木履の人――浅川伯教・巧兄弟』山梨日日新聞社、一九八八年。

日本基監教会同盟編・発行『基監教年鑑』一九三八年版。

日本聖書協会『聖書』(中形・口語)一九七五年。

野沢昌康「小宮山清三」、青少年のための山梨県民会議編発行『郷土史にかがやく人々・七集』一九七四年。

野尻抱影『山・星・雲――山国風物詩』沖積舎、一九九〇年。

河正雄「私と清里――「そして浅川兄弟」講演録」一九九七年。

朴慶植『朝鮮三・一独立運動』平凡社、一九七六年。

浜口良光「朝鮮民謡の味」、市山盛雄編『朝鮮民謡の研究』坂本書店、一九二六年。

――「巧さんと私」『工芸』一九三四年四月号。

――「朝鮮工芸概観」『工芸』一九三六年九月号。

――「朝鮮民芸文献抄」『工芸』一九三七年一月号。

――「朝鮮の紙」『工芸』一九四三年十二月号。

――「李朝時代の工芸品・考証」、八木朝久編『朝鮮の工芸』平壌商工会議所、一九四二年。

――「朝鮮の庶民料理――柳先生を偲んで」『民芸』一九六二年十二月号。

――「俳人伯教宗匠」『民芸』一九六四年三月号。

浜田庄司「伯教君を憶う」『民芸』一九六四年三月号。

韓栄俊「高麗の遺産を再現する青磁、白磁と池順鐸氏」『今日の韓国』一九七八年五月号。

福村豊「民芸運動の創成期」『季刊暮しの創造』一九七七年十二月号。

藤井宏「顕彰碑の意味――浅川巧をめぐって」『月刊新山梨』一九八六年三月号。

藤本巧「韓くに・工人たち（一）」『季刊三千里』一九八三年春号。

藤森全一編『千野真道翁遺徳顕彰記念誌』発行所記載なし、一九六六年。

別府房治、筆者宛手紙、一九七九年十一月二十六日。

ヘンダーソン、グレゴリー著・井垣春雄訳「浅川伯教の死を悼む」『陶説』一九六四年四月号。

編・発行、不明『風樹録』一九五三年。

星野靖之助『三井百年』鹿島研究所出版会、一九六八年。

前川文夫「中井猛之進先生の仕事」『風樹録』一九五三年。

前田正明「柳宗悦研究資料――雑誌『白樺』時代3」『民芸』一九七二年一月号。

松橋桂子、一九九八年一月十八日の電話。一九三二年五月八日付けの土井浜一から柳宗悦への手紙に基づくとのこと。

――――、談話、一九九八年一月十八日。

三重県立美術館編発行『柳宗悦展――「平常」の美・「日常」の神秘』一九九七年。

水尾比呂志「民画について」、ハウスオブハウスジャパン制作『李朝民画展』一九七九年。

三隈治雄・川添登『日本民俗文化体系（7）早川孝太郎・今和次郎』講談社、一九七八年。

森田芳夫、筆者宛手紙、一九八二年十一月十一日。

――――、談話、一九八三年四月五日。1

――――、筆者宛手紙、一九八三年六月三十日。2

安田貞子、筆者宛手紙、一九八二年一月八日。

柳兼子「柳宗悦の人間像――兼子夫人に聞く」『季刊暮しの創造』一九七七年十二月号。

――――「柳兼子夫人に聞く（三）――朝鮮のこと」『柳宗悦全集・著作篇・第六巻・朝鮮とその芸術・月報3』一九八一年一月。

柳宗理、講演要旨「父柳宗悦と韓国」『統一日報』一九八二年十一月十三日。1

――――、講演要旨「『父柳宗悦と韓国』について」『韓国文化院友のニュース』一九八二年十二月十日。2

柳宗理・高崎宗司「対談　隣国を思う――朝鮮の土となった人浅川巧と柳宗悦生誕百年によせて」『明日の友』一九八八年夏号。

柳宗悦「六号雑記」『白樺』一九二一年九月号。

――――「六号雑記」『白樺』一九二二年十一月号。

――――「工芸の道（第二回）」『大調和』一九二七年五月号。

――――「編者付記」『工芸』一九三一年五月号。1

――――「編輯余録」『工芸』一九三一年五月号。2

――――「編輯余録」『工芸』一九三一年七月号。3

――――「編輯余録」『工芸』一九三二年五月号。

――――「同人雑録」『工芸』一九三四年四月号。

――――「三国荘小史」『工芸』一九三六年一月号。

――――「編輯余録」『工芸』一九三八年一月号。

――――「挿絵に就いて」『工芸』一九四二年十月号。

――――「朝鮮民芸のこころ」『親和』一九五四年三月号。

――――『柳宗悦全集・著作篇・第六巻・朝鮮とその芸術』筑摩書房、一九八一年。

――――『民芸四十年』岩波文庫、一九八四年。

――――『柳宗悦全集・著作篇・第二十一巻上』筑摩書房、一九八九年。

柳宗悦・衣笠一省編『妙好人　因幡の源左』百華苑、一九六〇年。

山口泉「荒物の花は韓国にも咲いていた」『民芸手帖』一九六九年三月号。

山梨教育会北巨摩支会編・発行『北巨摩郡誌』一九一五年。

山梨県広聴広報課企画、テレビ山梨「朝鮮の土となった浅川巧」一九九七年四月五日。

山梨県立美術館編・発行『浅川伯教資料展』一九八八年。

山梨放送、テレビ「韓国に生きた甲州人」一九八七年六月十三日。

山村正光「浅川巧をめぐる人々」『山梨県キリスト教史研究』第一集、一九八四年。

山本為三郎「回想の人・伯教さん」『民芸』一九六四年三月号。

吉田璋也「鳥取民芸美術館」『民芸』一九七〇年十一月号。

和田春樹、筆者宛手紙、一九八二年八月一日。

和辻哲郎著・坂部恵編『和辻哲郎随筆集』岩波書店、一九九五年。

朝鮮語文献（カナダラ順）

姜敬淑「李朝粉青沙器〔三島手〕の研究」『梨大史苑』五輯。

姜姫淑、筆者宛の手紙、一九八二年一月二十九日。

経済通信社編・発行『最新韓国人士録』一九七五年。

金甲成、筆者宛の手紙、一九八二年三月十八日。

金泳達、お話原稿、一九九七年八月二日。

キム・ヨンボク「忘憂里墓地を訪ねて」『民学会報』第三十三号。一九九六年六月号。1

――「浅川巧のほんとうの朝鮮愛」『セミキップンムル』一九九六年十月号。2

金二万、談話、一九八三年四月四日。

金　東「草夢南宮璧論」『韓国近代詩人研究Ⅰ』一潮閣、一九七四年。

高崎宗司著・李大源訳『朝鮮の土となった日本人』ナルム、一九九六年。

朴東百「朝鮮時代陶磁の変遷に関する考察」『文化財』十一号。

朴秉来『陶磁余滴』中央日報社、一九七四年。

満実『李朝家具の美』セクル社、一九七五年。

江宮隆之著・朴鍾均訳『白磁の国に生きる』高麗書籍、一九九四年。

劉庚煥「廃墟同人　金万洙」『詩文学』一九七五年五月号。

趙在明、筆者宛の手紙、一九九六年十月二日。

――、筆者宛の手紙、一九九七年七月二十五日。

朝鮮銀行調査部『朝鮮経済年報』一九四八年版。

池明観「日本知識人の韓国観」『文学思想』一九八一年八月号。

池　夏『韓国林政史』明秀社、一九六四年。

崔コンホ「柳を再び考える」『月刊美術』一九九七年十一号。

崔民之（崔沃子）「浅川巧氏に関する金二万氏とのインタビュー」一九七九年四月十二日。（未発表）

崔炯錬「三・一運動と中央学校」、東亜日報社編・発行『三・一運動五〇周年記念論文集』一九六九年。

崔夏林「韓国現代東洋画の復古性検討」『文学と知性』一九七八年夏号。

洪淳赫「朝鮮の美術の誇り」『別乾坤』一九二八年五月号。

――「浅川巧著『朝鮮の膳』を読んで」『東亜日報』一九三一年十月十九日。

朝鮮の土となった日本人——浅川巧の生涯　増補三版

著　者——高崎宗司　Takasaki Souji

一九四四年水戸市生まれ。東京教育大学日本史専攻卒業。二〇一三年まで津田塾大学国際関係学科教授。日本近代史・朝鮮近代史を専攻。

主な著書として、『「妄言」の原形—日本人の朝鮮観』（木犀社）『「反日感情」—韓国・朝鮮人と日本人』『朝鮮人』（講談社現代新書）『中国朝鮮族——歴史・生活・文化・民族教育』（明石書店）『検証　日韓会談』『植民地朝鮮の日本人』（岩波書店新書）『検証　日朝交渉』（平凡社新書）など。

主な訳書として、韓国民衆史研究会編著『韓国民衆史　近現代篇』（木犀社）黄晳暎著『客地』『武器の影（上）・（下）』（共訳、岩波書店）金芝河著『飯・活人』（共訳、御茶の水書房）など。

装丁者——菊地信義

発行日——二〇一五年一二月一〇日

発行所——株式会社　草風館
浦安市入船三—八—一〇一

印刷所——平文社

ISBN978-4-88323-126-7

Co.,Sofukan 〒 279-0012
tel/fax:047-723-1688
e-mail:info@sofukan.co.jp
http://www.sofukan.co.jp
ISBN978-4-88323-126-7

草風館刊　浅川巧の本

浅川巧　日記と書簡

高崎宗司編　四六判　本体3、000円＋税　ISBN 978-4-88323-136-4

一九九六年、数奇な運命を辿った巧の日記（一九二二〜二三）は故郷・山梨県高根町の「浅川伯教・巧兄弟資料館」に帰った。関東大震災における「朝鮮人虐殺」への批判、植民地の略奪林業への怒り、など朝鮮人への的確でやさしい眼差しが随所に。

浅川巧　日記と書簡　韓国語版

高崎宗司編　金順姫、李尚珍訳　四六判　本体1、500円＋税　ISBN 978-4-88323-193-5

浅川巧のベストセラー『浅川巧　日記と書簡』の韓国語版ついに刊行。韓国の人びとにこそ読んでほしい、と巧の故郷、山梨県北杜市が発行した貴重な韓国語翻訳本。巧の魂が、彼の愛した韓国の人たちのもとへ。

朝鮮陶磁名考（復刻版）

浅川巧著　四六判　本体4、800円＋税　ISBN 978-4-88323-143-7

朝鮮の祭礼器・食器・文房具・化粧用具・室内用具など「器物の名称」と窯場及び製陶用具・陶磁原料・陶磁の種類・陶磁器部分の名称・陶磁器数称など「陶磁器に関係ある名称」を解明した名著の復刻版。

草風館刊　高崎宗司の本

回想の浅川兄弟

高崎宗司・深沢美恵子・李尚珍編　四六判　本体3、800円+税　ISBN 978-4-88323-151-8

柳宗悦、安倍能成、富本憲吉、河井寛次郎、浜田庄司、外村吉之介、水尾比呂志、柳兼子、赤星五郎、ヘンダーソン、遺族、親族などによる浅川伯教・巧兄弟への追想録。編者による解説。

増補新版

韓国民芸の旅

●柳宗悦、浅川兄弟の足跡を追って

高崎宗司編著　A5変型　本体1、400円+税　ISBN 978-4-88323-187-4

朝鮮半島の民藝=陶磁器をはじめ木工品や漆器など、日常に使われていた手仕事に美と用を見出して世を啓蒙した三人の日本人に導かれて、韓国各地の「民芸探求」の水先案内。日本の中の韓国民芸の旅を増補。

津田仙評伝

高崎宗司著　四六判　本体2、500円+税　ISBN 978-4-88323-180-5

津田梅子の父である津田仙は、脱亜論や国権論とはまったく違う近代化の方向性を、朝鮮人農学者やキリスト者との交流の中から見いだし、農業開発を推進、実践していく。その軌跡を丹念に追った評伝。